Motivationsdiagnostik

Kompendien Psychologische Diagnostik

Band 5

Motivationsdiagnostik

von Prof. Dr. Falko Rheinberg

Herausgeber der Reihe:

Prof. Dr. Franz Petermann und Prof. Dr. Heinz Holling

Motivations-diagnostik

von

Falko Rheinberg

 Hogrefe

Göttingen · Bern · Toronto · Seattle · Oxford · Prag

Prof. Dr. Falko Rheinberg, geb. 1945. Studium der Psychologie in Innsbruck und Bochum. 1977 Promotion. 1983 Habilitation. 1983-1995 Professor für Pädagogische Psychologie und Psychologische Interventionsmethoden am Psychologischen Institut der Universität Heidelberg. Seit 1995 Professor für Allgemeine Psychologie II am Institut für Psychologie an der Universität Potsdam. Forschungsschwerpunkt: Motivationspsychologie und ihre Anwendung.

Bibliografische Information Der Deutschen Bibliothek

Die Deutsche Bibliothek verzeichnet diese Publikation in der Deutschen Nationalbibliografie; detaillierte bibliografische Daten sind im Internet über http://dnb.ddb.de abrufbar.

© 2004 Hogrefe Verlag GmbH & Co. KG
Göttingen · Bern · Toronto · Seattle · Oxford · Prag
Rohnsweg 25, 37085 Göttingen

http://www.hogrefe.de
Aktuelle Informationen · Weitere Titel zum Thema · Ergänzende Materialien

Satz: Grafik-Design Fischer, Weimar
Gesamtherstellung: AZ Druck und Datentechnik GmbH, 87437 Kempten
Printed in Germany
Auf säurefreiem Papier gedruckt

ISBN 3-8017-1615-5

Für Antje

Vorwort der Herausgeber

Die Methoden der Psychologischen Diagnostik dienen der Erhebung und Aufbereitung von Informationen, um begründete Entscheidungen zu treffen. Heute bietet die Psychologische Diagnostik ein großes Spektrum an Erhebungsverfahren, das von systematischen Ansätzen zur Befragung und Beobachtung bis zum Einsatz psychometrischer Tests und physiologischer Methoden reicht. Immer schwieriger wird die gezielte Auswahl geeigneter Verfahren und die Kombination verschiedener Ansätze im Rahmen einer ökonomischen Diagnosestrategie.

Unsere neue Buchreihe möchte aktuelles Wissen über diagnostische Verfahren und Prozeduren zur Weiterentwicklung der Psychologischen Diagnostik zusammenstellen. Wir als Herausgeber der neuen Buchreihe erwarten, dass zukünftig die Kompetenzen der Psychologischen Diagnostik verstärkt nachgefragt werden. Es handelt sich hierbei um Basiskompetenzen psychologischen Handelns, denen in den letzten beiden Jahrzehnten im deutschen Sprachraum relativ wenig Aufmerksamkeit geschenkt wurde. Zukünftig sollten Problemanalysen und Problemlösungen vermehrt auf dieses gut fundierte Fachwissen der Psychologie zurückgreifen.

Die einzelnen Bände dieser Reihe konzentrieren sich jeweils auf spezifische psychologische Themengebiete wie zum Beispiel Depression oder Aufmerksamkeit. Durch diese Spezifikation können diagnostische Fragen im Rahmen der einzelnen Themen intensiver als in der Standardliteratur abgehandelt werden. Zudem kann eine engere Verbindung zwischen theoretischen Grundlagen und den diagnostischen Fragestellungen erfolgen.

Diese Reihe möchte dem Praktiker eine Orientierung und Vorgehensweisen vermitteln, um in der Praxis eine optimale Diagnosestrategie zu entwickeln. Kurzgefasste Übersichten über die aktuellen Trends, praxisnahe Verfahrensbeschreibungen und Fallbeispiele erleichtern auf verschiedenen Ebenen den Zugang zum Thema. Ziel der Reihe ist es somit, die diagnostische Kompetenz im Alltag zu erhöhen. Dies bedeutet vor allem
- diagnostische Entscheidungen zu verbessern,
- Interventionsplanungen besser zu begründen und
- in allen Phasen der Informationsgewinnung die Praxiskontrolle zu optimieren.

Unser Anspruch besteht darin, bestehende Routinen der Psychologischen Diagnostik kritisch zu durchleuchten, Bewährtes zu festigen und neue Wege der Diagnostik, zum Beispiel im Rahmen computerunterstützter Vorgehensweisen und neuerer testtheoretischer Ansätze, zu etablieren.

Mit unserer Buchreihe möchten wir in den nächsten Jahren schrittweise und systematisch verschiedene Anwendungsbereiche der Psychologischen Diagnostik bearbeiten. Pro Jahr sollen zwei bis drei Bände publiziert werden, wobei jeder Band zirka 120 Druckseiten haben soll. Folgende Bände sind in Vorbereitung:

Forensisch-psychologische Diagnostik
Intelligenzdiagnostik
Angstdiagnostik

Die Reihe startete mit Fragestellungen der Klinischen Diagnostik und wird sich schrittweise auf andere Gebiete erweitern. Wir wünschen hierzu einen intensiven Austausch mit unseren Lesern.

Bremen und Münster, im Januar 2004   *Franz Petermann*
                                             und Heinz Holling

Inhaltsverzeichnis

Vorwort

Motivation ist ein Erklärungskonzept, das sowohl in der professionellen als auch in der alltäglichen Psychologie häufig herangezogen wird. Dies gilt insbesondere dann, wenn etwas vom Erwarteten oder Üblichen abweicht: Der Schüler schreibt schlechte Klassenarbeiten, obwohl er in dem Fach als begabt gilt; die Sportlerin geht im heutigen Wettkampf über ihre Grenzen hinaus.

Wenn man solche Sachverhalte nicht immer nur wortreich bereden und mit anspruchsvollen Begriffen versehen will, stellt sich die Aufgabe, Motivation genauer zu erfassen und verfahrensgestützt zu bestimmen. Dazu gibt es eine große Zahl unterschiedlichster Einzelverfahren. Es fehlt aber ein Werk, das die Motivationsdiagnostik zum eigenen Thema macht und damit eine Orientierung und systematische Anwendung ermöglicht.

Das überrascht, weil wir in der psychologischen Beratung, in der Interventions- und Therapieplanung, aber auch in der Evaluation und Prognose, ja sogar in der experimentellen Forschung zu Recht immer wieder auf motivationspsychologische Konzepte zurückgreifen. Statt dann den einen oder anderen Fragebogen, den man kennt oder der gerade in Publikationsmode ist, schnell einmal einzusetzen, wäre es viel professioneller, das interessierende Motivationsproblem zunächst systematisch zu spezifizieren, um dann von einer höheren Plattform aus gezielt ausgewählte Verfahren bzw. Verfahrenskombinationen anzuwenden.

Da dazu ein eigenes Werk bislang fehlte, erschien mir dieses Buch zur Motivationsdiagnostik als eine lohnende und in sich reizvolle Aufgabe. Die Aufgabe erwies sich allerdings als etwas schwierig. Es stellte sich nämlich schnell heraus, dass es unbefriedigend bliebe, häufige Motivationsprobleme zu benennen, um dann die Verfahren zu beschreiben, die man jeweils zur Problemindizierung einsetzen könnte. Solche einfachen und schnell formulierbaren Zuordnungen von Problem und Messinstrument scheiden in der Motivationsdiagnostik deshalb aus, weil dasselbe Motivationsproblem (z. B. „Frank macht keine Hausaufgaben, obwohl er könnte und müsste.") auf ganz unterschiedliche Motivationsbedingungen zurückgehen kann.

Von daher musste erst ein *übergeordnetes Diagnoseschema* zum Motivationsprozess geschaffen werden, das die Spezifizierung des jeweiligen

Einzelfalls erlaubt und dann den Einsatz der einzelnen Verfahren steuert. Ich habe versucht, ein solches Schema mit einer Frage-Antwort-Sequenz zu schaffen. Diesem Diagnoseschema sind dann jeweils Verfahren zugeordnet, die die Leser in deutschsprachigen und leicht zugänglichen Versionen einsetzen können.

Damit ich zu den einzelnen Verfahren den aktuellen Stand sowie Vergleichswerte mitteilen konnte, musste ich viele Kollegen um Unterstützung bitten, denen ich an dieser Stelle für ihre Zuarbeit und Beratung herzlich danke: PD DR. J. Abel, Dr. S. Aellig, Prof. Dr. J. Brunstein, Dr. K. Pöhlmann, Dr. R. Puca, Prof. Dr. U. Kleinbeck, Prof. Dr. G. Krampen, Prof. Dr. A. Krapp, Prof. Dr. J. Kuhl, Dr. T. Langens, Prof. Dr. W.-U. Meyer, W. Rollett, Prof. Dr. D. H. Rost, Prof. Dr. U. Schallberger, Prof. Dr. U. Schiefele, Prof. Dr. H.-D. Schmalt, Prof. Dr. K. Sokolowski, Prof. Dr. K. P. Wild.

Danken möchte ich auch meinen Potsdamer Mitarbeitern, die an dem Manuskript konstruktiv und kritisch beteiligt waren: S. Engeser, B. Frenz, Dr. B. Lund, PD Dr. R. Vollmeyer und M. Wendland.

Potsdam, im September 2003 *Falko Rheinberg*

1 Einführung

1.1 Anlässe zur Motivationsdiagnostik im Alltag

Werden Probanden über längere Zeit dazu aufgefordert, auf ein Signal hin das aufzuschreiben, womit sie gerade beschäftigt sind (*Erlebens-Stichproben-Methode*), so trifft man sie bei den unterschiedlichsten Aktivitäten an (Pfister, 2002; Schallberger, 2000). Ganz selten findet man sie aber in Phasen, in denen sie gründlich darüber nachdenken, warum oder wozu jemand gerade etwas tut. Das ist nicht weiter verwunderlich. In der Regel liefern uns ja schon der Kontext und Besonderheiten der Handlungsausführung die Art von Informationen zum Handeln unserer Mitmenschen, die uns genügen. Sie sagen uns, was jemand wohl gerade erreichen will und was evtl. seine Handlung in Gang gesetzt haben mag. Jemand, der schnell durch einen Bahnhof läuft, will wohl noch einen knappen Anschlusszug erreichen. Jemand, der nach dem Ober ruft, will wahrscheinlich etwas bestellen, zahlen oder eine Beschwerde vorbringen. Welche der drei Möglichkeiten im letzteren Fall zutrifft, ließe sich umgehend feststellen, sobald man wenige Worte des sich anschließenden Gespräches registrieren würde.

Sofern wir so etwas im Alltag überhaupt beachten, reichen uns solche Schnelldiagnosen zu den Handlungszielen unserer Mitmenschen gewöhnlich aus, um das soziale Geschehen um uns herum hinreichend verständlich und vorhersehbar zu machen. Warum oder wozu jemand sein offenkundiges Ziel verfolgt, wie schlimm es für ihn wäre, wenn er sein Ziel verfehlte, wie sicher er sich ist, dieses Ziel noch erreichen zu können, ob er sich zur Aktivität überwinden muss oder im Gegenteil mit viel Freude bei der Sache ist – all das interessiert uns nicht, wenn wir im Beispiel von eben jemanden schnell durch einen Bahnhof laufen sehen. Die Sache ist uns nicht wichtig genug und da reicht uns die Unterstellung eines plausiblen Handlungsziels meist völlig aus.

Schnell-diagnosen im Alltag

Diese Strategie der oberflächlichen Schnelldiagnose gilt übrigens nicht nur für das Verhalten anderer, sondern auch für das eigene. Wer denkt schon ständig darüber nach, wozu man das momentane Handlungsziel verfolgt und was man sich von seiner Erreichung letztendlich verspricht? Das scheint im geordneten Alltag meist hinreichend klar und man ist mit der Regulation oder Planung seiner Aktivität viel zu sehr beschäftigt, als dass man sich mit

15

tiefer gehenden Fragen zur Veranlassung und zum Zielanreiz eigenen Verhaltens befassen würde.

Das ist der komplikationsarme (wenn auch etwas langweilige) Regelfall des gut geordneten Alltags. Von diesem Regelfall gibt es aber Abweichungen. So können wir uns selbst immer wieder Dinge tun sehen, die wir „eigentlich" nicht wollten: Jemand will nicht mehr rauchen und tut es trotzdem. Jemand anderes will endlich weniger arbeiten und sieht sich trotzdem ständig am Schreibtisch sitzen. Umgekehrt unterlassen wir Dinge, die wir uns mit gutem Grund fest vorgenommen haben: Die Studentin wollte heute endlich mit ihren Prüfungsvorbereitungen begonnen haben und sieht am Abend, dass sie stattdessen die Wohnung geputzt, viel telefoniert und den Schreibtisch aufgeräumt hat. Der Leiter eines Büros hatte heute das dringend erforderliche Mitarbeitergespräch führen wollen und stellt bei Dienstschluss fest, dass er wieder nur die eigene Arbeit erledigt hat.

Grenzen der Schnelldiagnose In diesen Beispielen war der Person selbst zumindest klar, was sie „eigentlich" tun bzw. nicht tun wollte. Es gibt aber auch die Fälle, wo selbst das unbestimmt ist: Der Abiturientin X mag gänzlich unklar sein, ob sie studieren soll oder nicht und welches Studienfach es gegebenenfalls sein sollte. Der Schüler Y weiß einfach nicht, was er heute Nachmittag tun könnte und döst apathisch vor sich hin.

Besondere Rätsel kann uns das Verhalten anderer Personen dann aufgeben, wenn sie nicht das tun, was für sie erkennbar nützlich und machbar wäre. Eine Schülerin bereitet sich zwar für die Englisch- aber nicht für die Mathematikarbeit vor, obwohl beides zur Versetzung gleichermaßen erforderlich wäre. Sie könnte und müsste sich in beiden Fächern vorbereiten, tut es aber nur in einem. Warum?

Ein anderes Rätsel sind engagierte Aktivitäten, bei denen man nicht unmittelbar erkennen kann, welchen Nutzen die Person daraus zieht: Ein Schüler sitzt viele Stunden hoch konzentriert an einem Fantasy-Computer-Spiel, obwohl es dabei nichts zu gewinnen gibt und obwohl er seiner Mutter versprochen hatte, ihr heute im Garten zu helfen. Jugendliche Graffiti-Sprayer verrichten unter hohem Zeitdruck unbezahlte Nachtarbeit und müssen sogar mit negativen Folgen rechnen, wenn sie dabei ertappt werden. All das und vieles mehr sind Fälle, in denen wir mit unserer üblichen Strategie der schnellen Zuschreibung von Handlungszielen zu keinem befriedigenden Ergebnis kommen. Durch bloßes Hinsehen entdecken wir hier keine lohnende Zielstruktur, die uns das auftretende bzw. unterbleibende Verhalten leicht verständlich machen würde.

Sofern uns solche Fälle wichtig genug sind, fangen wir an, nach zusätzlichen Informationen zu suchen, die uns die auftretenden Phänomene nach-

16

vollziehbar, vorhersagbar und evtl. beeinflussbar machen könnten. Wir wollen dann genauer feststellen, welche Antriebs- und Zielstrukturen einem Verhalten unterliegen, das wir auf den ersten Blick nicht so verstehen, wie es für unsere eigenen Belange oder die Belange eines Ratsuchenden erforderlich wäre. Wir betreiben dann eine Art Motivationsdiagnostik im Alltag. Dies geschieht in der Regel durch Nachfragen, gezieltes Beobachten und den Rückgriff auf unsere „naiven" Theorien über das, was Menschen zur Aktivität veranlasst.

Erweiterte Informationssuche

1.2 Professionelle Motivationsdiagnostik

Im Prinzip geht die professionelle Motivationsdiagnostik ähnlich vor. Allerdings ist hier das Vorgehen stärker regelgeleitet, stützt sich, wo es geht, auf Routineverfahren und orientiert sich an explizierten und bewährten Theorien. Um die Besonderheiten der Motivationsdiagnostik zu erkennen, müssen wir uns zunächst darüber klar werden, was hier genau diagnostiziert werden soll. Man kann unter Motivation *die aktivierende Ausrichtung des momentanen Lebensvollzuges auf einen positiv bewerteten Zielzustand verstehen* (Rheinberg, 2002b, S. 17). Psychodiagnostik wiederum lässt sich im Kern als *Methode zur regelgeleiteten Feststellung inter- und intraindividueller Unterschiede in psychologisch relevanten Merkmalen* definieren. Nimmt man beides zusammen, so geht es bei der Motivationsdiagnostik also um die *regelgeleitete Feststellung inter- und intraindividueller Unterschiede in der aktivierenden Zielausrichtung von Lebensvollzügen*. Diese Art von Diagnostik hat mindestens zwei Besonderheiten:

Motivationsdiagnostik

(a) Wir erfassen nicht etwas, das als spezifische Verhaltensgewohnheit oder als umschriebene Fähigkeitskategorie relativ verhaltensnah definiert und gemessen werden kann und deshalb genau dieses Verhalten auch zuverlässig vorhersagt. Stattdessen zielen wir auf Faktoren, die als Richtungs- und Antriebsgrößen dem Verhalten *zu Grunde liegen*. Dabei drücken sich die hier wirksamen Personmerkmale nicht unmittelbar in eindeutig spezifizierbaren Verhaltensweisen aus, sondern in Teilprozessen, die die aktuelle Motivation ausmachen. Erst diese aktuelle Motivation und nicht die zu Grunde liegenden Personmerkmale nimmt dann Einfluss auf unser Verhalten (s. Abb. 1, S. 22).

Die hier interessierenden Personmerkmale (Motive) beziehen sich beispielsweise darauf, welche Anreize wir in komplexen Alltagssituationen bevorzugt wahrnehmen und hoch bewerten, welche Arten von Zielen und Handlungsmöglichkeiten sich uns aufdrängen, welche Erwartungen wir zur eigenen Wirksamkeit bilden, welche Ursachenerklärungen uns als zutreffend erscheinen etc. All das und anderes mehr kann je nach Situation eine Rolle spielen – oder auch nicht. Sofern es eine Rolle spielt, kann daraus dann die aktivierende Zielausrichtung resultieren, die wir mit dem Begriff Motivation umschreiben.

Wir werden die Beziehung zwischen den relativ zeitstabilen Personmerkmalen, der aktuellen Motivation und dem beobachtbaren Verhalten gleich noch genauer bestimmen (Kapitel 2). Wichtig ist an dieser Stelle zunächst, dass wir mit der Motivationsdiagnostik Informationen auf einer Ebene einholen, die nicht eins zu eins der Ebene des beobachtbaren Verhaltens zugeordnet ist. Das macht unsere Aufgabe schwieriger, als wenn wir bloße Verhaltensgewohnheiten oder spezifische Kompetenzen zu diagnostizieren hätten.

(b) Insbesondere, wenn wir die übergeordnete Aufgabenstellung der Psychodiagnostik berücksichtigen, wonach Diagnostik helfen soll, unerwünschte Zustände zu verändern und erwünschte zu stabilisieren (vgl. Amelang & Zielinski, 1994; Jäger & Petermann, 1992), wird eine zweite Besonderheit klar. Wenn wir unerwünschte Handlungsbereitschaften verändern wollen, so ist es gut, zu verstehen, was an der fraglichen Aktivität attraktiv sein könnte. Wer beispielsweise möchte, dass einige Jugendliche nicht ständig unsere Städte mit Graffiti besprühen, sollte herausfinden, was daran Spaß macht. Erst dann ist man in der Lage, gezielt nach alternativen Tätigkeitsfeldern zu suchen, in denen die Anreize ersetzt werden können. Die Logik des Vorgehens besteht also darin, die gegebene Motivationsbasis eines unerwünschten, gleichwohl auftretenden Verhaltens genauer zu bestimmen, um so Grundlagen zur Änderung dieses Verhaltens zu gewinnen. Wir bestimmen also etwas, das wir in der Realität (unerwünschterweise) antreffen. Ein klassisches Beispiel ist hierfür die Aggressionsdiagnostik, soweit sie sich auf die motivationalen Grundlagen dieses Verhaltens erstreckt (Petermann & Petermann, 2000; Zumkley, 1987).

Bei Motivationsfragen begegnet uns aber häufiger der dazu komplementäre Fall: Es gibt ein erwünschtes Verhalten, das aber *nicht* oder zu selten auftritt, weil ihm eine hinreichende Motivationsbasis fehlt. Insbesondere im Fall von Lernmotivation werden ja in der Regel Motivations*defizite* beklagt und erwünscht ist die Motivationsförderung. Überspitzt formuliert bedeutet Motivationsdiagnostik in solchen Fällen, etwas näher zu bestimmen, das nicht hinreichend da ist und im weiteren zu klären, warum das so ist. Diese Struktur macht die diagnostische Aufgabe keineswegs einfach, aber auch nicht unlösbar.

1.3 Gegenstand dieses Buches

Fassen wir das Bisherige zusammen, so versucht die Motivationsdiagnostik, die aktivierende Zielausrichtung unseres Verhaltens sowie deren zu Grunde liegenden Bedingungen (Person- und Situationsmerkmale) regelgeleitet so zu erfassen, dass eine Förderung erwünschter bzw. eine Dämpfung oder Umlenkung unerwünschter Handlungstendenzen erleichtert wird. Dazu werden psychologische Routineverfahren (Tests, geeichte Fragebögen etc.) eingesetzt, aber auch standardisierte Interviews und systematische Verhaltensbeobachtungen (*multimethodale Diagnostik*; vgl. Petermann & Petermann, 2000). Da die erfassten Größen nur selten einem spezifischen Verhalten direkt zugeordnet werden können, ist es unerlässlich, dass die einzelnen diagnostischen Schritte in explizierten und empirisch bewährten Motivationsmodellen verankert sind. Erst dadurch wird eine befundorganisierende Interpretation der erhobenen Daten möglich. Von daher werden im nächsten Kapitel die diagnoseleitenden Modellvorstellungen dieses Diagnostikbandes in geraffter Form dargestellt. Das wird uns zu einer Systematik unterschiedlicher Formen von hinreichender und unzureichender Motivation führen. Wir werden sehen, dass die Feststellung, jemand sei nicht genug motiviert, auf höchst unterschiedliche Gegebenheiten zurückgehen kann: Anreizdefizite, ungünstige Erwartung, Willensdefizite und anderes mehr. Soweit verfügbar, werden für diese verschiedenen Fälle diagnostische Verfahren dargestellt. Dabei werden einerseits Routineverfahren behandelt, die in deutschsprachiger Version allgemein zugänglich sind (inklusive Internetpublikationen). Andererseits werden aber auch Beispiele gegeben, wie man per Interview und Verhaltensstichprobe motivationsrelevante Informationen zusätzlich gewinnen kann.

Häufig – aber nicht ausschließlich – werden Beispiele behandelt, die aus dem Bereich (unzureichender) Lernmotivation stammen. Sie lassen sich mit einigen Modifikationen auch auf die Therapiemotivation oder die Trainingsmotivation im Sport oder in anderen Bereichen übertragen. Zudem wird gezeigt, wie man diagnostische Informationen zu Anreizen von Aktivitäten gewinnen kann, die engagiert ausgeführt werden, obwohl sie dem Akteur scheinbar keinen Gewinn bieten.

Schließlich werden auch Verfahren vorgestellt, die nicht die überdauernden Motiv- oder Interessendispositionen einer Person als *trait*-Variable erfassen, sondern die aktuelle Motivationslage als *state*-Variable. Letzteres ist nicht nur für Forschungszwecke brauchbar, sondern hilft, Veränderungen zu erfassen, die im Verlauf von Interventionen erwartet werden. Genauer werden wir hier die *Erlebens-Stichproben-Methode* (ESM, Csikszentmihalyi & Larson, 1987) kennen lernen, die eine ökologisch valide Erfassung interessierender Zustände im Alltag von Probanden erlaubt.

Definition von Motivationsdiagnostik

Notwendigkeit theoretischer Verankerung

1.4 Ziele des Buches

Das Buch will Leser in die Lage versetzen, zu Motivationsfragen Informationen so zu erheben, dass Entscheidungen, Erklärungen und Prognosen im Motivationsbereich gut begründet und professionell ermöglicht werden. Dazu wird im ersten Schritt ein allgemeines Diagnoseschema vorgestellt, das dem Leser erlaubt, ein jeweiliges Motivationsproblem so zu spezifizieren, dass ein gezielter Einsatz geeigneter Verfahren möglich ist.

Die hier beschriebenen Verfahren sind dabei so ausgewählt, dass sie vom Leser nach der Lektüre auch eingesetzt werden können. Um dieses Ziel zu erreichen, müssen sie in einer deutschsprachigen Version leicht zugänglich sein. Weiterhin müssen für die Interpretation erhobener Daten Vergleichsstandards vorliegen. Um den Lesern im Vorhinein eine Beurteilung der ausgewählten Verfahren zu erlauben, werden stets Angaben zur Reliabilität (interne Konsistenzen) und Validität gemacht. Die Leser können dann im Vorhinein entscheiden, ob für ihre Zwecke ein Verfahren einsetzbar ist.

2 Ein Analyseschema zur Motivationsdiagnostik

2.1 Das Grundmodell

Schon Lewin (1936) und Murray (1938) haben darauf aufmerksam gemacht, dass sich Motivationsphänomene nur aus der Wechselbeziehung zwischen *Person* und *Situation* verstehen lassen. Es ist eben *nicht* so, dass Personmerkmale wie überdauernde Motive oder Interessen fortwährend in gleicher Stärke unser Verhalten beeinflussen. Sie tun es erst dann, wenn die Situation potenzielle Anreize und Handlungsgelegenheiten bietet, die inhaltlich zum fraglichen Motiv passen. Das Leistungsmotiv beispielsweise kann sich dann im Verhalten niederschlagen, wenn die Situation der Person Gelegenheit bietet, die eigenen Kompetenzen zu erproben und zu steigern (Atkinson, 1957; Heckhausen, 1989). Das Machtmotiv würde in der gleichen Situation dagegen nur dann verhaltenswirksam, wenn die Person die Gelegenheit sähe, dabei möglichst öffentlich jemand anderen übertrumpfen und prestigesteigernd dominieren zu können (Schultheiss & Rohde, 2002).

Person x Situation

Wichtig ist, dass diese motivationalen Personmerkmale *(Motive, Interessen)* nicht direkt auf das Verhalten wirken, sondern nach passender situativer Anregung zunächst zur *aktuellen Motivation* führen. Erst die letztere, und nicht das Motiv per se, nimmt Einfluss auf das je aktuelle *Verhalten!* Abbildung 1 schematisiert diese Beziehung.

Für die Motivationsdiagnostik gabelt sich schon an dieser frühen Stelle der Weg des weiteren Vorgehens. Was wollen wir genau wissen? Sind wir an Personmerkmalen, also an *traits* interessiert, die uns längerfristige Vorhersagen für eine breitere Klasse thematisch passender Situationen erlauben? Dann sollten wir überdauernde Motive, Interessen, Bedürfnisse etc. erfassen. Oder kommt es uns auf eine möglichst genaue Feststellung des jeweils jetzt gerade gegebenen Motivationszustandes an? Dann sollten wir Verfahren verwenden, die die aktuelle Motivation, also *states* erfassen. Eine solche Messung der aktuellen Motivation müssen wir dann aber für jede interessierende Situation – streng genommen für jeden relevanten Zeitpunkt – immer wieder neu vornehmen. Im Vergleich mit der einmaligen Messung zeitstabiler Personmerkmale ist dieses Vorgehen für die jeweilige Situation zwar genauer und aktueller, aber eben auch viel aufwändiger.

Personmerkmale

aktuelle Motivation

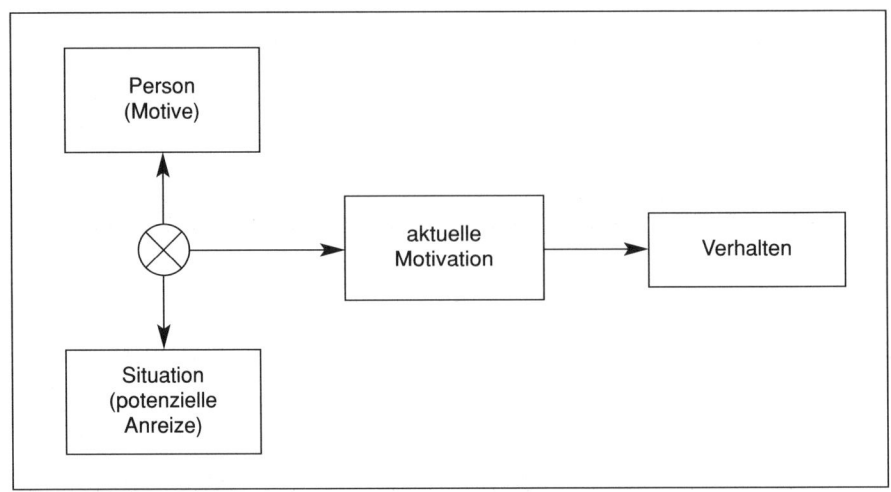

Abbildung 1:
Das Grundmodell der klassischen Motivationspsychologie (nach Rheinberg, 2002b, S. 72)

Je nach Erkenntnisbedarf können beide Diagnosestrategien nützlich und angemessen sein. Die Erfassung der aktuellen Motivation wurde wohl nicht zuletzt aus ökonomischen Gründen seltener vorgenommen. Sie wird allerdings in jüngerer Zeit insbesondere bei der Erforschung von Motivationseinflüssen im Lernprozess systematisch eingesetzt (zusammenfassend Vollmeyer & Rheinberg, 2003).

Abbildung 1 veranschaulicht allerdings nicht, wie viele Vermittlungsprozesse wir zwischen den motivationalen Personmerkmalen und dem beobachtbaren Verhalten annehmen müssen. Solche Vermittlungsprozesse verbergen sich zunächst hinter dem ⊗-Zeichen, das in der Abbildung die Wechselbeziehung zwischen Person und Situation symbolisieren soll. Sobald wir uns fragen, wie denn diese Wechselbeziehung zwischen den personseitigen Motiven und den Merkmalen der Situation im Einzelnen abläuft und welche Aspekte dabei wichtig werden, stellen wir fest, dass sich **motivationale** dieses Motivierungsgeschehen weit ausfächern kann. Wir müssen hier be-**Teilprozesse** sondere Wahrnehmungs- und Bewertungsprozesse, Aktivierung von Handlungsschemata, Erwartungsbildungen, physiologische Aktivationsprozesse, Ausschüttung bestimmter Neurotransmitter und einiges mehr beachten, das die Entstehung der „aktivierenden Zielausrichtung des momentanen Lebensvollzugs" bewirkt und sie ausmacht. Je nach inhaltlicher Ausrichtung und Dominanz einzelner Teilprozesse wird damit natürlich auch das höchst heterogen, was wir mit dem Begriff „aktuelle Motivation" umschreiben.

Und dabei haben wir nicht einmal berücksichtigt, dass in Abbildung 1 der schlichte Pfeil von der „aktuellen Motivation" zum „Verhalten" enorm simplifiziert. Er verdeckt nämlich alle Prozesse, die dann erforderlich werden, wenn sich bei der Zielverfolgung Schwierigkeiten ergeben und/oder wenn die zielführenden Aktivitäten aversiv werden. Gemeint sind all die Prozesse, die wir mit den Begriffen *Volition* bzw. *Wille* bezeichnen. Wie die jüngere Forschung zeigt, ergeben sich die hier relevanten Prozesse nicht einfach als umstandslose Verlängerung der aktuellen Motivation. Sie müssen vielmehr in eigener Sache und eigener Qualität berücksichtigt werden (Heckhausen, Gollwitzer & Weinert, 1987; Kuhl, 2001; Sokolowski, 1993).

Wille

2.2 Das leitende Diagnoseschema

Es wäre also ein leichtes, zu demonstrieren, wie verwickelt die Pfade der Motivationsdiagnostik notwendig werden müssen, wenn man bei der Diagnose die feinste Korngröße wählt. Diese Korngröße wird man im wichtigen und problematischen Einzelfall mitunter auch tatsächlich wählen müssen. Für die Darstellung in diesem Diagnostikband müssen wir aber das Risiko einer gewissen Vereinfachung des Geschehens in Kauf nehmen. Anderenfalls würde der Überblick verloren gehen. Abbildung 2 versucht, in einer Frage- und Antwortsequenz all die Aspekte gleichzeitig zu fassen, die uns qualitativ verschiedene Motivationsformen, aber auch unterschiedliche Motivationsprobleme verständlich machen.

Man kann dieses Schema als Leitfaden benutzen, wenn man im konkreten Fall einen motivationalen Sachverhalt genauer qualifizieren will. Man muss sich dabei allerdings klar darüber sein, dass wir es hier lediglich mit einer diagnostischen *Makrostruktur* zu tun haben. Warum die Frage in einem Kasten mit „ja" oder „nein" beantwortet wird, muss durch gezielte Erhebung dann genauer abgeklärt werden. Die Makrostruktur soll (a) lediglich vorklären, an welchen problematischen Stellen genauer zu diagnostizieren ist und soll weiterhin (b) sicherstellen, dass man bei der Diagnose keine potenziell wichtigen Aspekte außer Acht lässt. Insbesondere macht das Fragenschema deutlich, dass es qualitativ und strukturell ganz unterschiedliche Formen von Motivationsproblemen gibt, die sich erst über die Kombination verschiedener diagnostischer Schritte genauer bestimmen lassen.

diagnostischer Leitfaden

Frage 1 – Tätigkeitsanreize: Wollen wir näher aufklären, wie im konkreten Fall die aktuelle Motivation zustande kam und was für sie charakteristisch ist, so sind wir gut beraten, als erstes schlicht danach zu fragen, ob die Tätigkeit allein schon durch ihren Vollzug genussfähig ist. Wird diese Frage mit „ja" beantwortet, könnten wir unsere Analyse im Prinzip schon an dieser Stelle abbrechen. Die Tätigkeit wird als *„spontane"* Aktivität um ihrer selbst willen ausgeführt. Mitunter werden sogar negative Konsequenzen in Kauf genommen. Wer gerne isst, der hat die Tendenz, das oft und lange zu

spontane Aktivität

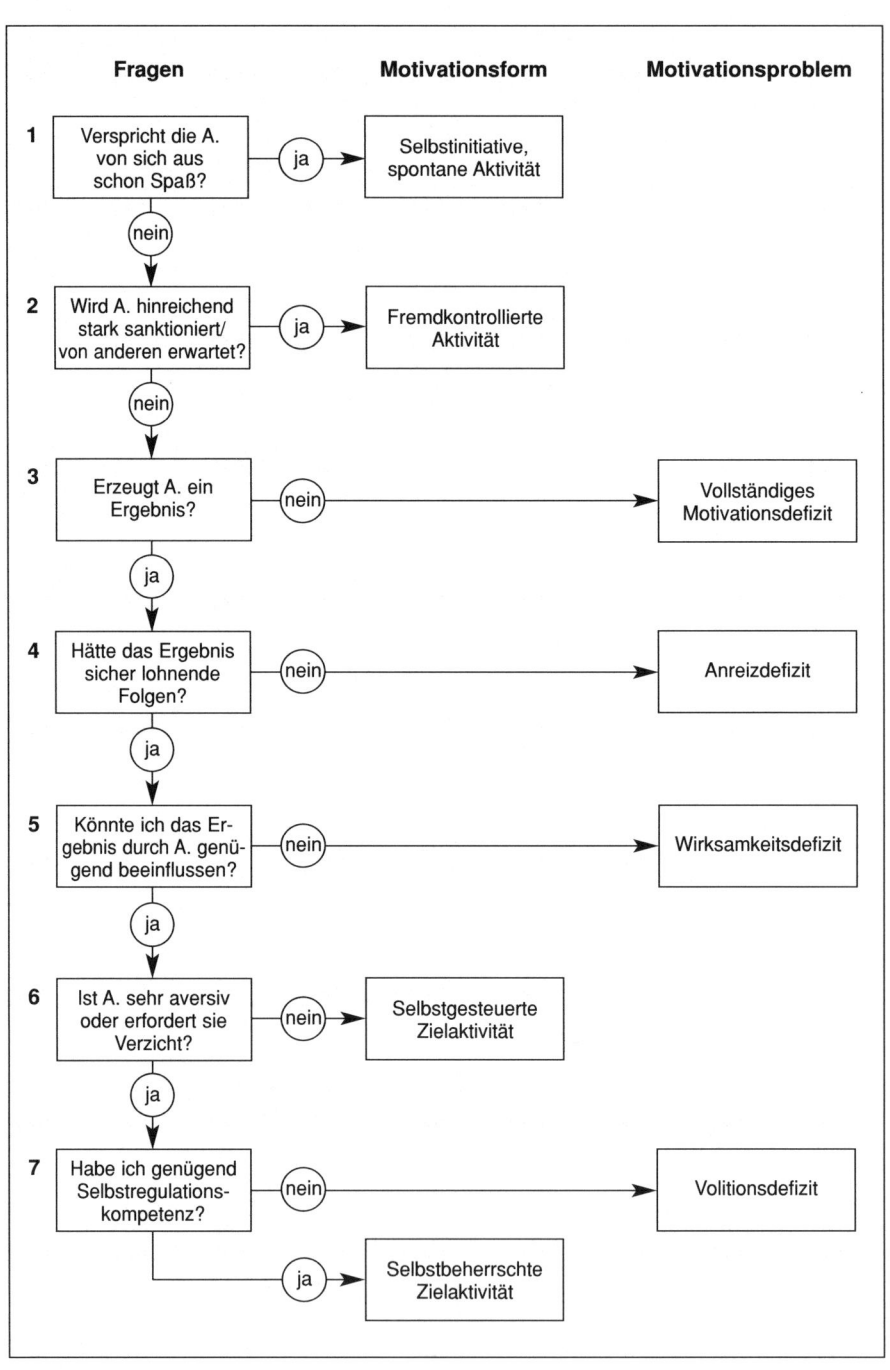

Abbildung 2:
Diagnoseschema: Frage- und Antwortsequenz zur Bestimmung verschiedener
Motivationsformen und -probleme (A = Aktivität)

tun, obwohl sich unerwünschte Folgen ergeben können und Kosten entstehen. Diese Struktur finden wir in vielen Tätigkeitsfeldern, wie beim Spiel oder beim Sport, in sozialen Kontakten, aber durchaus auch bei der Arbeit. Seit Woodworth (1918) wird diese Motivation auch als „intrinsisch" bezeichnet. Da der Begriff später ausgeweitet und verunklärt wurde, meide ich ihn und spreche stattdessen von *tätigkeitszentrierter Motivation*, die sich einer zweckzentrierten gegenüberstellen lässt (Rheinberg, 1989; 2002b).

Auch wenn *Frage 1* mit „ja" beantwortet wurde, können natürlich noch weitere Charakteristika der aktuellen Motivation hinzutreten, auf die dann die nachfolgenden Fragen zielen. Wer also eine möglichst vollständige Rekonstruktion der wirksamen Motivationsstruktur wünscht, sollte trotz des „ja" weiterfragen.

Übrigens darf die Einfachstruktur bei *Frage 1* nicht suggerieren, als sei auch das hier unterliegende Geschehen einfach und gut verstanden. Im Gegenteil! Wir wissen erst wenig darüber, was genau den Tätigkeitsvollzug so attraktiv macht, dass er immer wieder ausgeführt wird. Aktuelle Überlegungen gehen von evolutionspsychologischen Grundlagen der hier zu Grunde liegenden Motive aus (insbesondere McClelland, 1999 oder Schneider & Schmalt, 2000). Aber auch schon die bloße Vorliebe für einen Gegenstand oder einen Sachbereich (sogenannte *Interessen*) kann dafür sorgen, dass nahezu jede Tätigkeit mit und an ihm per se positiv erlebt wird (Krapp, 1992; Schiefele, 1996). Qualitative Analysen verweisen auf ein breites Spektrum inhaltlich ganz unterschiedlicher Anreize des Tätigkeitsvollzuges (Rheinberg, 1993). Verfahren zur Erfassung von Tätigkeitsanreizen werden in Kapitel 3 besprochen.

Frage 2 – Fremdkontrolle: Diese Frage berücksichtigt, dass unser Handeln durch Erwartungen und/oder Sanktionen wichtiger anderer Personen mitbestimmt werden kann. Auch wenn die klassische Motivationspsychologie über die Annahme von Selbstbewertungsprozessen und internen Affektmechanismen dem Individuum implizit mehr Eigenständigkeit zubilligt, als es vielleicht soziologisch orientierte Verhaltensmodelle tun, ist der motivationale Einfluss wichtiger Sozialpartner natürlich nicht zu übersehen (Deci & Ryan, 1985). Einerseits kann die andere Person per se einen anschlussthematischen Anreiz besitzen (z. B. „für die nette Lehrerin zu lernen"). Andererseits können mächtige Sozialpartner mitunter begehrliche Ressourcen kontrollieren (Taschengeld, Freizeit, Beförderung, Gehalt). Ein Modell zum Entwicklungswandel solcher Anreize findet sich bei Deci und Ryan (1985).

Ressourcen-kontrolle

Anders als bei den nachfolgend behandelten Fällen aktueller Motivation ist der hier wirksame Anreiz übrigens nicht notwendig daran geknüpft, dass die Aktivität erfolgreich zu einem bestimmten Ergebnis geführt hat.

Hier kann auch das Verhalten selbst bzw. die Art seiner Ausführung sanktioniert werden (z. B. regelmäßiger Besuch eines Kurses bzw. Trainings; aggressionsfreie Teilnahme am Unterricht etc.). Wir haben es hier letztlich mit Wirkmechanismen der Verhaltenskontrolle zu tun, wie sie z. B. in der lerntheoretischen Verhaltensmodifikation (Rost, 2001) systematisch eingesetzt werden. Wie schon bei *Frage 1* kann man natürlich auch bei einer positiven Antwort auf *Frage 2* die Fragensequenz weiter durchlaufen, wenn man eine möglichst vollständige Charakterisierung der aktuellen Motivation erreichen will. Beispiele für die Erfassung fremdkontrollierter Anreize werden in Kapitel 4 gegeben.

vollständiges Motivations- defizit *Frage 3 – potenzielle Ergebnisse:* Macht eine Tätigkeit per se keine Freude *(Frage 1)* und gibt es niemanden, der mich dafür belohnen oder verpflichten kann *(Frage 2)* und ist diese Aktivität von ihrer Ablaufstruktur zudem ohne ein erkennbares Ergebnis *(Frage 3)*, so gibt es keinen Grund, diese Aktivität auszuführen. Es gibt dann weder Spaß noch Belohnung oder Verpflichtung, noch die Möglichkeit, mit sich selbst zufrieden zu sein, weil man ein angestrebtes Ergebnis erreicht hat. Wir haben es mit einem *vollständigen Motivationsdefizit* zu tun.

An dieser Stelle ist wichtig zu beachten, dass alle weiteren Ausdifferenzierungen verschiedener Motivationsphänomene ein Ergebnis voraussetzen, das über die eigene Aktivität bewirkt wurde. Ohne ein solches Ergebnis müssen wir entweder von positiven Tätigkeitsanreizen oder von hinreichender Verhaltensfremdkontrolle ausgehen. Es gibt allerdings den Sonderfall einer Verhaltensselbstkontrolle, bei dem man für eine offensichtlich ergebnislose Tätigkeit Ausführungsstandards übernommen hat, die zuvor über die **Internalisierung** Verhaltensfremdkontrolle vermittelt wurden (*Internalisierung* im Sinne von Deci & Ryan, 1985). Gemeint sind meist moralische Verhaltensstandards, wie im Handeln ehrlich, zuverlässig, fleißig etc. zu sein. In solchen Fällen ist durch den Abgleich mit einem internalisierten Ausführungsstandard ein zusätzliches Ergebnis eingeführt. Es resultiert nicht aus der Logik der Handlungsstruktur, sondern aus der Anwendung relativ allgemeiner Standards. Fragen zur Ergebnisqualität von Tätigkeiten werden in Kapitel 5 abgehandelt.

Frage 4 – Folgenanreize: Ein Handlungsresultat muss einen hinreichenden Anreiz besitzen, um motivational wirksam zu werden. Diesen Anreiz bezieht das Ergebnis meist aus den Folgen, die es verspricht. Das können unterschiedliche Dinge sein. Ganz unmittelbar können sich hier Selbstbewertungen (Stolz und Zufriedenheit mit sich) ankoppeln. Weiterhin können sich ergebnisabhängige Fremdbewertungen und Sanktionen, Prestige- und Einflussgewinn, beruflicher Aufstieg und Eröffnung weiterer Wirkungschancen, materieller Gewinn und Sicherheit und vieles andere mehr anschließen. Entscheidend ist, dass diese Folgen aus der Sicht der Person hinreichend eng an die Ergebniserreichung gekoppelt sind und ihr zugleich hinreichend attraktiv erscheinen.

Dabei können der Person diese Folgen als Anreizquellen voll bewusst sein. Wir haben es dann mit einer rationalen zweckorientierten Handlungsstruktur zu tun, die in der Regel auch argumentationszugänglich ist. Ein Beispiel wäre der Abiturient, der ganz gezielt und ausdauernd für das Ergebnis „guter Abiturnotendurchschnitt" lernt, um die Folge „gewünschter Studienplatz in Medizin" sicher zu stellen. Folgen können aber auch nicht oder nur partiell bewusst sein. Ein Beispiel wäre der Prestigegewinn, den ein überragendes Klassenarbeitsergebnis unserem Abiturienten in seiner Bezugsgruppe verleihen würde. So etwas kann die Attraktivität eines Ergebnisses erhöhen, ohne dass dies dem Handelnden völlig klar sein muss.

bewusste Folgen

Wir sind hier im Kernfeld der klassischen Motivationspsychologie, die sich mit der Wahrnehmung und der Gewichtung von motivtypischen Anreizen befasst. Hier finden wir einerseits den Niederschlag bewusster *motivationaler Selbstbilder, Wertvorstellungen* sowie *Zielorientierungen* im Sinne von Dweck und Legget (1988) bzw. Nicholls (1984), für die es eine Reihe gut einsetzbarer Messverfahren gibt. Allerdings müssen wir bei der Anreizgewichtung häufiger auch nicht bewusste, sogenannte *implizite Motive* mit in Rechnung stellen (McClelland, Koestner & Weinberger, 1989). Das bringt uns in die etwas ungeliebte Notwendigkeit, mit projektiven Verfahren (z.B. TAT) operieren zu müssen (zusammenfassend Brunstein, 2003). In Kapitel 6 werden wir die verschiedenen diagnostischen Möglichkeiten sowie einige Kompromissformen, d.h. semiprojektive Verfahren wie das MMG von Schmalt, Sokolowski und Langens (2000) abhandeln.

nicht bewusste Folgen

Es bleibt zu sagen, dass eine Aktivität, die weder Spaß im Vollzug bereitet noch über andere Personen sanktioniert wird, auch bei erzielbaren Ergebnissen keine aktuelle Motivation auslöst, wenn die Ergebnisse keine anreizbesetzten Folgen in Aussicht stellen. Wir haben es dann mit dem Fall eines *Anreizdefizits* zu tun (s. Abbildung 2).

Anreizdefizit

Frage 5 – Wirksamkeitserwartungen: Anreizbesetzte Folgen sind zunächst einmal nur Begehrlichkeiten. Ob sie tatsächlich zu aktueller Motivation führen, hängt im Erwartungs-mal-Wert-Denken der Motivationspsychologie davon ab, ob das folgenvermittelnde Ergebnis durch eigenes Handeln auch erreichbar ist. Hier geht es um die Frage der eigenen Wirksamkeit in der aktuellen Situation. Sie wurde schon von Lewin, Dembo, Festinger und Sears (1944) und Atkinson (1957) als Erfolgswahrscheinlichkeit behandelt. Zurzeit werden diese Erwartungen als Selbstwirksamkeitserwartung (Bandura, 1997) theoretisch gefasst und für verschiedene Allgemeinheitsgrade (generalisierte vs. situationsspezifische Wirksamkeit) messbar gemacht. Zum Teil geht es einfach um die Überzeugung, ein bestimmtes Ergebnis

27

durch eigene Handlung erzielen zu können *(Erfolgserwartung)*, zum Teil geht es um Annahmen, ob man eine sicher zielführende Aktivität auch ausführen kann oder nicht *(Wirksamkeitserwartung)* (Skinner, 1996). Wir werden einige der hierzu eingeführten Verfahren in Kapitel 7 darstellen. Im selben Kapitel werden auch *Fähigkeitsselbstkonzepte* behandelt, weil sich solche Selbsteinschätzungen auch als reflektierte und verdichtete Wirksamkeitserwartungen verstehen lassen (Bong & Skaalvik, 2003).

**Wirksamkeits-
defizit** Zu geringe Erwartungen, ein erstrebtes Ergebnis erreichen zu können, führen zu *Wirksamkeitsdefiziten*. Diese Defizite können situations- und tätigkeitsspezifisch sein, aber auch in generalisierter Form auftreten. Im letzteren Fall können sie zu „Erlernter Hilflosigkeit" führen (Seligman, 1975; Stiensmeier-Pelster, 1988).

Frage 6 – widerstandsfreie Zweckhandlung: Macht die Tätigkeit per se keinen sonderlichen Spaß und wird sie auch nicht über Fremdsanktionen kontrolliert, so kann sich trotzdem eine hinreichend starke Motivation ergeben, sofern die erzielbaren Ergebnisse erreichbar und lohnend erscheinen und sofern die Realisation der zielführenden Aktivität keine besonderen psychischen Kosten erfordert. „Psychische Kosten" meint hier insbesondere das deutlich negative Vollzugserleben während der Tätigkeit, weil die Aktivität per se oder die Ausführungsbedingungen aversiv sind oder weil sich ein hoher Ausführungswiderstand ergibt. Sofern dies und Ähnliches (s. unten)

**selbstgesteuerte
Zielaktiviät** *nicht* gegeben sind, haben wir es mit einer komplikationsarmen zweckzentrierten Motivation zu tun: Selbstgesteuert realisiert man das, was lohnend und machbar ist.

Im Alltag schließt diese zweckzentrierte Motivation nicht notwendig aus, dass zugleich die Aktivität per se Spaß machen kann *(Frage 1)* oder von anderen Personen zusätzlich belohnt wird *(Frage 2)*. Die populäre Auffassung von der Korrumpierung „intrinsischer Motivation" durch Belohnungen/zusätzlichen Nutzen (Deci, 1971) ist offensichtlich an hoch spezifische Bedingungen geknüpft, die im Alltag keineswegs der Regelfall sind (Eisenberger & Cameron, 1998).

**Beispiel
Graffiti-Sprayen** Von daher macht es Sinn, auch im Fall hinreichend positiver Tätigkeitsanreize *(Frage 1)* zu prüfen, ob nicht zugleich auch noch anreizbesetzte Ergebnisse eine Rolle spielen, sofern man an einer möglichst vollständigen Diagnose der aktuellen Motivation interessiert ist. Beispiel: Das illegale Graffiti-Sprayen macht wegen der *sensation-seeker*-typischen Erregung (Zuckerman, 1994) und des starken *Flow-Erlebens* (Csikszemihalyi, 1999) im Vollzug großen Spaß. Zugleich schaffen die Sprayer über ihre Produkte Ergebnisse, auf die sie selbst stolz sind, die andere Sprayer beeindrucken und die die etablierten Bürger am nächsten Tag gründlich verärgern. All das sind hoch positiv bewertete Ergebnisfolgen, die zu den reinen Tätigkeits-

anreizen hinzutreten (s. Rheinberg & Manig, 2003). Die Erfassung negativer Tätigkeitsanreize wird nicht in einem gesonderten Kapitel behandelt, sondern wird bereits in Kapitel 3 mit erwähnt.

Frage 7 – Willensanforderungen: Bis hierhin wurden Motivationsfragen im engeren Sinne angesprochen. Wie eben erwähnt, kann die Zielverfolgung auch „psychische Kosten" verursachen: Man muss sich evtl. zu aversiven, ängstigenden oder langweiligen Tätigkeiten zwingen; die Ausführungsbedingungen sind vielleicht unangenehm oder stark ablenkend; mitunter wird eine ständige Selbstüberwachung des Handlungskurses erforderlich, weil die Tätigkeit in sich inkohärent, unüberschaubar komplex und zu schwierig ist; zudem muss man nicht selten die Gedanken an viel verlockendere Alternativtätigkeiten ausblenden. All das setzt hinreichende Motivation voraus – aber das genügt nicht.

psychische Kosten

Unter den skizzierten Bedingungen hoher „psychischer Kosten" werden zusätzliche Prozesse und Fähigkeiten erforderlich, die seit einiger Zeit unter den Bezeichnungen „Volition" bzw. „Wille" behandelt werden (Heckhausen, 1987; Kuhl, 1996). Es geht dabei um verschiedene Kompetenzen, durch die man es schafft, Handlungen trotz hoher innerer Widerstände und spürbarer Realisationsschwierigkeiten auf Kurs zu halten. Wie stellt es jemand an, das zu realisieren, was nach Maßgabe der unmittelbar gegebenen Anreize gar nicht geschehen dürfte? Konkret: Wie bringt sich jemand zum Zahnarzt und bleibt dort trotz größter Behandlungsschmerzen sitzen?

Wir haben es hier mit Prozessen der Selbstregulation zu tun, bei denen es erhebliche inter- und intraindividuelle Unterschiede gibt. Ist die Selbstregulation aktuell oder überdauernd zu schwach ausgeprägt, werden aversive Aktivitäten trotz hinreichender Motivation nicht realisiert. Wir haben es dann mit einem *Volitionsdefizit* zu tun (s. Abbildung 2). Liegt dagegen hinreichende Selbstregulationskompetenz vor, wird eine *selbstbeherrschte Zielaktivität* möglich. Sie ist zwar nicht sonderlich freudvoll und erfordert neben dem rein verrichtungsbedingten Aufwand auch eine volitionale Anstrengung (Sokolowski, 1993), aber sie kann mit Blick auf wichtige Folgen erforderlich und erfolgreich sein.

Volitionsdefizit

selbstbeherrschte Zielaktivität

Die Forschung auf diesem Gebiet ist noch relativ jung. Die frühen Ansätze von Ach (1910) oder Lindworsky (1923) sind nämlich zwischenzeitlich in Vergessenheit geraten. Von daher gibt es erst wenige bewährte Instrumente, die auf dieses wichtige Gebiet unseres Funktionierens anwendbar sind. Einige Messverfahren werden in Kapitel 8 besprochen.

Gesamtbetrachtung: Zusammengenommen unterscheidet unser Analyseschema also grob zwischen vier Formen motivierter Aktivität: (1) Die Motivation, die ihre Wirksamkeit schon aus der unmittelbaren Freude an der Tätigkeit bezieht *(„spontane" Aktivität)*, (2) die Motivation, die über Fremdkontrolle zustande kommt *(fremdkontrollierte Aktivität)* sowie zwei zweckorientierte Motivationsformen, von denen die eine (3) als relativ widerstandsfreies Agieren zur Herbeiführung attraktiver Ergebnisse beschreibbar ist *(selbstgesteuerte Zielaktivität)*, während die andere (4) dabei zusätzliche Willensprozesse zur Überwindung innerer und/oder äußerer Widerstände einschließt *(selbstbeherrschte Zielaktivität)*. Jede dieser Formen ist zudem inhaltlich danach auszudifferenzieren, welche Anreizqualitäten (Macht, Leistung, Sachbereichsinteressen, materielle Gewinne etc.) im konkreten Fall ausschlaggebend sind. Für häufig auftretende Anreizklassen werden in diesem Band nachfolgend Diagnosemöglichkeiten beschrieben.

Für die Praxis vielleicht noch interessanter sind die vier unterschiedlichen Formen von Motivationsdefiziten. Schließlich sind je nach Defizitform ganz unterschiedliche Interventionen ins Auge zu fassen. (1) Beim *vollständigen Motivationsdefizit* fehlt sozusagen das Basismaterial, aus dem sich eine aktuelle Motivation ergeben könnte. Zur Motivationsförderung müssen hier entweder attraktive Tätigkeiten und freudvolle Realisationsbedingungen geboten werden oder es muss für systematische Fremdkontrolle gesorgt werden oder es müssen erkennbare Ergebnisse eingeführt werden. (2) Bei einem *Anreizdefizit* sind Ergebnisfolgen einzuführen, die für die Person hinreichend attraktiv und zugleich genügend eng an das Ergebnis gekoppelt sind. (3) Bei *Wirksamkeitsdefiziten* sind entweder die erforderlichen Kompetenzen zu trainieren und/oder erfolgszuversichtliche Strategien einzuüben, die über realistische Zielsetzungen die Arbeit an erreichbaren Ergebnissen ermöglicht. (4) Bei *Volitionsdefiziten* schließlich kann man anforderungsseitig versuchen, die Aversivität und Schwierigkeit der Zielverfolgung zu verringern. Zudem kann man versuchen, die Selbstregulationskompetenzen der Person zu erhöhen. Hierzu gibt es erste Trainingsansätze (z. B. Öttingen, Pak & Schnetter, 2001).

Im Folgenden werden Möglichkeiten beschrieben, zu den verschiedenen Stationen des Frageschemas genauere diagnostische Abklärungen vorzunehmen. Dabei sind einige Fragen relativ schnell erledigt (z. B. *Frage 3*). Andere Fragen hingegen eröffnen weite Felder, die erheblichen diagnostischen Aufwand erfordern (z. B. *Frage 4*).

3 Die Erfassung motivationsrelevanter Tätigkeitsqualitäten

3.1 Theoretische Annahmen

Eine Tätigkeit, die schon im Vollzug großen Spaß macht, braucht keine weitere Veranlassung, um ausgeführt zu werden. „Motivationsprobleme" ergeben sich allenfalls dann, wenn man diese Tätigkeit häufiger und intensiver ausführt, als es mit Blick auf unerwünschte Konsequenzen gut wäre (z. B. Übergewicht beim Essen; Gesundheitsschäden beim Rauchen; finanzieller Schaden beim zwanghaften Spielen etc.). Ist der Tätigkeitsvollzug neutral oder gar negativ, muss sich die aktuelle Motivation auf anreizbesetzte Ergebnisfolgen und/oder die Fremdsteuerung stützen, sofern engagierte Zielverfolgung zu Stande kommen soll. Das ist weit unsicherer und erfordert mehr kognitive Zwischenprozesse, als eine Motivation, die sich unmittelbar aus dem positiven Anreiz des Tätigkeitsvollzugs ergibt.

Wenn der Arzt jemandem sagt, er müsse zwecks Blutdrucksenkung häufig Fahrrad fahren, so hat dieser Patient großes Glück, wenn er sich ohnehin gerne in der frischen Luft bewegt. Personen, die dieses positive Vollzugserleben nicht haben, müssen sich ständig mit Blick auf die gesundheitlichen Folgen zur Tätigkeitsaufnahme aufraffen. Sie werden immer wieder wichtige/dringende Dinge haben, die sie heute leider vom Radfahren abhalten. Häufig werden sie ihre vernünftigen Vorsätze auch einfach vergessen. Die Schülerin, die sich gerne mit Zahlen und logischen Systemen befasst, hat für das Fach Mathematik eine günstige Prognose, wenn sie wegen einer Krankheit im Unterricht für längere Zeit gefehlt hat und deshalb nacharbeiten muss. Die hier erforderliche Beschäftigung mit Mathematikaufgaben macht ihr ohnehin Freude und sie wird sie nicht vor sich herschieben, wie sie das vielleicht im ungeliebten Fach Erdkunde tut.

Wirkung von Tätigkeitsanreizen

Oberflächlich betrachtet, sind die Dinge also trivial. Nicht trivial ist dagegen die Frage, was dann genau solche Tätigkeitsanreize ausmacht und wie sie in ihrer individuellen Unterschiedlichkeit entstanden sind. Hierzu weiß die Forschung erst relativ wenig. Die klassische Motivationspsychologie hatte nämlich die Tendenz, Motivation über Anreize und Wahrscheinlichkeiten von Folgen zu verstehen und weniger über den Anreiz der Tätigkeit selbst.

Teils wegen der mitunter problematischen Auswirkungen hoch positiver Tätigkeitsanreize (Suchtverhalten, s. o.), vor allem aber wegen der massiven Motivationskonsequenzen fehlender positiver Tätigkeitsanreize ist es ratsam, solche Anreize routinemäßig gleich zu Beginn jeder Motivationsdiagnose zu erfassen. Von daher steht im Diagnoseschema der Abbildung 2 die Frage nach den Tätigkeitsanreizen auch an erster Stelle.

Bemerkenswerterweise gibt es allerdings erst wenige Verfahren, die gezielt zu dieser Frage entwickelt wurden. Aus der jüngeren Forschung lassen sich aber Methoden übernehmen, die auch in der Praxis verwendbar sind. Sie werden im Folgenden auszugsweise vorgestellt. Die Verfahren sind meist quantitativer Art. Qualitative Aspekte lassen sich durch standardisierte Interviews abklären (s. Abschnitt 3.5). Neben der üblichen rückblickenden Selbstauskunft lässt sich gerade hier die *in situ* Erhebung durch die *Erlebens-Stichproben-Methode* (ESM) sinnvoll einsetzen (siehe Abschnitt 3.3.1).

3.2 Bestimmung der Attraktivität einer Tätigkeit

3.2.1 *Die Persönliche Hitliste (PH)*

Geht es nur darum, festzustellen, wie gerne jemand eine Tätigkeit ausführt, so kann man diese Tätigkeit natürlich auf einer entsprechenden Skala („gar nicht gerne" bis „sehr gerne") einordnen lassen. Insbesondere, wenn man unter Alltagsbedingungen vorhersagen will, was jemand wahrscheinlich tun wird, müsste man dazu auch die Attraktivität der möglichen Konkurrenztätigkeiten kennen. So könnte Englisch zwar ein Lieblingsfach in der Schule sein, gleichwohl ist deshalb nicht sicher, dass sich die Englischhausaufgaben im nachmittäglichen Verdrängungswettbewerb gegen das Reiten oder ein Treffen mit dem Freund durchsetzen können.

Beispiel Hausaufgabe

Um hier zu einer absoluten und individuell möglichst lebensnah verankerten Einschätzung zu kommen, kann man die *Persönliche Hitliste* (PH) einsetzen (Rheinberg, 1989, S. 137 f.). Dies kann schriftlich geschehen oder gesprächsweise mit optischer Skalenunterstützung. Die Skala reicht von 1 (unbeliebteste Tätigkeit) bis 9 (beliebteste Tätigkeit).

inhaltliche Skalenverankerung

Diese inhaltlich verankerte Skala ist leicht verständlich und spannt ein individuelles Bezugssystem auf (z. B. von 1 = alten Biomüll sortieren bis 9 = mit Freundin schmusen). Sie kann wiederholt zur Einschätzung mehrerer Tätigkeiten benutzt werden. Für die motivationalen Konsequenzen ist bedeutsam, dass auch die Attraktivität potenzieller Tätigkeitsalternativen berücksichtigt ist. Bei Sekundarschülern ($N = 84$) zeigte sich, dass nachmittägliche Hausarbeiten bzw. die Vorbereitung auf eine Klassenarbeit im

32

Die persönliche Hitliste zur Erfassung der Attraktivität einer Tätigkeit

---

Meine Persönliche Hitliste

Denke bitte an die Tätigkeit, die du zur Zeit am liebsten von allen machst und von der du gar nicht genug bekommen kannst. Diese Tätigkeit schreibe bitte in das oberste Kästchen deiner persönlichen Hitliste. Jetzt denke an die Tätigkeit, die am widerlichsten von allen ist, die du machen musst, wo du lieber alles andere tätest, als ausgerechnet das. Diese Tätigkeit trage bitte ganz unten in deine Hitliste ein. Jetzt schreibe bitte noch in den mittleren Kasten eine Tätigkeit, die so dazwischen liegt, die du also weder besonders gern noch besonders ungern machst. Das trage bitte jetzt ein.

Nun geht es um die *Tätigkeit xxx*. Wo genau würde die auf deiner persönlichen Hitliste liegen? *Mache bitte ein Kreuz an die Stelle, an die xxx gehören würde*. Wenn es dahin gehört, kannst du auch ganz oben oder ganz unten ankreuzen.

Meine persönliche Hit-Liste

bitte eintragen ➝ ☐ ☺

☐ 😐

bitte eintragen ➝ ☐ ☹

Mittel einen Attraktivitätsindex von $M = 1,9$ ($SD = 1,3$) erreichten. Sie lagen also weit im negativen Bereich und fast schon am unteren Skalenpunkt von 1,0 (Rheinberg, 1989). Engeser (2004) fand dagegen bei Psychologiestudierenden am Ende ihrer Statistikausbildung, dass die Beschäftigung mit Statistikaufgaben vor der Klausur bei $M = 4,2$ ($SD = 1,7$) lag. Sie war also nur leicht negativ und fast schon neutral (Neutralitätspunkt bei 5).

Validitätshinweise: Die Studierenden bei Engeser (2004) wurden bei einer Statistikübungsaufgabe unterbrochen und skalierten ihre Befindlichkeit mit den PANAVA-Skalen von Schallberger (2000, s. unter Abschnitt 3.3.2). Die positive Aktivierung (PA: begeistert, hellwach etc.) korrelierte hoch positiv (um $r = .60$, $p < .01$) mit der Persönlichen Hitliste, die negative Aktivierung (NA: gestresst, besorgt etc) mäßig negativ (um $r = -.40$, $p < .01$). Mit Blick

Validitäts-
befunde

auf das Diagnoseschema in Abbildung 2 (s. S. 24) gab es erwartungsgemäß *keine* Zusammenhänge zu den Folgeanreizen einer erfolgreich bewältigten Statistikklausur (s. *Frage 4* des Diagnoseschemas), wohl aber zu den Wirksamkeitserwartungen (s. *Frage 5*; um $r = .40$, $p < .01$). Wahrscheinlich gehört das Erlebnis eigener Wirksamkeit dazu, um eine Sache gerne zu machen. Ob dann die Folgen besonders wichtig sind, scheint davon unabhängig zu sein. Bei verschiedenen Maßen des betriebenen Lernaufwandes für Statistik ergaben sich schwache, aber signifikante Zusammenhänge mit der Hitliste (zwischen $r = .16$ und $r = .34$, $p < .01$). Ähnlich war der Zusammenhang zur späteren Klausurnote ($r = .19$, $p < .01$).

Die Persönliche Hitliste erscheint brauchbar, wenn es darum geht, mit geringem Aufwand einzuschätzen, wie leicht es im fraglichen Fall eine bestimmte Tätigkeit hat, realisiert zu werden bzw. wie stark die Aversionen sind, die hier zu überwinden sind. Was im Einzelnen diesen Tätigkeitsanreiz ausmacht, ist durch andere Verfahren abzuklären (s. unten).

Wie schon erwähnt, kann die Skala im Gruppenversuch schriftlich eingesetzt werden. Im Einzelgespräch zum Tätigkeitsanreiz empfiehlt es sich, die Skala auch als optische Unterstützung zu benutzen. Letzteres gilt auch für den Fall, dass man die Auskünfte von Eltern oder anderen gut informierten Personen mit zur Diagnose heranziehen will. Die Skala ist für beliebige Tätigkeiten einsetzbar.

3.2.2 Fachspezifische Tätigkeitsanreize (PMI-GT)

Bezogen auf schulisches Lernen gibt es verschiedene Skalen zur Fächerbeliebtheit (z. B. Lehrke, 1988, Seelig, 1968). Die Skala „Generelle Tätigkeitsanreize" des *Potsdamer Motivationsinventars* (PMI, Rheinberg & Wendland, 2002) zielt auf die Bewertung fachspezifischer Tätigkeiten und passt damit zur ersten Frage unseres Diagnoseschemas, wenn man es auf die schulische Lernmotivation anwendet. Kasten 2 zeigt die 10 Items in einer Version für das Fach Mathematik. Verwandt wird eine fünfstufige Lickert-Skala von „trifft nicht zu" (1) bis „trifft zu" (5).

Tätigkeits-
anreize
schulischen
Lernens

Skalen-
eigenschaften

Für Sekundarstufen-Schüler liegt der Mittelwert der zehn aufsummierten Items bei $M = 33.00$ ($SD = 7.70$). Dabei werden die Items 1, 7, 9 und 10 umgepolt. Die *Konsistenz* dieser Skala liegt bei Cronbachs α zwischen .80 und

34

Kasten 2:
Die Skala „Generelle Tätigkeitsanreize" des PMI in der Version für
Mathematik

Generelle Tätigkeitsanreize **Version für Mathematik**
1. Mich mit Mathe zu beschäftigen, ist für mich das Widerlichste, was es gibt. (–) 2. Mich mit mathematischen Aufgaben zu beschäftigen, macht mir großen Spaß. (+) 3. Besonders in Mathe kann ich gut sehen, wie ich dazu lerne und immer mehr kann. (+) 4. In Mathe merke ich, wie ich schwierige Dinge immer besser beherrsche und verstehe. (+) 5. Wenn ich Mathehausaufgaben mache, fühle ich mich so richtig wohl. (+) 6. In Mathe macht es großen Spaß zu merken, dass ich immer besser werde und mehr kann. (+) 7. Was wir in Mathe machen, ist schrecklich langweilig. (–) 8. Die Beschäftigung mit Mathe wirkt sich positiv auf meine Stimmung aus. (+) 9. Ich wünschte mir, dass ich mich nicht mit Mathe beschäftigen müsste. (–) 10. Zu Mathe muss ich mich zwingen. (–)

.90. Die *Stabilitäten* (Intervall von 6 bzw. 12 Monate) liegen um $r = .55$ ($p < .01$), wobei die Zusammenhänge auf den höheren Klassenstufen acht und neun bis auf $r = .70$ ($p < .01$) ansteigen. Die Korrelationen zu späteren Schulnoten liegen bei Sekundarschülern um $r = .30$ ($p < .01$). Sie steigen auf den höheren Klassenstufen auf $r > .40$ ($p < .01$). (Alle Angaben beziehen sich auf die Sekundarstufe I; N um 750; siehe im Einzelnen: *http://www.w-lab.de/biqua-projekt/*). Der Fragebogen ist je nach Schulfach abzuwandeln. Um Anhaltspunkte für die Einordnung individueller Messwerte zu ermöglichen, führt Tabelle 2 im Anhang (S. 165) T-Werte für Rohwertintervalle auf.

Validitäts-hinweise

3.3 Befindlichkeit im Tätigkeitsvollzug

3.3.1 Die Erlebens-Stichproben-Methode (ESM)

Die Attraktivität bzw. Aversivität einer Tätigkeit lässt sich differenzierter erfassen, wenn man das Befinden während der Tätigkeit erhebt. Man charakterisiert dann die Anreizqualität einer Tätigkeit über das Befinden, das sich beim Handelnden einstellt, wenn er die Tätigkeit ausübt. Hierzu kann man die Person bitten, sich gedanklich in die letzte oder eine typische oder eine besonders gut verlaufene Tätigkeitsausführung rückzuversetzen und dafür dann ihr Befinden zu skalieren. Das ist ökonomisch, aber wegen der üblichen Erinnerungsverzerrungen nicht optimal.

Viel besser, aber auch viel aufwändiger ist es, die interessierenden Einschätzungen direkt während des Tätigkeitsvollzugs vornehmen zu lassen. Diese Technik ist als *Experience Sampling Method* (ESM) (Csikszentmihalyi, Larson & Precett, 1977), als Befindenstagebuch (Brandstätter, 1977) oder als in-situ-Messung (Hormuth, 1986) bekannt geworden. Wir benutzen hier den deutschen Begriff der *Erlebens-Stichproben-Methode* (ESM), der von Schallberger (2000) vorgeschlagen wird.

ESM-
Erhebungs-
technik

Bei dieser Methode erhält der Proband durch einen programmierten Signalgeber (z. B. eine Uhr wie Casio Data Bank 80, Modell 1485, einen Pager oder einen Pocket-Computer) oder hilfsweise per SMS auf ein Mobiltelefon zufallsgesteuerte Signale, bei denen er umgehend seinen Zustand während der gerade unterbrochenen Tätigkeit auf einem mitgeführten Skalenblock skaliert. Bei Verwendung eines Pocketcomputers können die Fragen auch direkt im mitgeführten Signalgeber beantwortet werden (z. B. Pocketcomputer der Serie PSION 3a; s. Triemer & Rau, 2001). Damit ist die Messung nächstmöglich an das zu erfassende Ereignis herangerückt, womit Erinnerungsverzerrungen weitestgehend verhindert werden. Meist werden längere Untersuchungszeiträume gewählt (z. B. eine Woche). Pro Tag erhält der Proband meist 7 bis 9 Signale zu unvorhersehbaren Zeitpunkten. Je nach Erkenntnisinteresse kann dieses Standardvorgehen natürlich abgewandelt werden.

ökologische
Validität

Dieses Verfahren bietet sich besonders dann an, wenn man flüchtige Zustände erfassen will, auf die sich die Aufmerksamkeit des Handelnden üblicherweise nicht richtet. Da die Daten aus dem Alltagsleben gewonnen werden, besitzen die Ergebnisse hohe ökologische Validität. Weil man durch die Messung das übliche Alltagsgeschäft der Probanden nicht beeinträchtigen darf, müssen die eingesetzten Skalen vom Umfang stark begrenzt werden. Ihre Bearbeitung sollte nicht länger als 45 bis 60 Sekunden dauern. Die ESM eignet sich insbesondere für den Einsatz von kurzen Befindlichkeitsskalen oder zum Erfassen von Flow, also dem reflexionsfreien Aufgehen in einer Tätigkeit (s. Abschnitt 3.3.2). Immer, wenn es in der Praxis darauf ankommt, möglichst verzerrungsfreie genaue Informationen über das motivationsrelevante Befinden einer Person bei verschiedenen Tätigkeiten und in verschiedenen Situationen zu gewinnen, ist dieses Verfahren anzuraten (zum Einsatz dieses Verfahrens s. auch Schallberger, 2000, S. 27–35 sowie Wild & Krapp, 1996).

36

Eine besondere Variante der ESM wird von Wild (2001) beschrieben. Hierbei wird die ESM mit Videoaufzeichnungen in diagnostisch interessierenden Situationen synchronisiert. Dazu werden die (hier häufigeren) ESM-Signale in die Videoaufzeichnung eingeblendet. Auf diese Weise gelingt es, sowohl die Verhaltens- als auch die Erlebensseite in interessierenden Kontexten zu registrieren und auszuwerten. Wild (2001) benutzt dieses Verfahren bei der prozessorientierten Forschung, um in Lehr-Lernkontexten Zusammenhänge zwischen bestimmten Unterrichtsmerkmalen und erwünschten Motivationseffekten auf Schülerseite aufzuspüren.

ESM und Video im Unterricht

Die Kombination von ESM und Videoaufzeichnung lässt sich aber auch diagnostisch verwenden, wenn möglichst präzise zu ermitteln ist, unter welchen Bedingungen innerhalb eines relevanten Kontextes (Schule, Arbeitsplatz, Freizeit) positive Motivationszustände auftreten bzw. ausbleiben. Insbesondere, wenn dem Klienten selber nicht hinreichend klar ist, wodurch bei ihm welche aktuellen Motivationstendenzen ausgelöst werden, macht die synchrone Datenregistrierung Sinn. Im Prinzip kann man auch noch psychophysiologische Messungen mit der ESM kombinieren (Triemer & Rau, 2001; Triemer, 2001). Die Auswertung solcher Daten ist aber aufwändig und zurzeit noch eher für Forschungszwecke als für die Motivationsdiagnostik in der Anwendung geeignet.

3.3.2 Die Erfassung des motivationsrelevanten Befindens mit PANAVA

Zur Erfassung von Befindlichkeiten gibt es eine Vielzahl verschiedener Skalen (z. B. Csikszentmihalyi & LeFevre, 1989; Abele-Brehm & Brehm, 1986; Schimmack, 1997; Ullrich & Ullrich de Muynck, 1980). Die Skalen sind meist umfangreich und mitunter etwas unstrukturiert. Glücklicherweise hat sich seit einiger Zeit ein Ordnungssystem empirisch begründet herauskristallisiert, das übersichtlich und sehr motivationsnah ist. Es basiert letztlich auf zwei Dimensionen, die schon Wundt (1896) beschrieben hat (Lust-Unlust und Aktivation). Die aktuelle und für die Motivationsdiagnostik hilfreiche Modifikation besteht schlicht darin, dass die Achsen des ursprünglichen Modells um 45 Grad gedreht wurden (Watson, Clark & Tellegen, 1988). Daraus resultieren zwei motivationsrelevante Dimensionen, nämlich die *Positive Aktivierung* (PA: begeistert, hoch motiviert, voller Energie, hellwach vs. gelangweilt, lustlos, energielos, müde) und die *Negative Aktivierung* (NA: gestresst, nervös, besorgt, verärgert vs. entspannt, ruhig, sorgenfrei, friedlich). In der deutschsprachigen Variante von Schallberger (2000) und Schallberger und Pfister (2001) wird zusätzlich noch die ursprüngliche *Valenz* (Lust-Unlust-Achse) als dritte Dimension mit erfasst (VA: glücklich, zufrieden vs. unglücklich, unzufrieden). Die PA-Dimension beschreibt

positive Aktivierung

negative Aktivierung

eine Erlebniskomponente, die sich aus der aktivierenden Zielausrichtung unserer Lebensvollzüge, also aus der aktuellen Motivation ergibt. Von daher ist sie für die Motivationsdiagnose besonders relevant.

Das faktoriell gut gesicherte PANAVA-Modell ist als Circumplex-Modell in Abbildung 3 dargestellt. Die Bezeichnung PANAVA resultiert aus der Zusammenziehung der Abkürzungen für die drei Dimensionen. Das PANAVA wurde auf der Basis eines umfangreichen Systems speziell für Kurzmessungen entwickelt, wie man sie bei der ESM braucht. Die ursprüngliche und längere Version des Systems (PANAS) findet sich bei Watson et al. (1988); die deutschsprachige Fassung dazu bei Krohne, Egloff, Kohlmann und Tausch (1996).

PANAVA-Modell

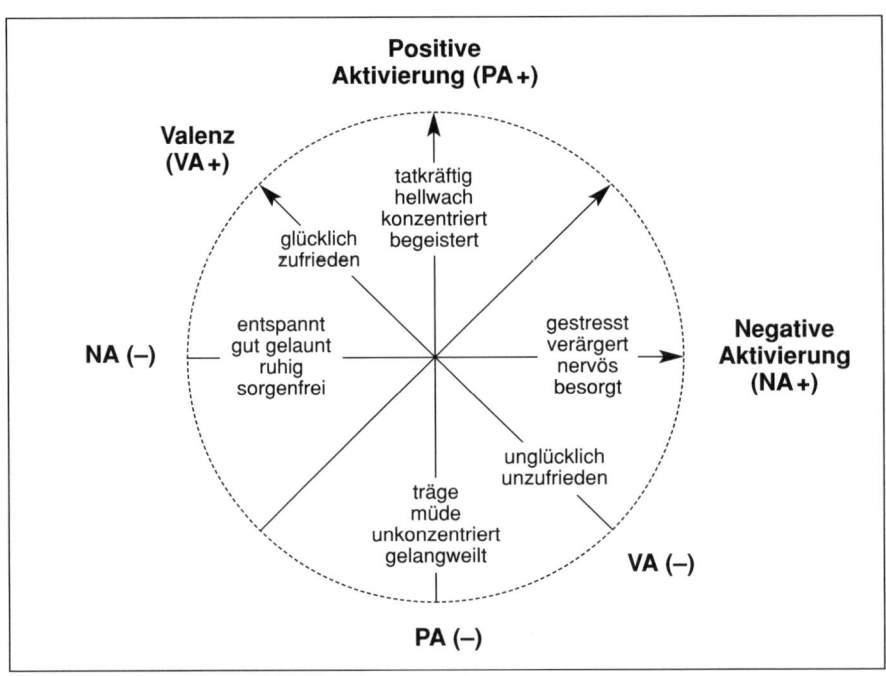

Abbildung 3:
Das PANAVA-Modell der Befindlichkeit im Tätigkeitsvollzug
nach Schallberger, 2000, S. 17

Das Verfahren erlaubt, mit lediglich zehn Einschätzungen die Hauptdimensionen der aktuellen Befindlichkeit zu erfassen. Der PANAVA eignet sich daher vorzüglich für die Kombination mit der ESM-Technik. Er kann natürlich auch zur einmaligen Messung eingesetzt werden. Kasten 3 zeigt eine Version nach Schallberger (2000), die bei der ESM-Technik häufig eingesetzt wurde.

38

Kasten 3:
Die PANAVA – Version nach Schallberger, 2000

Wie fühltest du dich unmittelbar vor dem Signal?							
	sehr		weder noch			sehr	
zufrieden	3	2	1	0	1	2	3	unzufrieden
voller Energie	3	2	1	0	1	2	3	energielos
gestresst	3	2	1	0	1	2	3	entspannt
müde	3	2	1	0	1	2	3	hellwach
friedlich	3	2	1	0	1	2	3	verärgert
unglücklich	3	2	1	0	1	2	3	glücklich
lustlos	3	2	1	0	1	2	3	hoch motiviert
ruhig	3	2	1	0	1	2	3	nervös
begeistert	3	2	1	0	1	2	3	gelangweilt
besorgt	3	2	1	0	1	2	3	sorgenfrei

Die *Konsistenzen* der PA- und NA-Skalen liegen bei Cronbachs Alpha um .80, die *Stabilitäten* sind in der gleichen Größenordnung (Schallberger, 2000, S. 32). Bei der Auswertung werden die bipolaren Skalen in Sieben-Punkte-Skalen transformiert. Dabei wird die Polung in Richtung der Skalenbenennung vorgenommen (1 bis 7 in Richtung „Positive Aktivierung" bzw. „Negative Aktivierung" bzw. „positive Valenz"). Tabelle 3 zeigt im Anhang Mittelwerte auf der Basis dieser Sieben-Punkte-Skalen.

Wenn man diese Skala einsetzt, muss man sich allerdings darüber klar sein, dass sie nicht nur das tätigkeitsspezifische Erleben widerspiegelt. Daneben drücken sich auch stabile individuelle Unterschiede darin aus, ob man sich häufiger im Zustand positiver oder negativer Aktivierung befindet. Solche generellen individuellen Unterschiede in der mittleren Befindlichkeit einer Person machen zwischen 20 % bis 24 % der Varianz der Aktivierungsskalen aus (Schallberger, 2000). Wenn man allein an den Befindlichkeitsunterschieden interessiert ist, die auf die wechselnden Tätigkeiten bzw. Situationen zurückgehen, so kann man die einzelnen Messwerte auch als Abweichung vom individuellen Mittelwert des Beobachtungszeitraums ausdrücken. Dazu kann man z. B. eine individuelle z-Standardisierung der Messwerte vornehmen oder einfach mit Differenzmaßen arbeiten (Differenzen zwischen dem individuellen Mittelwert und dem interessierenden Messpunkt). Um beim Einsatz des PANAVA die gemessenen Werte einordnen zu können, bietet Tabelle 3 im Anhang (S. 165) Vergleichsdaten aus der weltweit größten ESM-Studie mit diesem Verfahren (Basis ca. 25.000 Messpunkte von $N = 529$ Erwachsenen; Quelle Schallberger pers. Mitteilung Mai 2003.)

Validitätshinweise: Wie zu erwarten, sind die individuell standardisierten PA- und NA-Werte nahezu unabhängig voneinander: Man kann also gleichzeitig positiv und negativ aktiviert sein. Interessant ist, dass das aktuell erlebte Glücks- und Zufriedenheitsgefühl (Valenz) stärker mit der Abwesenheit Negativer Aktivierung (um $r = -.70$ bei NA) als mit der Anwesenheit von Positiver Aktivierung korreliert ist (PA um $r = .40$). Die als Persönlichkeitsmaß erfasste allgemeine Lebenszufriedenheit korreliert um $r = .35$ mit der mittleren Höhe der Positiven und um $r = -.40$ mit der mittleren Höhe der Negativen Aktivierung (s. Schallberger, 2000).

Validitäts-befunde

Der PANAVA lässt sich in beliebigen Kontexten einsetzen, so im Arbeitsalltag (z. B. Triemer & Rau, 2001; Schallberger & Pfister, 2001), während des Lernens bzw. des Unterrichts (z. B. Bischoff, 2003; Engeser, 2004), aber auch bei ganz ungewöhnlichen Aktivitäten wie dem Felsklettern (Aellig, 2003) oder dem Drachenfliegen (Schallberger, 2000). Gerade solche ungewöhnlichen Aktivitäten zeigen uns, dass Positive Aktivierung häufig *nicht* mit dem Erleben von Glück und Zufriedenheit einhergeht. Wie schon auf Grund der Alltagserfahrung zu erwarten, scheinen diese Zustände erst *nachfolgend* aufzutreten (z. B. Aellig, 2003).

Anwendungs-beispiele

Positive Aktivierung (PA) erfasst den erlebnismäßigen Anteil wesentlicher Komponenten der aktuellen Motivation („aktivierende Ausrichtung auf positiv bewertete Zielzustände", s. o.). Vor diesem Hintergrund ist die teils nur mäßige und zeitversetzte Beziehung zwischen den PA-Werten und der Valenz wichtig. Will man nämlich für eine bestimmte Person herausfinden, welche Tätigkeiten unter welchen Bedingungen ihre aktuelle Motivation anregen, so darf man sich nicht so sehr nach den aktuell erlebten Glücks- und Zufriedenheitszuständen richten, sondern mehr nach den PA-Werten.

Bei bestimmten Personen (z. B. extreme Felskletterer) muss man sogar damit rechnen, dass bei ihnen die Tätigkeiten mit maximaler Positiver Aktivierung (z. B. der Vorstieg in der Wand) zugleich auch Negative Aktivierung auslösen: Die Kletterer sind hier zwar hellwach, begeistert und hoch motiviert (PA), zugleich aber auch häufig besorgt, nervös und gestresst. Glücksgefühle und Zufriedenheit stellten sich immer erst hinterher ein (Aellig, 2003). Solche differenzierten und ambivalenten Erlebensverläufe lassen sich nur mit der ESM-Technik direkt aus dem Tätigkeitsvollzug ermitteln. Aus der Rückerinnerung ergibt sich nämlich meist ein viel zu homogenes Bild von solchen enthusiastisch betriebenen Tätigkeiten („großartige Erlebnisse in der Wand").

Positive Aktivierung und Glücksgefühle

Solche homogenen Rückerinnerungsbilder sind allerdings nicht gänzlich irrelevant. Sie bilden den reflexiven Anteil von Tätigkeitsvorlieben, wie wir ihn z. B. bei *Selbstkonzept*erhebungen wiederfinden. Man muss nur wissen, dass solche Selbstkonzeptdaten nicht notwendig das wiedergeben, was im Tätigkeitsvollzug unmittelbar erlebt wird. Sofern es auf letzteres ankommt, muss man die aufwändigere ESM-Technik einsetzen.

3.3.3 Flow-Erleben: Die Erfassung eines besonderen Zustandes (FKS)

Das PANAVA-System charakterisiert das motivationsrelevante Erleben im Tätigkeitsvollzug auf einer relativ allgemeinen Ebene. Man kann natürlich auch versuchen, Tätigkeitsanreize konkreter zu erfassen. Hierzu bietet sich ein qualitatives Vorgehen an, auf das wir später in diesem Kapitel kurz eingehen (s. Abschnitt 3.5). Bei solchen Analysen ergeben sich üblicherweise ganz heterogene Anreizspektren für einzelne Tätigkeiten. Eine Anreizkomponente zeigte sich immer wieder. Sie wurde von Csikszentmihalyi (1975/ 1999) *Flow-Erleben* genannt. Flow-Erleben bezeichnet das selbstreflexionsfreie Aufgehen in einer glatt laufenden Tätigkeit, die man trotz hoher Belastung noch gut unter Kontrolle hat. Man vergisst Zeit, Ort und den ursprünglichen Zweck der Aktivität und wird von ihr völlig absorbiert (Csikszentmihalyi, 1975/1999; Rheinberg, 1999; Rheinberg & Vollmeyer, 2003b).

Personen, die bei ESM-Studien häufiger in diesem Flow-Zustand angetroffen wurden, zeigten ein höheres Maß an Lebenszufriedenheit (Schallberger, 2000). In diesem Zustand werden die willensgesteuerte Handlungskontrolle und die Selbstüberwachung überflüssig. Man geht völlig im Aktivitätsfluss auf, die Konzentration kommt erlebnismäßig „wie von selbst", und man muss seine Handlungen nicht bewusst auf Kurs halten. Man kann vermuten, dass sich dieser Zustand besonders dann einstellt, wenn die Person mit Aktivitäten und Zielen befasst ist, die zu ihrer basalen Motivstruktur passen (Rheinberg, 2002a, 2002b; vgl. Brunstein, 2003; s. Kapitel 6 in diesem Band).

Sofern es sich nicht um ausgesprochen risikoreiche Aktivitäten handelt (z. B. Motorradfahren, Rheinberg, 1999), sind Flow-Zustände positiv zu bewerten. Dies gilt nicht zuletzt für Lernaktivitäten, aber auch für den Sport. Von daher gibt es in jüngerer Zeit vielfältige Ansätze, genauer zu bestimmen, bei wem sich bei welchen Aktivitäten und unter welchen Bedingungen Flow-Zustände einstellen (z. B. Csikszentmihalyi & Csikszentmihalyi, 1991; Moneta & Csikszentmihalyi, 1996; Jackson, 1995; Pfister, 2002; Rheinberg, Vollmeyer & Engeser, 2003; Schallberger & Pfister, 2001).

Was ist Flow?

41

Flow wurde dabei recht unterschiedlich erfasst. Häufig wurde Flow einfach dann unterstellt, wenn Anforderung und Fähigkeit jeweils auf individuell überdurchschnittlichem Niveau lagen (Csikszentmihalyi & LeFevre, 1989). Damit wird allerdings lediglich eine von mehreren Komponenten des Flows erfasst, weswegen die Befunde auch insgesamt unklar blieben und nach weiterer Spezifikation verlangen (z. B. Moneta & Csikszentmihalyi, 1996). Für verschiedene Aktivitäten sind deshalb dann inhaltlich breiter angelegte Skalen entwickelt worden: Für das Internetsurfen (Novak & Hoffman, 1997), für andere Computernutzung (Remy, 2000) oder für das Sporttreiben (Jackson & Eklund, 2002). Diese Skalen haben eine zufriedenstellende Reliabilität (Cronbachs Alpha um .80 und höher). Sie sind mit 30 bis 75 Items aber etwas zu umfangreich, um sie problemlos mit der ESM-Technik, also der signalgesteuerten Erfassung im Alltag, zu kombinieren. Gerade diese *in-situ*-Erhebung ist aber angezeigt, wenn man so flüchtige und selbstreflexionsfreie Zustände wie den Flow erfassen will (s. Abschnitt 3.3.1).

Flow-Kurzskala (FKS): Von daher wurde die Flow-Kurzskala (FKS, Rheinberg et al., 2003) entwickelt, die auf beliebige Aktivitäten passt und sich schnell und relativ problemlos im normalen Alltagsleben einsetzen lässt. Sie erfasst mit 10 Items die verschiedenen Komponenten des *Flow-Erlebens*. Drei weitere Items erfassen die aktuelle *Besorgnis*, dass man jetzt bei wichtigen Dingen versagen könnte. Wie zu erwarten, zeigt sich nämlich, dass bestimmte Personen (z. B. hoch Misserfolgsmotivierte) bei erlebten Herausforderungen nicht mit Flow, sondern mit Besorgnis reagieren, während andere Personen gerade unter diesen Bedingungen in den Flow-Zustand geraten (s. Rheinberg et al., 2003). Kasten 4 zeigt die 13 Items der FKS.

Die FKS ist nach kurzer Einübung in 30 bis 45 Sekunden beantwortbar. Neben einem Flow-Gesamtwert (Items 1 bis 10) lassen sich auch zwei faktoriell begründbare Unterscores bilden, nämlich *glatter Verlauf* (Items 2, 4, 5, 7, 8, 9) und *Absorbiertheit* (Items 1, 3, 6, 10). Items 11, 12, 13 ergeben den *Besorgnisscore*. Die Konsistenzen der Skalen liegen zwischen Cronbachs $\alpha = .80$ und .90. Um dem Anwender die Einordnung seiner Messwerte zu erleichtern, liefert Tabelle 4 im Anhang Vergleichswerte (T-Normen).

Im Tagesverlauf von Studierenden liegen die aufsummierten Flow-Werte (zehn Items) der FKS bei $M = 50.00$ (SD um 12.00) und die aufsummierten Besorgnis-Werte (drei Items) bei $M = 7.50$ (SD um 5.70) (Sieben-Punkte-Skalen, Basis ca. 800 Messpunkte). Besonders hohe Werte wurden beim Sex/Intimitätenaustausch ($M = 63.00$) und Sport ($M = 62.20$) erreicht, während besonders niedrige Werte beim Warten ($M = 39.10$) und beim Sinnieren/ trüben Gedanken nachhängen ($M = 36.10$) auftraten. Während des Lernens (Vorlesung, Statistiklernen, Fremdsprachenunterricht) werden im Mittel meist Flow-Werte um $M = 45.00$ und Besorgniswerte zwischen $M = 9.00$ und $M = 11.10$ erreicht. Gleichzeitig hohe Flow-Werte ($M = 51.60$) und hohe Besorgniswerte ($M = 12.90$) wurden beim illegalen Graffiti-Sprayen gefunden, während hohe Flow-Werte ($M = 52.00$) bei niedrigen Besorgniswerten ($M = 5.70$) beim Computerspiel *Pacman* gemessen wurden.

Kasten 4:
Die 13 Items der Flow-Kurzskala (FKS)

Alter: _____   Geschlecht: ☐ weiblich   ☐ männlich

	trifft nicht zu	teils-teils	trifft zu
1. Ich fühle mich optimal beansprucht.	○─○─○─○─○─○─○		
2. Meine Gedanken bzw. Aktivitäten laufen flüssig und glatt.	○─○─○─○─○─○─○		
3. Ich merke gar nicht, wie die Zeit vergeht.	○─○─○─○─○─○─○		
4. Ich habe keine Mühe, mich zu konzentrieren.	○─○─○─○─○─○─○		
5. Mein Kopf ist völlig klar.	○─○─○─○─○─○─○		
6. Ich bin ganz vertieft in das, was ich gerade mache.	○─○─○─○─○─○─○		
7. Die richtigen Gedanken/Bewegungen kommen wie von selbst.	○─○─○─○─○─○─○		
8. Ich weiß bei jedem Schritt, was ich zu tun habe.	○─○─○─○─○─○─○		
9. Ich habe das Gefühl, den Ablauf unter Kontrolle zu haben.	○─○─○─○─○─○─○		
10. Ich bin völlig selbstvergessen.	○─○─○─○─○─○─○		
11. Es steht etwas für mich Wichtiges auf dem Spiel.	○─○─○─○─○─○─○		
12. Ich darf jetzt keine Fehler machen.	○─○─○─○─○─○─○		
13. Ich mache mir Sorgen über einen Misserfolg.	○─○─○─○─○─○─○		

Für mich persönlich sind die jetzigen Anforderungen …

zu gering   gerade richtig   zu hoch

○─○─○─○─○─○─○─○─○

Validitätshinweise: Die Flow-Werte der FKS stehen in deutlicher Beziehung zum Wohlbefinden während der Tätigkeit („fühle mich wohl"; um $r = .60$). Flow kann sowohl bei zielführenden Aktivitäten als auch bei Tätigkeiten ohne explizites Ziel auftreten. Flowförderlich sind Bedingungen, die es erlauben, unterbrechungsfrei und hochkonzentriert an anspruchsvollen Aufgaben zu arbeiten, wobei man die Tätigkeitsausführung selbst bestimmen kann (s. Rheinberg & Vollmeyer, 2003a; Triemer, 2001). In Computerspielen *(roboguard, pacman)* zeigt sich der vorherzusagende kurvilineare Verlauf der FKS-Werte über ansteigenden Schwierigkeitsstufen des Spiels: Die FKS-Werte steigen mit zunehmender Spielschwierigkeit bis zu einer optimalen Belastungsstufe an, um hernach wieder abzufallen (Rheinberg & Vollmeyer, 2003b).

Wie zu erwarten, erweisen sich die Flow-Werte der FKS beim Lernen als Leistungsprädiktor. Im universitären Fremdsprachenunterricht korrelierten die FKS-Werte um $r = .40$ ($p < .01$) mit dem subjektiv erlebten Lernzuwachs am Ende der untersuchten Unterrichtsstunden und um $r = .40$ ($p < .01$) mit der später erreichten Note der Abschlussklausur (Bischoff, 2003). Engeser (2004) konnte mit den Flow-Werten während der Bearbeitung von Statistikaufgaben zusätzlich über 5 % der Leistungsvarianz bei der Abschlussklausur auch noch dann vorhersagen, wenn der Effekt aller anderen relevanten Prädiktoren (z. B. Mathematiknote, Vorkenntnisse, Intelligenz) vorweg berücksichtigt war. Der Leistungseffekt der Flow-Werte war mit $\beta = .26$ ($p < .01$) etwa so stark wie der der Mathematiknote im Abitur oder der Statistikvorkenntnisse (zu weiteren Befunden s. Rheinberg et al., 2003 sowie Rheinberg & Vollmeyer, 2003a, b). Nicht nur beim Lernen, sondern auch in Computerspielen („Hasen"- bzw. „Hühnerspiel") zeigten sich Zusammenhänge zwischen Flow und Leistung (zwischen $r = .35$ und $r = .45$; $p < .01$). Zudem brachen Spieler mit niedrigen Flow-Werten das Spiel unter online-Bedingungen eher ab (Wendland, Berger & Rheinberg, 2003). Im Fall risikofreier Lern- und Leistungssituationen, bei denen es nicht darauf ankommt, sich ständig selbst zu überwachen und möglichst handlungsdistanziert zu bleiben (wie das z. B. beim Führen konfliktträchtiger Gespräche erforderlich wäre), sind Flow-Zustände offenbar nicht nur angenehm, sondern auch leistungsförderlich.

Für den Praktiker bietet die FKS insbesondere in Kombination mit der ESM die Möglichkeit festzustellen, bei welchen Aktivitäten und unter welchen Bedingungen eine Person sich leicht von einer Tätigkeit absorbieren lässt und wann dieser lern- und leistungsförderliche Zustand nicht auftritt. Im letzteren Fall kann man zunächst nach Möglichkeiten suchen, wie sich die Handlungssituation flow-erleichternd verändern lässt. Dazu zählen individuell passende Anforderungen, die anspruchsvoll, gleichwohl bedrohungsfrei sind, bestmögliches Ausschalten von Ablenkungs- und Störquellen, eine in sich kohärente Aufgabenstellung, die unterbrechungsfreie Bearbeitung erlaubt sowie Möglichkeiten zur Selbstbestimmung des Tätigkeitsablaufes (Rheinberg & Vollmeyer, 2003a; Triemer, 2001). Wo möglich, kann man besonders in Lehr-Lernsituationen für Rhythmisierungen, feste Taktungen und hohe Regelhaftigkeit von Ablaufsequenzen sorgen. Ist das nicht oder nur unzureichend möglich, muss man damit rechnen, dass sich die Person mit Blick auf lohnende und erreichbare Handlungsergebnisse häufiger selbst überwachen und kontrollieren muss, sofern eine engagierte Zielverfolgung zu Stande kommen soll. So etwas geht natürlich auch. Das erfordert aber zusätzliche Kapazität für die dann benötigten Selbstregulationsprozesse (Sokolowski, 1993).

3.4 Motivation über den Zweck oder die Tätigkeit: Die AF-Skala

In diesem Kapitel ging es bislang um Anreize im Tätigkeitsvollzug, die die aktuelle Motivation beeinflussen. Daneben gibt es natürlich auch die Anreize, die in den Handlungsfolgen, also im beabsichtigten Zweck der Tätigkeit liegen (s. Kapitel 1). Wie stark welcher Anreiztyp wirksam wird, hängt trivialerweise auch von der Situation, insbesondere der jeweiligen Stärke und Sichtbarkeit eines situativ gebotenen Anreizes ab. Bei der Prüfungsvorbereitung beispielsweise stehen die Zwecke eigenen Lernens gut sichtbar im Vordergrund und sind wichtig. Von daher beeinflussen sie zumindest zu Beginn der Lernaktivität die aktuelle Motivation.

Anreizarten

Allerdings gibt es selbst hier noch individuelle Unterschiede darin, wie sehr man sich von Anreizen der Tätigkeit vs. Anreizen des Zwecks leiten lässt. In der gleichen Situation, nämlich der Vorbereitung auf eine Klassenarbeit, ließ sich der Lernaufwand einiger Schülerinnen über die erreichbaren Ergebnisfolgen vorhersagen, während bei anderen Schülerinnen sich diese Vorbereitung besser über das Befinden im Tätigkeitsvollzug vorhersagen ließ (Rheinberg, 1989).

Mit solchen Unterschieden befasst sich u. a. die *Reversal Theory* von Apter (1982; 1989). Nach dieser Theorie befinden sich Menschen entweder in einem zweckorientierten *(telic)* oder einem zweckfreien *(paratelic)* Zustand, wobei es zu einem typischen Umschlag *(reversal)* kommt, wenn man längere Zeit in einem der beiden Zustände war. Interessant ist an diesem etwas mechanistischen Konzept, dass es individuelle Unterschiede in der Dauer und Häufigkeit gibt, mit der Personen in einem der beiden Zustände anzutreffen sind.

Reversal Theory

Solche individuellen Unterschiede, sollen die *Telic Dominance Scale* (Murgatroyd, Rushton, Apter & Ray, 1978) bzw. die *Paratelic Dominance Scale* (Cook & Gerkovich, 1993) erfassen (deutsche Übersetzung bei Iser & Pfauser, 1995). Diese Skalen enthalten je drei Dimensionen, nämlich *playfulness* vs. *serious-mindedness, spontaneity* vs. *planning-orientation* und *arousalseeking* vs. *arousal-avoidance*. Wie schon die Skalenbezeichnung, aber mehr noch die Items zeigen, ist hier der Aspekt der Zweck- vs. Tätigkeitszentrierung allerdings vermengt mit anderen Aspekten, die teils im *Sensation Seeking* (Zuckerman, 1979) teils in der *Future Time Orientation* (Gjesme, 1978) verankert sind.

Anreizfokus

Die *Anreiz-Fokus Skala* (AF-Skala; Rheinberg, Iser & Pfauser, 1997) zielt dagegen ausschließlich darauf, ob sich jemand eher von Anreizen des Tätigkeitsvollzuges *(Tätigkeitszentrierung, TZ)* oder von Anreizen der erreichbaren Ergebnisse *(Zweckzentrierung, ZZ)* leiten lässt. Itembeispiel: „Ich bin mit einem Tag zufrieden, wenn ich mich reizvollen Tätigkeiten widmen konnte." vs. „Ich bin mit einem Tag zufrieden, wenn ich wichtige Ergebnisse erzielen konnte." oder „Im Zweifelsfall lautet mein Wahlspruch: ,Spaß an der Sache geht vor Nutzen.'" vs. „Im Zweifelsfall lautet mein Wahlspruch: ,Nutzen geht vor Spaß an der Sache.'". Die Items sind paarweise gegenübergestellt, gleichwohl kann jedem Item unabhängig voneinander auf einer 4-Punkteskala (von 0 bis 3) zugestimmt werden. (Die Skala ist abgedruckt in Rheinberg et al., 1997, S. 191.)

Vergleichswerte

Die AF-Skala liefert einen Kennwert für *Tätigkeitszentrierung* (TZ) und einen für *Zweckzentrierung* (ZZ). Bei Studentenstichproben liegen die aufsummierten TZ-Werte im Mittel zwischen $M = 19$ und 20, bei Schülern und Berufstätigen etwas niedriger (zwischen $M = 17$ und 19). Die aufsummierten ZZ-Werte liegen für alle Stichproben um $M = 14$. (Die Standardabweichungen sind bei beiden Kennwerten zwischen $SD = 4,0-5,0$; N ca. 700.) Die internen *Konsistenzen* liegen bei Cronbachs Alpha zwischen .70 und .80; die *Stabilitäten* (Sechsmonatsintervall) liegen zwischen $r = .50$ und .70.

Beruf vs. Freizeit

Die angegebenen Vergleichswerte gelten für den Fall, dass keine besonderen Spezifikationen für eine bestimmte Tätigkeit oder einen Kontext gegeben werden. Diese Einschränkung ist insofern wichtig, als das Ausmaß von Tätigkeits- bzw. Zweckzentrierung auch vom Handlungskontext mitbestimmt wird. So zeigt sich, dass im *Berufskontext* die aufsummierten TZ-Werte mit $M \approx 16$ etwas niedriger liegen als im Freizeitkontext ($M \approx 19$). Sie sind aber immer noch erstaunlich hoch. Die aufsummierten ZZ-Werte hingegen sind im Berufskontext mit $M \approx 15$ deutlich höher als im Freizeitkontext ($M \approx 8,5$). Gegenüber der Freizeit nimmt im Beruf also die Zweckzentrierung deutlich zu, die Tätigkeitszentrierung aber nur wenig ab.

46

Die AF-Skala besitzt damit transsituativ keine absolute Konsistenz – wohl aber eine relative. Es zeigt sich nämlich, dass individuelle Unterschiede in dem einen Kontext sehr gut entsprechende Unterschiede in anderen Kontexten vorhersagen (zwischen $r \approx .60$ bis $.70$). Der situative Kontext wirkt sich also in erster Linie auf das generelle Niveau von Tätigkeits- und Zweckzentrierung aus, während die individuellen Unterschiede über die verschiedenen Niveaus hinweg relativ stabil bleiben.

Validität: Studierende mit hohen TZ-Werten haben auch höhere Werte auf einer Skala, die eine interessengeleitete Studienmotivation erfasst (FSI von Schiefele, Krapp, Wild & Winteler, 1993; Korrelation FSI und TZ-Wert: $r = .44$, $p < .01$). Die ZZ-Werte korrelieren nur schwach negativ mit dieser Art von Studienmotivation ($r = -.14$, $p < .05$). Auch wenn man damit die Tätigkeitszentrierung als Tendenz zum interessengeleiteten Lernen und „intrinsischer Motivation" positiv bewerten kann, ergeben sich auch problematische Aspekte. Bei Studierenden korrelierte die Häufigkeit und Dauer unangenehmer Aktivitäten im Tagesverlauf mäßig negativ mit ihren TZ-Werten (um $r \approx -.40$). Zweckorientierte Aktivitäten traten bei ihnen seltener auf, wenn der Vollzug der Tätigkeit keinen Spaß machte (Rheinberg, 1989).

Validitäts-befunde

Ähnliches fand sich bei der Klassenarbeitsvorbereitung von Gymnasiasten: Schüler mit hohen TZ-Werten bereiteten sich dann vor, wenn sie dabei ein positives Befinden hatten. Fühlten sie sich dagegen unwohl bei der Vorbereitung, so unterließen sie es, selbst wenn die Vorbereitung aus ihrer Sicht lohnend bzw. erforderlich gewesen wäre (Rheinberg, 1989). Ähnlich war die Tendenz bei Studierenden, die für das mäßig aversive Fach Statistik lernten (Rollett, persönliche Mitteilung, Juni 2003). Mit Blick auf den investierten Lernaufwand, aber auch die Abschlusszensur war es günstiger, die Studierenden waren weniger tätigkeits- sondern mehr zweckzentriert. Dazu passt die substanzielle Beziehung, die zwischen der Tätigkeitszentrierung und der sogenannte *Anstrengungsvermeidung* besteht (Rollett & Bartram, 1998, s. Abschnitt 8.5). Diese habituelle Tendenz, bei (fremdgestellten) Arbeitsanforderungen Anstrengungen aktiv zu vermeiden, korreliert zwischen $r = .30$ bis $r = .45$ ($p < .01$) mit der Tätigkeitszentrierung (Rollett & Engeser, 2001). Zur Zweckzentrierung ergeben sich dagegen keine oder nur schwach negative Beziehungen.

In Situationen, in denen man etwas Unattraktives tun muss, um wichtige Folgen sicher zu stellen (z. B. lernen für eine entscheidende Prüfung in einem wenig geliebten Fach), kann die prima vista sympathisch wirkende Tätigkeitszentrierung also Schwierigkeiten bereiten. In solchen Fällen hängt alles davon ab, wie gut die Selbstregulationskompetenzen der Person entwickelt sind und ob sie sich zur „selbstbeherrschenden Zielaktivität" zwingen kann (siehe Kapitel 8). Das muss gerade bei solchen Konstellationen diagnostisch abgeklärt werden. Bei per se attraktiven Tätigkeiten spielt das natürlich keine Rolle. Sie kommen der Disposition von Tätigkeitszentrierern ohnehin entgegen.

3.5 Interviewleitfaden zur qualitativen Analyse

Die bisherige Darstellung beschränkte sich auf Instrumente, die zur Erfassung bestimmter Aspekte von Tätigkeitsanreizen entwickelt wurden. Mitunter ist man aber nicht nur an Ausschnitten, sondern an der ganzen Breite des Anreizspektrums einer bestimmen Tätigkeit interessiert. Man möchte dann eine bestimmte Tätigkeit anreizseitig charakterisieren, um vielleicht ihre Attraktivität besser zu verstehen oder um gezielter nach motivational passenden Äquivalenztätigkeiten suchen zu können. Sind solche Anreizprofile von Tätigkeiten bekannt, kann man im zweiten Schritt feststellen, welche Anreize einer hier aktiven Person besonders wichtig sind. Über die jetzt freiwillig und engagiert betriebenen Aktivitäten kann man dann auch vorhersagen, welche neuen Tätigkeiten eine Person faszinieren werden, sofern sie damit erst einmal in Kontakt gekommen ist. Wer z. B. gerne in der Brandung windsurft, wird kaum vom Segeln, wohl aber vom Motorrad fahren „infiziert" werden, wenn er mit diesen Tätigkeiten in Kontakt gerät. Entgegen der oberflächlichen Ähnlichkeit von Surfen und Segeln sind nämlich die charakteristischen Anreize beider Aktivitäten sehr verschieden, während das Anreizprofil von Motorrad fahren und Surfen viele Gemeinsamkeiten aufweist, obwohl beide Aktivitäten ganz verschieden erscheinen.

Die Ermittlung solcher Anreizprofile ist sowohl für die Forschung als auch für die Praxis mitunter also hilfreich. Einige Profile liegen vor (Rheinberg, 1989; 1993). Dabei wurde ein Interview-Leitfaden eingesetzt, den der Kasten 5 zeigt. Der Leitfaden wurde erforderlich, weil Personen zunächst meist nur sagen können, dass eine engagiert betriebene Tätigkeit „toll", „super", „unvergleichlich" etc. ist. Sie haben aber Schwierigkeiten zu explizieren, was es denn genau ist, das diese Attraktivität ausmacht. Das Interviewschema im Kasten 5 ist an dieser Stelle eine probate Explorationshilfe.

Der Leitfaden erklärt sich selbst und kann natürlich angereichert werden. Die letzten beiden Fragen zielen auf Anreize, die wegen geringer sozialer Wünschbarkeit eher bei anderen als bei sich selbst wahrgenommen werden.

Auf der Grundlage der so erhobenen qualitativen Daten kann ein Anreizprofil über eine interessierende Tätigkeit gewonnen werden. In diesem Fall werden mehrere hier aktive Personen zu einer Tätigkeit exploriert. Man kann aber auch ein Profil der bevorzugten Anreize einer bestimmten Person ermitteln. Dazu wird diese Person zu mehreren ihrer Lieblingstätig-

vollständiges
Anreizspektrum

Anreizprofile

48

Kasten 5:
Interviewleitfaden zur Erfassung von Tätigkeitsanreizen

Interview-Schema zur Erhebung von Tätigkeitsanreizen

1. *Erster Kontakt:* Wie sind Sie an die Tätigkeit geraten? Warum gerade diese?
2. *Initialanreize:* Was war damals das Faszinierende daran? Was hat Sie damals angezogen?
3. *Aktuelle Anreize:* Was macht Ihnen heute am meisten Spaß? Was ist dazugekommen, was weggefallen? Wie würden Sie das jemandem beschreiben/erklären, der die Tätigkeit überhaupt nicht kennt?
4. *Äquivalenztätigkeiten:* Welche Dinge machen sonst noch Spaß daran? Bei Verbalisierungsschwierigkeiten: Bei welchen anderen Gelegenheiten/Tätigkeiten kann man das so ähnlich erleben?
5. *Vorfreude:* Wenn Sie sich auf die Tätigkeit vorbereiten: Worauf freuen Sie sich am meisten? Woran denken Sie dann?
6. *Fantasien bei Entzug:* Als Sie mal länger aussetzen mussten (Krankheit, Urlaub, Berufsstress etc.), was haben Sie am meisten vermisst? Haben Sie die Tätigkeit dann manchmal in der Vorstellung/Fantasie ausgeübt? Wie sahen diese Vorstellungen genau aus? Welche inneren Bilder haben Sie entstehen lassen?
7. *Optimaler Tag:* Können Sie sich an einen optimalen Tag erinnern, wo alles super lief? Was war da besonders?
8. *Anreizbesonderheiten:* Wenn Sie die Tätigkeit mit anderen Aktivitäten vergleichen, was macht die Tätigkeit so besonders?
9. *Anreize bei Anderen:* Gibt es Dinge, die zwar nicht Ihnen, aber anderen Personen an der Tätigkeit Spaß machen?
10. *Sozial Unerwünschtes:* Wenn Sie ganz ehrlich sind: Macht Ihnen das manchmal auch ein wenig Spaß oder ist Ihnen das ganz fremd?

Anreizexploration

keiten exploriert. Es wird dann ermittelt, welche Anreize in diesen Tätigkeiten immer wieder auftauchen und wie wichtig der Person diese Anreize sind. Im letzteren Fall erweist sich das Ausschlussverfahren als hilfreich. Dabei fragt man die Person, ob sie die Tätigkeit auch dann noch mit gleichem Engagement betreiben würde, wenn sie das Erlebnis von xy nicht mehr haben könnte.

Wenn die Interviewauswertung standardisiert erfolgen soll, sind die Standards der qualitativen Datenanalyse zu beachten (z. B. Mayring, 2003). Man muss sich bei dem hier skizzierten Erhebungsverfahren allerdings klar darüber sein, dass man nur diejenigen Anreize erfasst, derer sich die Person gewahr werden kann und die sie mitteilen will.

3.6 Interesse als besondere Determinante des Tätigkeitserlebens

3.6.1 Positives Erleben als Merkmal der Interessenhandlung

Tätigkeitsanreize können sich aus unterschiedlichsten Motivationssystemen herleiten: Das Erlebnis des eigenen effizient-optimalen Funktionierens während der Erledigung anspruchsvoller Anforderungen ist sicher dem Leistungsmotiv zuzuordnen; die entspannte Freude im vertrauten Gespräch mit einem Freund ist besonders für Personen mit einem starken Anschluss- oder Intimitätsmotiv attraktiv; die spannende Aufregung im Vollzug gefährlicher Aktivitäten wird von Personen mit einem starken *Sensation-Seeking*-Motiv genossen usw. In diesen Beispielen lassen sich die je aktuellen Tätigkeits- und Erlebnisqualitäten einem thematisch gleichartigen Motiv, d. h. einem relativ überdauernden Funktionssystem innerhalb der Person zuordnen (s. Abbildung 1, S. 22). Die Erfassung solcher Motive wird in Kapitel 6 behandelt.

Was ist Interesse?

Einen Sonderfall bilden im jetzigen Kontext Interessen. Mit (individuellem) *Interesse* bezeichnet man eine relativ überdauernde, besondere Beziehung einer Person zu einem Gegenstand oder Sachbereich. Solche Interessen bestimmen sich einerseits über den spezifischen Gegenstand, auf den sie gerichtet sind („Interesse an xy"). Andererseits bestimmen sie sich über Valenzbezüge, die von der Person hergestellt werden (Krapp, 1992, Todt, 1978).

Diese Valenzen haben eine kognitive und eine affektiv-motivationale Komponente. Die kognitive Komponente drückt sich in einer besonderen Wertschätzung für den Interessengegenstand aus *(wertbezogene Valenz)*. In der Regel sind solche Wertschätzungen bewusst repräsentiert und lassen sich als Teil des Selbstkonzeptes verstehen (Krapp & Prenzel, 1992).

wertbezogene und emotionale Valenz

Bei Tätigkeiten an und mit dem Interessensgegenstand gerät die Person in einen positiven emotionalen Zustand. Das ist die zweite, also die affektiv-motivationale Komponente des (individuellen) Interesses. Sie wird als *emotionale Valenz* bezeichnet (Krapp, 2001; Schiefele, 1996; Todt, 1978). Diese affektiv-motivationale Komponente von Interesse ist für die jetzt behandelte *Frage 1* unseres Diagnoseschemas (Abbildung 2, S. 24) wichtig. Sie hilft uns dabei, individuelle Unterschiede im Anreiz des Tätigkeitsvollzuges vorherzusagen, sofern es um eingrenzbare Interessenbereiche geht. Im Extremfall wird die spezifische Art der Tätigkeit sogar zweitrangig, solange sie in Bezug auf den Interessengegenstand ausgeführt wird. „Musik hören" und „Lesen" können für eine bestimmte Person ganz verschieden attraktiv sein. Ist diese Person ein Beethoven-Enthusiast, so können beide Aktivitäten aber atypischerweise gleichermaßen hoch attraktiv sein, solange sie

50

sich direkt auf den Interessengegenstand, also auf Beethoven beziehen (Beethoven-CD hören und über Beethoven lesen). Von daher kann man in bestimmten Bereichen die Attraktivität des Tätigkeitsvollzuges auch über spezifische Interessen vorhersagen.

3.6.2 Klassische Interessentests

Interessen sind über Gegenstände bzw. Sachbereiche definiert und werden deshalb auch in solchen Kategorien erfasst. Traditionellerweise hat die Ermittlung von Interessenprofilen bei Jugendlichen einen starken Anwendungsbezug zur Berufs- und Studienberatung. Hierzu gibt es einerseits direkt berufsbezogene Verfahren (*Berufs-Interessen-Test II – BIT II*, Irle & Allehoff, 1983). Daneben gibt es etwas allgemeiner definierte Interessen, die aber trotzdem eine deutliche Nähe zu Berufsfeldern haben. Hierzu zählen der *Differentielle Interessen Test (DIT)* von Todt (1967) sowie die *Generelle Interessen-Skala (GIS)* von Brickenkamp (1990).

berufsbezogene Interessentests

Diese Verfahren sind gut bewährt, hinreichend dokumentiert und im Handel erhältlich. Letztlich erfassen diese Verfahren, wie gerne man in einem bestimmten Bereich (Musik, Kunst, Politik, Sozialpflege, Technik, Sport, Handel etc.) aktiv ist. Der DIT unterscheidet hierbei 12 Bereiche, der GIS 16 Bereiche. Genau genommen handelt es sich um Tätigkeitsvorlieben, die über einen bestimmten Gegenstand zu Einheiten zusammengefasst werden. So werden z. B. *Musikalische Interessen* definiert über die Tätigkeiten „Musik hören"; „Singen oder ein Musikinstrument spielen" und „Musik komponieren" (GIS; Brickenkamp, 1990).

Die *interne Konsistenz* der so zusammengefassten Einheiten liegt zwischen Cronbachs $\alpha \approx .85$ und $.90$. Da die *Retest-Stabilitäten* in der Regel ausreichend bis gut sind ($r_{tt} \approx .70$ bis $.80$; Zweimonatsintervall), lässt sich über solche Tests mittelfristig vorhersagen, in welchen Bereichen jemand die Tendenz hat, eine interessenspezifische Aktivität attraktiv zu finden. Welche Qualität dieser Tätigkeitsvollzug dann genau hat (s. Abschnitt 3.5) und in wieweit diese selbst berichtete Gegenstandsvorliebe dann auch aktuelle Motivation hervorruft, ist damit allerdings nicht erfasst. Man gewinnt aber Informationen zu den Handlungsbereichen, in denen jemand eine größere Wahrscheinlichkeit für positive Erlebnisse im Tätigkeitsvollzug haben müsste – sofern diese Person nicht gänzlich fehlinformiert zu ihrem Erleben im Tätigkeitsvollzug ist.

Skalen-eigenschaften

Wichtig ist zu beachten, dass diese Vollzugsanreize nicht der Tätigkeit per se zuzuordnen sind, sondern nur der Tätigkeit kombiniert mit dem spezifischen Interessengegenstand. So kann man die positiven Vollzugsanreize, die ein Fußballinteressierter beim Lesen der Fußballzeitung hat, in der

Regel nicht einer generellen Vorliebe für die Tätigkeit Lesen zuschreiben. Sie geht vielmehr auf die Vorliebe für den Gegenstand Fußball zurück, die nahezu alles attraktiv macht, was hinreichend viel mit Fußball zu tun hat. Diese Besonderheit spezifiziert den Nutzen, den die Interessenerfassung für die Vorhersage von Tätigkeitsanreizen hat.

3.6.3 Der Fragebogen zum Studieninteresse (FSI)

Die Interessenforschung ist gerade im pädagogisch-psychologischen Anwendungsfeld neu belebt worden (Krapp, 1992; Prenzel, 1988; Schiefele & Wild, 2000; Schiefele, Haußer & Schneider, 1979). Interesse am Lerngegenstand ist ohne Frage eine besonders wichtige Komponente der Lernmotivation und wird deshalb in diesem Kontext häufig erfasst (z. B. Krapp & Prenzel, 1992; Lehrke & Hoffmann, 1987; Schiefele & Wild, 2000).

Ein Beispiel für eine Interessenskala im pädagogischen Anwendungsfeld ist der *Fragebogen zum Studieninteresse (FSI)* von Schiefele, Krapp, Wild und Winteler (1993). Diesem Fragebogen liegt die pädagogische Interessentheorie von Krapp (1992) und Schiefele et al. (1979) zu Grunde. Danach hat Interesse (1) eine wertbezogene sowie (2) eine gefühlsbezogene Valenz (s. o.) und zeichnet sich zudem (3) durch den „selbstintentionalen" Charakter der Interessenhandlung aus (vgl. im Diagnoseschema *Frage 1:* „spontane Aktivität").

Komponenten von Studieninteresse

Diese drei Komponenten wurden beim FSI zur Itemgenerierung herangezogen. Beispielitem für *wertbezogene Valenz:* „Ich bin sicher, dass das Fachstudium meine Persönlichkeit positiv beeinflusst", Beispiel für *emotionale Valenz:* „Über Inhalte meines Studiums zu reden, macht mir nur selten Spaß" (negative Polung), Beispiel für *intrinsischen/selbstintentionalen Charakter:* „Ich habe mein jetziges Studium vor allem wegen der interessanten Studieninhalte gewählt." Für die Beantwortung steht eine vierfachgestufte Skala von „trifft gar nicht zu" (0) bis „trifft völlig zu" (3) zur Verfügung.

Skaleneigenschaften

Die drei Interessenkomponenten lassen sich empirisch allerdings nicht trennen, so dass ein Gesamtwert für Studieninteresse gebildet wird. Die 18 Items der Rasch-skalierten Skala sind bei Schiefele et al. (1993) auf S. 352 abgedruckt. Die *Konsistenz* ist hoch und liegt bei Cronbachs $\alpha = .90$. Die *Retest-Reliabilität* nach zwei Jahren liegt bei $r_{tt} = .67$. Inzwischen liegen Vergleichskennwerte und T-Normen für den FSI vor. Da sie nicht publiziert sind, werden sie hier in Tabelle 5 im Anhang (S. 167) aufgeführt.

Vergleichswerte

Auf der Basis von $N = 2.858$ Studierenden verschiedener Fächer wurde ein Mittelwert für die 18 aufsummierten Items von $M = 32,97$ ($SD = 8,70$) ermittelt (J. Abel, pers. Mitteilung, Mai 2003). Es gibt signifikante Unterschiede zwischen verschiedenen Studienfächern. Fachspezifische Mittel-werte finden sich bei Abel, (1998).

Validität: Studierende mit höheren FSI-Werten berichten von intensiverem Flow-Erleben während des Lernens ($r = .67$, $p < .01$) und investieren mehr *Lernzeit* in ihr Studium ($r = .54$, $p < .01$) als Studierende mit niedrigeren FSI-Werten. Zudem berichten sie von elaborierteren und aktiveren *Lern-strategien* ($r = .48$, $p < .01$). Nach diesen und weiteren Zusammenhängen (Schiefele et al., 1993) erleben Studierende mit hohem Studieninteresse die Lernaktivitäten in ihrem Fach positiver, selbstbestimmter und effektiver als Studierende mit geringem Studieninteresse. Hinsichtlich der Leistungsaus-wirkungen wird eine Korrelation zwischen dem FSI und späteren *Studien-leistungen* (Vordiplomsnoten) von $r = .33$ ($p < .05$) berichtet (Schiefele et al., 1993). Das liegt in der Größenordnung der Zusammenhänge, die zwischen thematischem Interesse und der Leistung beim Textlernen üblicherweise ge-funden werden (Schiefele, 1996).

Validitäts-befunde

3.7 Bewertung und Ausblick

In diesem Kapitel wurden auszugsweise sehr unterschiedliche Verfahren zur Erfassung von Anreizen des Tätigkeitsvollzuges und ihrer Determinan-ten dargestellt. Sie reichen von der relativ einfachen Einschätzung mithilfe der „Persönlichen Hitliste" bis zur technisch aufwändigen ESM-Technik, die man auch noch mit synchroner Videoaufzeichnung koppeln kann. Wel-che Verfahren gewählt werden, hängt natürlich von der jeweiligen Zielset-zung ab, von der Wichtigkeit möglichst genauer und verrichtungsnaher Er-fassung und trivialerweise auch von den Möglichkeiten der Erhebung ab. Insbesondere in Fällen von Motivationsdefiziten sollte auf eine Mindest-abklärung von Anreizen des Tätigkeitsvollzuges nicht verzichtet werden. Je nachdem, ob bereits die zielführenden Tätigkeiten per se aversiv sind oder nicht, wird sich nämlich die Intervention oder Beratung auf ganz unter-schiedliche Ansatzpunkte zu konzentrieren haben.

4 Motivation über fremdkontrollierte Anreize

4.1 Eingrenzung des Diagnosegegenstandes

Auch wenn eine Aktivität nicht schon durch ihre Ausführungserlebnisse hinreichend motiviert ist, kann sie engagiert betrieben werden. Es wirken dann Anreize, die entweder von einem erzielbaren Resultat abhängen (*Frage 3* im Diagnoseschema der Abbildung 2, S. 24) oder aber Anreize, die andere Personen erkennbar an die Tätigkeitsausführung gekoppelt haben (*Frage 2*: fremdkontrollierte Aktivität). Um Letzteres geht es auszugsweise in diesem Kapitel.

Die Verhaltensankoppelung fremdkontrollierter Anreize kann verschieden klar expliziert sein. So kann es auf der einen Seite ein detailliert ausgearbeitetes Regelwerk zum Zusammenhang zwischen einem interessierenden Verhalten und der Art der Belohnung für dieses Verhalten geben. So etwas kennt man z. B. aus betrieblichen Tarifvereinbarungen oder der pädagogischen Verhaltensmodifikation (*contract management*, s. Rost, Grunow & Oechsle, 1975). Über verschiedene Zwischenstufen abnehmender Explikation kann der Anreiz schließlich in einem eher diffusen und nicht notwendig bewussten Wunsch bestehen, durch mein Verhalten und/oder seine Ergebnisse die Beziehung zu einer anderen Person zu verbessern bzw. zu erhalten (Anschluss- oder Intimitätsmotivation) oder andere Personen zu beeindrucken (Machtmotivation). Auch solche Anreize sind „fremdkontrolliert", weil mir die Zuneigung oder die Bewunderung von einer anderen Person entgegengebracht werden können oder auch nicht. Sie sind unter der Kontrolle von dieser anderen Person.

Pädagogische Verhaltensmodifikation

Bei der Fremdkontrolle motivierten Verhaltens können die Anreize sowohl an erfolgreich *erzielte Resultate* (z. B. Belohnung für eine gute Zensur) als auch an die *bloße Ausführung* einer erwünschten Aktivität (Belohnung für die Teilnahme an einer Trainingssitzung oder am Schulunterricht) gekoppelt werden. Diese Einsatzbreite macht die systematische Fremdkontrolle von Anreizen („Verstärkern") für die *pädagogische Verhaltensmodifikation* attraktiv. Dort finden sich dann auch ausgearbeitete Regelwerke, wie man dabei am wirksamsten vorgeht (Rost et al., 1975).

Die systematische Fremdkontrolle wird insbesondere in den Erziehungswissenschaften eher kritisch eingeschätzt (Rost, 2001). Man muss allerdings sehen, dass sie mitunter alternativlos ist, sofern eine per se unattraktive Tätigkeit ausgeführt werden soll, die aus der Sicht der zu beeinflussenden Person ansonsten keinerlei lohnende Folgen hätte (z. B. regelmäßiger Schulbesuch aus der Sicht bestimmter Schüler).

Fremdkontrollierte Anreize können auch in dem Fall eingesetzt werden, dass tätigkeitseigene Anreize erst dann erlebbar werden, wenn man eine anfangs anreizarme Tätigkeit hinreichend oft geübt und perfektioniert hat (z. B. Erlernen eines Musikinstrumentes oder einer komplexen Sportart). In solchen Fällen kann man versuchen, mit sozial vermittelten („fremdkontrollierten") Anreizen die Wirksamkeit von Selbstregulationsprozessen der übenden Person zu unterstützen.

**Korrumpierungs-
effekt**

Wie die experimentellen Befunde zum *Korrumpierungseffekt* allerdings zeigen, ist unter bestimmten Bedingungen der Einsatz fremdkontrollierter Anreize nicht unproblematisch (Deci & Ryan, 1985; Rheinberg & Krug, 1999). Wird eine Aktivität auch ohne Belohnung gerne ausgeführt (s. *Frage 1* des Diagnoseschemas, auf S. 24), so kann die Einführung zusätzlicher Belohnungen mitunter die ursprüngliche Wirkung der positiven Tätigkeitsanreize abschwächen (Deci, 1975).

Die Befundlage hierzu ist aber noch unklar und es kommt sehr darauf an, welche Anreizqualitäten wie eingesetzt werden. So sind verbale „Verstärker" (Lob) meist sogar motivationsförderlich; unerwartete Belohnungen sind unproblematischer als erwartete (Cameron, Banko & Pierce, 2001; Deci, Koestner & Ryan, 1999; Eisenberger & Cameron, 1998). Solche und weitere Details können abgeklärt werden, sofern die Motivationsdiagnose im individuellen Gespräch erfolgt. Bei Großuntersuchungen mit standardisierten Fragebögen wird es aber höchst aufwändig, solche Feinunterscheidungen zu treffen, weswegen der wissenschaftliche Effektnachweis fremdkontrollierter Anreize erschwert wird.

Üblicherweise werden Fragen der Verhaltensbeeinflussung durch Fremdkontrolle weniger unter motivationspsychologischer als unter lerntheoretischer Perspektive behandelt. Aus lerntheoretischer Sicht (Skinner, 1971) geht es insbesondere darum, durch den gezielten Einsatz kontrollierbarer „Verstärker" die Situationsbedingungen objektiv so zu verändern, dass bei einer Zielperson ein erwünschtes Verhalten häufiger, bzw. ein unerwünschtes Verhalten seltener auftritt. Aus motivationspsychologischer Perspektive interessiert in dieser Sache insbesondere die Sicht und die Bewertung der Zielperson.

Einige „Verstärker" erscheinen in ihrem subjektiven Anreizwert für bestimmte Personengruppen halbwegs klar. Das gilt etwa für materielle Belohnungen, wie sie bei der lerntheoretischen Verhaltensmodifikation für

56

Schüler eingesetzt werden (z. B. Münzen bzw. *token*, die Schüler gegen beliebige Begehrlichkeiten tauschen können). Details hierzu sind, wie erwähnt, in der Literatur zur Pädagogischen Verhaltensmodifikation behandelt (für einen Überblick s. Rost, 2001). Klärungsbedürftiger sind dagegen sozial verankerte Anreize, die sich aus Beziehungsqualitäten und der Fremdeinschätzung des eigenen Verhaltens ergeben (z. B. die Eltern nicht zu enttäuschen, der Lehrerin eine Freude zu machen, eine Vertrauensbasis zu jemandem aufzubauen). Hier kann es deutliche individuelle und situative Unterschiede in der Sichtbarkeit und im Gewicht solcher Anreize geben, die diagnostisch abzuklären sind. Darauf konzentriert sich dieses Kapitel.

4.2 Konzeptionelle Verankerung

Fremdkontrollierte Anreize lassen sich konzeptuell u. a. in der Selbstbestimmungstheorie der Motivation (Deci & Ryan, 1985; 2000) verankern. Entlang einer Dimension zunehmender Selbstbestimmung unterscheidet diese Theorie drei Motivationstypen, nämlich die *Amotivation*, die *extrinsische* und die *intrinsische Motivation*. Innerhalb der extrinsischen Motivation werden wiederum vier Stufen beschrieben, auf denen die Verhaltensregulation zunehmend selbstbestimmt erfolgt. Es kommt dabei zur Internalisierung von Standards, mit denen man sein eigenes Handeln abgleichen kann.

Im jetzigen Kontext der Fremdkontrolle ist die erste Stufe der extrinsischen Motivation relevant, nämlich die gänzlich *externale Regulation*. Hier wird mit Blick auf Anreize gehandelt, die von einer anderen Person abhängen. Anders als bei der Amotivation kommt es hier aber immerhin zu einer Zielausrichtung des Verhaltens, also zu Motivationsphänomenen. Die Wirkungsgrundlage der externalen Regulation ist nach Deci und Ryan (1985) das Bedürfnis nach sozialer Einbindung. Im Entwicklungsverlauf soll die externale zunehmend in eine internale Regulation übergehen. Was hier als externale Regulation beschrieben ist, entspricht der fremdkontrollierten Aktivität in unserem Diagnoseschema (*Frage 2*, Abbildung 2, S. 24).

4.3 Academic Motivation Scale (AcMS)

Die theoretische Verankerung der fremdkontrollierten Aktivität in der Selbstbestimmungstheorie von Deci und Ryan (1985) ist diagnostisch insofern hilfreich, als mit der *Academic Motivation Scale* (Vallerand, Pelletier, Brière, Senécal & Vallières, 1992) ein Fragebogen entwickelt wurde, dem diese Theorie zu Grunde liegt. Teile davon sind ins Deutsche übersetzt und in Kombination mit Items anderer Skalen bei der Erfassung von

Lernmotivation in der beruflichen Erstausbildung eingesetzt worden (Wild & Krapp, 1996). Die jetzt interessierenden Skalen erfassen, wie sehr ein Lerner bereit ist, sich in fremdgewünschter Weise zu verhalten, weil er die Erwartungen und Vorgaben anderer Personen (Eltern, Lehrer, Mitschüler) als Verpflichtung für das eigene Lernen erlebt. Die deutsche Version enthält drei Subskalen, die sich auf die *Eltern*, die *Lehrer* und die *Mitschüler* beziehen. Da diese Skalen im Detail noch nicht publiziert sind, dokumentiert Kasten 6 die Items aus einem Forschungsbericht (Wild, Krapp, Schiefele, Lewalter & Schreyer, 1995).

Kasten 6:
Subskalen Eltern, Lehrer und Peers aus dem Fragebogen
zur Lernmotivation von Wild et al. (1995).

Fremdbewertungsanreize im „Fragebogen zur Lernmotivation" (FZL) von Wild et al. (1995)
(Antwortformat: fünfstufige Skala von 1 = „trifft gar nicht zu" bis 5 = „trifft völlig zu"; Kennwerte beziehen sich auf Summenwerte)
I) Verpflichtung gegenüber Eltern
In der (Berufs-)Schule beteilige ich mich am Unterricht, weil …   – ich vermeiden möchte, dass ich mit meinen Eltern Ärger bekomme.   – meine Eltern das von mir erwarten.   – ich nicht möchte, dass meine Eltern von mir enttäuscht sind.   – ich möchte, dass meine Eltern mich für einen guten Schüler halten. $M = 9.92$; $SD = 4.12$; Cronbachs $\alpha = .86$
II) Verpflichtung gegenüber Lehrern
In der (Berufs-)Schule beteilige ich mich am Unterricht, weil …   – ich vermeiden möchte, dass ich mit meinen Lehrern Ärger bekomme.   – die Lehrer das von mir erwarten.   – ich möchte, dass die Lehrer mich für einen guten Schüler halten. $M = 7.68$; $SD = 3.27$; Cronbachs $\alpha = .89$
III) Verpflichtung gegenüber Peers
In der (Berufs-)Schule beteilige ich mich am Unterricht, weil …   – meine Mitschüler das von mir erwarten.   – ich möchte, dass meine Freunde mich für einen guten Schüler halten.   – ich nicht möchte, dass meine Mitschüler von mir enttäuscht sind.   – mir das die Anerkennung meiner Mitschüler einbringt. $M = 7,24$; $SD = 3.16$; Cronbachs $\alpha = .86$

Die *Konsistenzen* der Skalen sind mit Cronbachs α > .85 gut. Zur zeitlichen Stabilität werden keine Angaben gemacht. Beim Einsatz der Skala bei Jugendlichen in der Berufsausbildung zeigte sich, dass im Vergleich zu anderen Lernanreizen die Bedeutung dieser sozialen Lernanreize im Mittel gering ausfällt. Dieser Befund ist für jugendliche Lerner im Alter von $M = 18,1$ Jahren mit den Annahmen von Deci und Ryan (1985, 2000) gut vereinbar. Danach soll ja die ursprünglich externe Regulation über fremdkontrollierte Anreize in ihrer Bedeutung zurückgehen, weil das Verhalten im Entwicklungsverlauf zunehmend intern gesteuert wird. Genaueres können dazu allerdings erst Längsschnittstudien zeigen (s. Abschnitt 4.4).

Skalen-
eigenschaften

Bei den Subskalen Eltern (I) und Lehrer (II) zeigen die Standardabweichungen allerdings, dass wir selbst bei diesen schon älteren Jugendlichen noch genügend Lerner finden, für die die Erwartungen und Bewertungen durch Eltern und Lehrer einen starken Anreiz besitzen.

4.4 Fremdbewertungsanreize im PMI

Soll die Orientierung an fremdkontrollierten Anreizen neben vielen anderen Anreizen möglichst ökonomisch erfasst werden, so bietet sich die Kurzskala *Fremdbewertung* (FB) aus dem PMI an (Rheinberg & Wendland, 2001). Diese Skala wurde aus frei genannten Schüleräußerungen zur eigenen Lernmotivation gewonnen. Die Items in Kasten 7 wurden nach methodischen Gesichtspunkten aus einem größeren Itempool ausgewählt und als Kurzskala eingesetzt. Inhaltlich decken sie sich z. T. mit den Skalen im Kasten 6.

Kurzskala
zur Fremd-
bewertung

Kasten 7:
Kurzskala zur Erfassung von Fremdbewertungsanreizen
der Lernmotivation (Rheinberg & Wendland, 2001)

PMI-Subskala: Folgenanreiz-Fremdbewertung (FB) (Version Mathematik)
In Mathe viel zu können und gut zu sein ist für mich wichtig, … – damit sich meine Eltern freuen. – damit ich keinen Ärger mit meinen Eltern bekomme. – damit ich von meinen Mitschülern geschätzt werde. – damit ich Taschengeld bekomme. – damit meine Mathematiklehrerin mit mir zufrieden ist.

Die Beantwortung der Fragen erfolgt auf einer fünffach gestuften Skala von 1 = „trifft nicht zu" bis 5 = „trifft zu". Die *interne Konsistenz* dieser Kurzskala liegt bei Cronbachs α = .73. Für Schüler der Sekundarstufe wurden *Stabilitäten* um $r_{tt} \approx .50$ ermittelt (Sechsmonatsintervall). In die-

ser Schülerpopulation (5. bis 9. Klassenstufe) liegen die aufsummierten Mittelwerte dieser Skala bei $M = 15.00$ $(SD = 4.75)$. Auf den unteren Klassenstufen fünf und sechs sind die Mittelwerte um etwa eine Standardabweichung höher ($M = 17.50$) als auf den oberen Klassenstufen acht und neun

($M = 12.00$). Dies stimmt mit den relativ niedrigen Werten der entsprechenden Subskalen des Fragebogens zur Lernmotivation von Wild et al. (1995) überein, die in Kasten 1 dargestellt sind (s. o.).

Bei einer Stichprobe von $N = 560$ Sekundarschülern zeigte sich in einer altersgestaffelten Längsschnittuntersuchung, dass die Bedeutung der Fremdbewertungsanreize auf allen Klassenstufen im Verlauf eines Jahres abnimmt. Das stimmt mit der Annahme zunehmender Selbstbestimmung bei der Lernmotivation überein (Deci & Ryan, 1985). Allerdings zeigen auch hier wieder die Standardabweichungen, dass für einige Schüler die Fremdbewertungsanreize bedeutsam bleiben. Detailanalysen verweisen darauf, dass es eher die leistungsschwächeren Schüler sind, denen Erwartungen und Bewertungen anderer Personen (Eltern, Lehrer, Peers) wichtig sind (Rheinberg & Wendland, 2003).

4.5 Fremdbewertungsanreize im Einzelinterview

Die Inhalte der Skalen lassen sich natürlich auch im Einzelinterview abklären. Dieses aufwändigere Vorgehen wird sogar unumgänglich, wenn jemand nicht willens oder in der Lage ist, sich im Fragebogen mitzuteilen. Land-

scheidt (1995) untersuchte bei einsitzenden jugendlichen Intensivtätern die Motivation zu ihrer Straftat. Diese Population erwies sich als fragebogenunwillig, war aber gesprächsbereit. Von daher mussten alle Daten im Einzelinterview erhoben werden. Analog zu einer Fragebogenerhebung wurden dabei große Blätter mit Antwortskalen vorgelegt. Auf diese Vorlagen konnten die Probanden dann mit dem Finger zeigen und so den Grad ihrer Zustimmung oder das Gewicht eines Anreizes standardisiert mitteilen.

Auch bei dieser Erhebung zeigte sich, dass bei diesen älteren Jugendlichen ($M = 20{,}2$ Jahre) die fremdkontrollierten Anreize insgesamt eher schwach ausgeprägt waren. Bezogen auf die Eltern waren die negativen Anreize einer Tataufdeckung (Vorwürfe, Enttäuschung, Beziehungsabbruch etc.) nur schwach negativ. Sie wurden aber immerhin noch negativer beurteilt als die Legalfolgen einer Tataufdeckung (Anzeige, Gerichtsverhandlung, Arrest, Bewährungsstrafe etc.).

Der stärkste fremdkontrollierte Anreiz war in dieser Population allerdings positiv ausgeprägt. Das war die Anerkennung durch die Peers, die der

Jugendliche durch die Tatausführung gewinnen konnte. Dieser Anreiz war im Grad seiner positiven Ausprägung mehr als doppelt so stark wie der Grad der negativen Ausprägung der anderen fremdkontrollierten Anreize (Eltern und Legalfolgen, s. o.). Diese und andere Befunde zeigen, dass sich Anreize in weitgehend standardisierter Form auch dann erfassen lassen, wenn eine Erhebung mit Fragebögen oder PC nicht möglich ist.

Fremd-bewertungs-anreize einer Straftat

4.6 Bewertung und Ausblick

Für die Lernmotivation älterer Schüler schwächt sich die Bedeutung fremdkontrollierter Anreize zunehmend ab. Auf die *Frage 2* unseres Diagnoseschemas (Abbildung 2, S. 24) sollte aber auch hier nicht verzichtet werden. Die Standardabweichungen der beschriebenen Skalen zeigen nämlich, dass auch bei sinkenden Durchschnittswerten für Teile der Schülerpopulationen fremdkontrollierte Anreize wichtig bleiben. Dies gilt insbesondere für Schüler mit schlechten Leistungen.

Weiterhin ist zu berücksichtigen, dass sich die beiden Beispielskalen ja lediglich auf einen Fall sozial erwünschten Verhaltens beziehen, nämlich die Lernmotivation. Ob die Bedeutungsabnahme fremdkontrollierter Anreize in anderen Tätigkeitsfeldern in gleicher Weise auftritt, ist keineswegs sicher. Bei jugendlichen Graffiti-Sprayern beispielsweise war es sehr wichtig, wie ihre Sprühaktionen von ihren Peers bewertet und akzeptiert wurden (Rheinberg & Manig, 2003). Auch bei den eben erwähnten jugendlichen Intensivtätern wurde ja für die Anerkennung durch Peers ein relativ hohes Anreizgewicht gefunden (Landscheidt, 1995).

Fremd-bewertung durch Peers

Von daher ist es bedauerlich, dass es im Bereich der Motivationsdiagnostik so wenig erprobte Verfahren zur Erfassung fremdkontrollierter Anreize gibt. Im Bedarfsfall wird man sich hilfsweise auch an klassischen Verfahren der lerntheoretischen Verhaltensanalyse orientieren können (z. B. Fliegel, Groeger, Künzel, Schulte & Sorgatz, 1993; Margraf, 2000).

Was die Wirksamkeit sozial gebundener Anreize betrifft (Wertschätzung und Zuneigung zu gewinnen, anderen eine Freude zu machen, sie nicht zu enttäuschen etc.), so ist zu berücksichtigen, dass das Gewicht solcher Anreize auch von entsprechenden Bewertungsdispositionen der Person, insbesondere von der Stärke und der Richtung ihres Anschlussmotivs, abhängt. Dieses Motiv ist individuell unterschiedlich stark ausgeprägt, wobei sich häufig geschlechtsspezifische Mittelwertsunterschiede finden (höhere Ausprägung bei weiblichen Personen).

Anschlussmotiv als Anreizbasis

5 Diagnose von Handlungsergebnissen

5.1 Führt die Aktivität zu einem Ziel?

Macht eine Tätigkeit im Vollzug keinen Spaß *(Frage 1)* und wird ihre Ausführung auch nicht von anderen Personen erwartet oder sanktioniert *(Frage 2)*, so kann sie über den Anreiz ihrer Ergebnisse motiviert werden. Dazu muss sie aber überhaupt Ergebnisse haben können. Ist dies nicht der Fall, so haben wir es bei dieser Konstellation mit einem *Vollständigen Motivationsdefizit* zu tun. Dieser Punkt soll mit *Frage 3* unseres Diagnoseschemas abgeklärt werden (s. Abbildung 2, S. 24).

Mit *Ergebnis* sind im Folgenden handlungsbewirkte Endzustände gemeint. Sind diese Endzustände beabsichtigt, so bezeichnen wir sie als *Ziel*. Die Frage, ob eine Tätigkeit ergebnisführend ist oder nicht, ist offenbar so basal, dass es dazu keine standardisierten Erhebungsverfahren gibt. Da diese Frage aber wichtig werden kann und da die Antwort nicht immer trivial ist, geht dieses Kapitel kurz darauf ein.

Ergebnis und Ziel

Bei der Motivationsdiagnose kann man sich im ersten Schritt von der quasi *objektiven Handlungsstruktur* leiten lassen. In der Selbst- und Fremdanwendung sind dabei Fragen wie in Kasten 8 hilfreich:

Kasten 8:
Fragenbeispiele zur Abklärung, ob eine Tätigkeit ergebnisführend ist oder nicht (s. Frage 3 des Diagnoseschemas in Abbildung 2)

- Steht am Ende dieser Aktivität etwas, das zu Handlungsbeginn noch nicht oder nicht in dieser Weise da war? (+)
- Wird die anstehende Aktivität irgendeinen erkennbaren Effekt haben, wird sie ein bestimmtes Ziel erreichen? (+)
- Hat die Tätigkeit einen markanten Endpunkt, bis zu dem man sie ausführen muss, um sie als sinnvolle Einheit zu erleben („Ziel erreicht", „Problem gelöst" etc.)? (+)
- Kann die Aktivität zu beliebigen Zeitpunkten beendet werden, ohne dass das irgendeinen qualitativen Unterschied gegenüber einer früheren oder späteren Beendigung machen würde? (–)

Wendet man dieses Frageschema auf interessierendes Alltagsverhalten an, so finden sich viele eindeutig positive Fälle. Alle Aktivitäten, in denen etwas hergestellt, verbessert oder repariert wird oder in denen Person-Umwelt-Beziehungen verändert werden, fallen in diese Kategorie. Dabei kann es sich um Produkte der *dinglichen Welt* handeln (das Fahrrad funktioniert wieder; ein Computerprogramm läuft), um *symbolische Resultate* (die Note „gut" in der Mathematikarbeit; die Urkunde mit der Zeit beim Marathonlauf), um *soziale Effekte* (man hat jemanden als Freund gewonnen; man hat sich durchgesetzt) oder auch um *eigene Kompetenzsteigerungen* (man kann jetzt Fahrradfahren, die Prozentrechnung oder kann e-mails verschicken, was vorher nicht gelang). Auch die Tatsache, dass das eigene Handeln internalisierten Standards genügt (Deci & Ryan, 1985), kann als „Ergebnis" aufgefasst werden, sofern die Standarderfüllung als Ziel angestrebt war.

Ergebnisse im Alltagshandeln

Auf der anderen Seite stehen Aktivitäten ohne einen herausgehobenen Endeffekt. Sie könnten jederzeit beendet oder endlos weiter betrieben werden, ohne dass sich substanziell etwas verändern würde. Beispiele sind ein entspanntes Gespräch unter Freunden, ein Spaziergang, das Abhören von Musikstücken etc. Im Arbeitsbereich wären hier Endlostätigkeiten zu nennen, wie sie früher bei der Fließbandarbeit zu erledigen waren: Von 7.00 bis 16.00 Uhr die gleichen Handgriffe an kontinuierlich nachrückenden Objekten auszuführen. Heute finden sich dagegen häufiger Kontroll- und Überwachungstätigkeiten (z. B. Videoüberwachung eines Parkhauses, Supervision automatisierter Produktionsabläufe). Das letztere Beispiel zeigt, dass diese Aktivitäten durchaus anspruchsvoll und belastend sein können.

ergebnislose Aktivitäten

Werden solche beruflichen Aktivitäten hinreichend engagiert ausgeführt, haben wir es wohl meistens mit Fällen fremdkontrollierter Aktivität *(Frage 2)* zu tun, die in Kapitel 4 angesprochen wurden: Die Person handelt, mit Blick auf einen Anreiz (Geld), der von anderen Personen kontrolliert wird. Dass solche Überwachungstätigkeiten täglich aus reiner Freude am Tätigkeitsvollzug ausgeübt werden *(Frage 1)*, erscheint eher unwahrscheinlich.

5.2 Subjektive Zielstruktur

In der Gegenüberstellung des letzten Abschnittes findet sich die Unterscheidung wieder, die schon von Lewin und seinen Schülerinnen zwischen der „Endhandlung" vs. „Fortlaufenden Handlung" getroffen wurde (Ovsiankina, 1928; Zeigarnik, 1927). Die klare Unterscheidung, die man auf der Ebene der Handlungsstruktur mit geeigneten Beispielen demonstrieren kann, ist allerdings nur an den Extrempolen völlig eindeutig. Dazwischen

subjektive Tätigkeitsstrukturierung

gibt es Abstufungen, bei denen es stark von der Person abhängt, ob aus ihrer Sicht die Tätigkeit auf einen beabsichtigten Endzustand zielt oder nicht.

So kann sich der gesamte Schulvormittag für den einen Schüler als gleichförmiger ergebnisloser Ereignisstrom darstellen, in dem fortlaufend irgendetwas vorgetragen wird oder selbst zu erledigen ist. Wie eine Schlechtwetterperiode zieht der Vormittag vorbei und es gibt bestenfalls das „Ziel", nicht aufzufallen. Dagegen kann eine andere Schülerin die jetzt anstehende Mathematikstunde gespannt erwarten, weil sie dann sehen kann, ob sie die schwierige Hausaufgabe von gestern richtig gelöst hat oder nicht. Im letzteren Fall kann der Schulbesuch immer neue Gelegenheiten bieten, bei denen das eigene Lernengagement Ergebnisse in Form von Kompetenz- und Wissenszuwächsen produziert.

Beispiel Schulvormittag

Ob der erste oder der zweite Fall vorliegt, hängt sicher auch davon ab, wie sehr es Lerngegenstand und Unterrichtsführung erlauben, Kompetenzzuwächse als Ergebnisse eigener Lernaktivität wahrzunehmen. Daneben hängt die Ergebniswahrnehmung aber auch davon ab, ob der Lerner im Vorhinein erwünschte Endzustände, also Ziele, für eine anstehende Lernaktivität gebildet hat oder nicht.

5.3 Bewertung und Ausblick

Welcher Art diese Ziele dann genau sind und welchen Anreiz die angestrebten Ergebnisse haben, wird im Kapitel 6 behandelt. Zum jetzigen Zeitpunkt der Motivationsdiagnose ist vorerst wichtig zu ermitteln, wie sehr (a) die Tätigkeit und ihre Ausführungsbedingungen es ermöglichen, ja sogar dazu drängen, *Ergebnisse* der eigenen Aktivität wahrzunehmen und ob (b) diese potenziell erkennbaren Ergebnisse von der Person auch wahrgenommen werden. Für die bloße Statuserhebung würde es genügen, den Punkt (b), also die Sicht der Person zu erfassen. Mit Blick auf Intervention und Beratung ist es aber hilfreich abzuklären, welche Möglichkeiten die Tätigkeit von ihrer Struktur und ihrem Ausführungskontext bieten würde. Insbesondere geht es dabei um Möglichkeiten, übersehene Ergebnisse salienter zu machen oder systematische Ergebnisrückmeldungen einzuführen.

erkennbare Ergebnisse

Ein Beispiel für Letzteres wäre die Aufrechterhaltung der Teilnahmemotivation in einem Lehrertraining zur Optimierung von motivationsförderlichem Unterricht. Die tatsächlich auftretenden Ergebnisse der Trainingsteilnahme können für den Lehrer unsichtbar bleiben, weil vielleicht andere Dinge (z. B. ständige Unterrichtsstörung durch eine kleine, aber lautstarke Schülergruppe) die Trainingseffekte überdecken. Abgesehen von einem

Beispiel Lehrertraining

zusätzlichen Training zum effektiven Umgang mit Disziplinstörungen bietet sich hier an, systematisch für eine verbesserte Wahrnehmbarkeit von Trainingseffekten zu sorgen. Dazu kann man regelmäßige *anonyme Fragebogenerhebungen* einsetzen, bei denen die Schüler Auskunft zu Zielvariablen des trainierten Lehrerverhaltens und zu ihrem Erleben des aktuellen Unterrichts geben (z. B. Rheinberg & Krug, 1999). Auch systematische Rückmeldungen aus der *Unterrichtsbeobachtung* durch den Trainer oder durch eine mittrainierende Kollegin („Trainingstandem") können eingesetzt werden, um die Ergebnisse der Trainingsteilnahme sichtbar zu machen (z. B. Humpert & Dann, 2001).

PPM-System Aus der Organisationspsychologie sind systematische Verfahren bekannt, in denen klar erkennbare Ergebnisse eigener Arbeitstätigkeit dadurch eingeführt werden, dass sich Organisationen selbst Zielvariablen definieren, zu denen sie dann regelmäßig Rückmeldungen einholen (*PPM-System* von Pritchard, Kleinbeck & Schmidt, 1993).

Solche Systematiken zur Erfassung (und Erzeugung) der subjektiven Ergebnisstruktur interessierender Aktivitäten sind die Ausnahme. Im Fall individueller Motivationsdiagnostik wird man aber auch gesprächsweise ermitteln können, ob und welche Ergebnisstruktur jemand in einem interessierenden Tätigkeitsbereich wahrnimmt (s. Kasten 8) und das mit dem kontrastieren, was in diesem Bereich wahrnehmbar wäre.

Für Lernsituationen gibt es allerdings auch Fragebögen zur standardisierten Erfassung angestrebter Ergebnisse. Das sind Fragebögen zur *Zielorientierung* (s. Abschnitt 6.3). Bei diesen Fragebögen wird allerdings bereits unterstellt, dass die Tätigkeit aus der Sicht der Person ein Ergebnis hat, das sie als Ziel anstreben kann. Das ist aber keineswegs sicher und deshalb diagnostisch vorweg abzuklären. Wird *Frage 3* des Diagnoseschemas mit „ja" beantwortet, so macht es Sinn, detailliert zu ermitteln, welche speziellen Anreize das Ergebnis attraktiv machen (können) und welche Art von Zielen die Person sich vorzugsweise setzt, sofern sie hinreichenden Handlungsspielraum hat. Diese Fragen werden im nächsten Kapitel behandelt.

6 Die Attraktivität von Handlungs-
ergebnissen – ihre direkte und indirekte
Erfassung

6.1 Theoretische Annahmen

Handlungsergebnisse werden erst dann motivational wirksam, wenn sie
sowohl erreichbar als auch attraktiv sind. Das ist die Grundannahme von
Erwartung-mal-Wert Theorien, wie wir sie spätestens seit Atkinson (1957)
in der „klassischen" Motivationspsychologie finden (s. Heckhausen, 1989;
Rheinberg, 2002b; Schneider & Schmalt, 2000). Um die Erreichbarkeit von
Ergebnissen und ihrer Erfassung wird es in Kapitel 7 gehen. Das jetzige Kapitel behandelt Möglichkeiten, das zu erfassen, was alltagssprachlich mit der
Attraktivität eines Ergebnisses gemeint ist. Diese Wertkomponente wird in
der Motivationspsychologie üblicherweise als *Anreiz* bezeichnet.

Erwartung x Wert

Handlungswirksame Anreize können der Person bewusst sein. In diesem
Fall ist der Person klar, was sie in einer Situation genau erreichen bzw. ab-
wehren kann und wie wichtig ihr das ist. Wir haben es dann mit einer klar
zweckzentrierten Motivation auf rationaler Grundlage zu tun. Sie hat für
Diagnostik, Beratung und Intervention den Vorteil, dass die Person aus-
kunftsfähig und argumentationszugänglich ist. Von daher lässt sich nach
angemessener Diagnose solcher rationalen Strukturen Motivation dadurch
beeinflussen, dass man nicht erkannte Verknüpfungen zwischen Handlungs-
resultaten und attraktiven Folgen sichtbar macht oder dass man solche Verknüpfungen neu einführt. Auf dieser rationalen Motivationsbasis lassen sich
insbesondere Entscheidungen für oder gegen bestimmte Handlungsalternativen und Ziele vorhersagen (Brunstein, 2003). Die dann nachfolgende
Realisation solcher Entscheidungen wird allerdings noch von anderen motivationalen Faktoren, insbesondere von Tätigkeitsanreizen und Willensprozessen erheblich mit beeinflusst.

**rationale Motivations-
basis**

Bei bewusstseinsfähigen Motivationsstrukturen ergibt sich der Anreiz eines
erzielbaren Handlungsergebnisses meist aus seinen wahrgenommenen Folgen. Von daher macht es Sinn, die erwarteten Folgen und ihre Bewertung
zu erfassen, wenn man solche Motivationsstrukturen für Diagnosezwecke
genauer bestimmen möchte. Allerdings bewegen wir uns bei der Erhebung

**oberflächliche
Anreiz-
bestimmung**

67

solcher zweckrationalen Strukturen auf einer eher oberflächlichen (aber keineswegs irrelevanten!) Ebene. Fragt man nämlich die Person, warum denn eine bestimmte Folge (und evtl. wiederum deren Folge) so erstrebenswert ist, gerät man schnell an Grenzen der Auskunftsfähigkeit. Dabei kann sich die Person entweder auf universell verbindliche Werte berufen (was natürlich auch kein echter Endpunkt ist), oder darauf, dass sie es eben so haben will und dass sie sich gut fühlt, wenn Zustand xy erreicht ist.

Motive als Basis von Anreizen

Spätestens im letzten Fall stoßen wir auf Motivationssysteme, die nicht oder nicht vollständig bewusst sind. In der „klassischen" Motivationspsychologie werden solche Systeme als (implizite) *Motive* bezeichnet und untersucht (Brunstein, 2003; McClelland, Koestner & Weinberger, 1989; Rheinberg, 2002a; 2002b; Schmalt & Sokolowski, 2000). Motive lassen sich als individuell unterschiedliche Bevorzugung bestimmter Anreizklassen verstehen, wobei diese Bevorzugungen als zeitstabile Personmerkmale konzipiert sind. Sie zeigen sich u. a. in einer bevorzugten Wahrnehmung passender Handlungs- und Erlebnischancen und einer erhöhten Ansprechbarkeit durch die passenden Anreize.

Für eine Person mit einem stark ausgeprägten Leistungsmotiv ist es per se wichtig und aktivierend, eine Sache besonders gut oder besser als zuvor zu machen, selbst, wenn ihr nicht ganz klar ist, wozu das nützlich sein soll. Bei Personen mit starkem Machtmotiv kann die Freude an der Einflussnahme und dem Erlebnis der sozialen Wirksamkeit sogar den eigenen (bewussten) Wertüberzeugungen widersprechen. Trotzdem kann der unmittelbar positive Anreiz von Machterlebnissen die Person bei passenden Situationen immer wieder zur Einflussnahme verlocken und sie Dinge tun lassen, die zu ihren Wertvorstellungen und ihrem Selbstbild nicht passen.

begrenzte Selbstwahrnehmung

Basale Motive sind also wichtig, weil sie den konkreten Handlungsergebnissen und ihren Folgen Anreiz verleihen können. Leider macht ihre Erfassung erhebliche Probleme. Wir können uns hier nämlich nur begrenzt auf die Selbstauskünfte der Person verlassen. Noch am ehesten (aber nicht immer!) können wir im konkreten Fall die *Auswirkungen* von einem Motiv registrieren. Wir erfassen dann in einer spezifischen Episode den Anreizwert, den dieses Motiv einem angestrebten Handlungsziel verleiht (s. Abschnitt 6.2). Das Motiv selbst ist als anreizverleihendes System für die Selbstwahrnehmung schwer zugänglich.

Seit langem wird in diesem Bereich deshalb mit den aufwändigen und methodisch suboptimalen *projektiven Verfahren* gearbeitet (s. Abschnitt 6.5). Sie sind inzwischen in der Auswertung weiterentwickelt, und es gibt auch Varianten, bzw. Kompromissformen (z. B. die *Gitter-Technik* von Schmalt, Sokolowski & Langens, 2000; s. Abschnitt 6.6).

68

Gleichwohl bleibt die Erfassung unserer basalen Motive viel schwieriger und aufwändiger als z. B. die Erfassung von Selbstbildern oder bewusst repräsentierten Bewertungen von Objekten oder Ereignissen. Trotz dieser Schwierigkeiten können wir auf die Erhebung solcher Motive nicht verzichten, sofern wir durch die Motivationsdiagnostik mehr erreichen müssen, als die Vorhersage von bewusst getroffenen Entscheidungen in eng umschriebenen Situationen. Geht es allerdings tatsächlich nur um Diagnosen bzw. Prognosen mit Blick auf solche klar definierten Situationen, die der Person zudem gut bekannt sind, so wird man kaum auf solche aufwändigen und etwas unsicheren projektiven Verfahren zurückgreifen. Man wird stattdessen mit Selbstauskunftsdaten (Fragebogen, Interview) oder situationsspezifischen Verhaltensbeobachtungen arbeiten (s. Abschnitt 6.4). *Schwierigkeiten der Motivmessung*

Mit Blick auf Prognosen kommt nämlich eine zweite Schwierigkeit hinzu. Die projektiv erfassten (impliziten) Motive sind relativ allgemeine Systeme. Sie beziehen sich auf breite Klassen von Handlungen und ihre Ergebnisse (z. B. „Leistung" oder „Macht"). Diese Motive müssen aber erst über die passende Situation angeregt werden, damit *aktuelle Motivation* resultiert, die dann das Verhalten beeinflusst (s. Abbildung 1 auf S. 22). Von daher bestimmt auch die Situation stets mit, ob in einer konkreten Handlungsepisode ein zuvor erfasstes Motiv tatsächlich verhaltenswirksam wird. Das macht es auch bei gründlicher Erfassung dieser Motive schwierig, im konkreten Fall Motivationsauswirkungen genau vorherzusagen. Das gilt insbesondere für Situationen, die für die Person wenig Gestaltungsspielraum bieten und stark durch Vorgaben sowie soziale Erwartungen definiert sind. Typische Beispiele sind stark reglementierte Schulunterrichts- oder Berufssituationen, aber auch die meisten Laborexperimente. *notwendige situative Anregung*

Wegen all dieser Schwierigkeiten auf die Erfassung solcher basalen Motive grundsätzlich zu verzichten, wäre die falsche Konsequenz. Man muss nur wissen, in welchem Rahmen hiermit Vorhersagen und Erklärungen möglich sind. Für Kriterien längerfristigen Lebenserfolges beispielsweise haben sich projektiv erfasste basale Motive als relativ gute Prädiktoren erwiesen (McClelland & Franz, 1992). Will man dagegen ganz spezifisch für eine bestimmte Situation die jetzt gerade angeregten Motivationstendenzen erfassen, empfiehlt sich der Einsatz von Verfahren, die zur Erfassung der *aktuellen Motivation* inzwischen entwickelt wurden (s. Abschnitt 6.7). *langfristige Prognosen*

Für eng umschriebene und vertraute Handlungsepisoden kann man die jetzt angestrebten Folgen und ihr Anreizgewicht erfassen. Auf diese Weise kann man speziell für diese eine Situation versuchen, die Motivationsstärke und die Qualität der leitenden Anreize zu bestimmen. Dann bewegt man sich allerdings auf der Ebene von Folgenanreizen, wie sie in konkreter und handlungsnaher Form dem Handelnden zugänglich sind (z. B. „gute Note bekommen", „Vordiplom bestehen"). Auf diese sehr situations- *situationsspezifische Diagnose* spezifische diagnostische Möglichkeit geht der folgende Abschnitt 6.2 kurz ein, bevor es um die generelle Bevorzugung bestimmter Ziele geht (*Zielorientierungen*, Abschnitt 6.3) und um die verschiedenen Möglichkeiten, anreizverleihende *Motive* zu erfassen (Abschnitte 6.4, 6.5 und 6.6). Abschließend werden die Verfahrenstypen einsatzbezogen charakterisiert (Abschnitt 6.8).

6.2 Kontext- und episodenspezifische Anreiz-explorationen: Beispiele für Interviews und adaptierte Fragebögen

6.2.1 Modellgeleitete Anreizinterviews: Verübte Straftat als Beispiel

Will man für einen ganz bestimmten Situationstyp oder Kontext motivationsrelevante Daten erheben und kann sich dabei (noch) nicht auf standardisierte Erhebungsinstrumente stützen, so gibt es verschiedene informelle Möglichkeiten, nutzbare Daten zu erheben. Abschnitt 6.2 gibt zwei Beispiele. Das erste stammt aus der schon einmal angesprochenen Studie von Landscheidt (1995) (vgl. Abschnitt 4.5). In dieser Studie sollte die Motivationsgrundlage einer selbst begangenen Straftat exploriert werden, wobei die Tatmotivation jugendlicher Intensivtäter der Tatmotivation von bislang unbelasteten Berufsschülern gegenübergestellt wurde. Für diese eine Straftat sollte u. a. der Anreizwert des „tatbestandsmäßigen Erfolges" als zweckzentrierte Motivationskomponente erfasst werden. Dies wurde über die vorweggenommenen Folgen der erfolgreich realisierten Straftat rekonstruiert.

Dazu schilderten die Jugendlichen möglichst ausführlich, wie sie bei der Referenzstraftat vorgegangen sind, was sie gedacht und gefühlt haben und was sie mit dem anfangen wollten, das sie durch die Tat erreichen konnten (z. B. mit den gestohlenen oder geraubten Objekten). Kasten 9 zeigt die Struktur des Interview-Leitfadens, den Landscheidt (1995) hierbei verwandt hat.

Exploration zu Folgeanreizen einer Straftat

Zusammen mit weiter erhobenen Interviewdaten zum Tätigkeitsanreiz der Tatausführung und zu Erwartungseinschätzungen lieferte diese Erhebung diagnostisch hochrelevante Informationen. Auch bei gleichem Tattypus ergab sich für die einsitzenden jugendlichen Intensivtäter ein völlig anderes Anreizspektrum und andere Gewichtungen als für die ansonsten unauffälligen Berufsschüler, die sich ebenfalls zu einer selbst verübten Straftat äußerten. So war im Fall von Eigentumsdelikten bei unbelasteten Jugendlichen

70

Kasten 9:
Interviewleitfaden zur Erfassung von Ergebnisfolgen und
ihren Anreizgewichtungen (ILFEE) für eine selbst verübte Straftat
(nach Landscheidt, 1995, S. 81)

A) Folgenexploration

– Was hätte Ihrer Meinung nach anschließend, also nach der Tat,
  geschehen sollen oder können?
– Also, ich möchte nicht wissen, was danach tatsächlich geschehen
  ist, sondern was Sie sich vor der Tat überlegt haben, was danach
  alles geschehen könnte oder sollte.
– Woran haben Sie vor der Tat gedacht?
– Was wollten Sie danach machen?
– Wofür brauchten Sie das?
– Wofür war das wichtig?
– Woran haben Sie noch gedacht, was war Ihnen noch wichtig?
– Gab es vielleicht noch etwas?

B) Anreizgewichtung

Nachdem die einzelnen positiven und negativen Tatfolgen in ein großes,
anschaulich dargebotenes Schema übertragen waren, wurde ihr Anreiz
eingeschätzt. Dazu wurden große Skalen vorgelegt. Sie waren zweige-
teilt und zwar für positive und negative Folgen verschieden.

– Sehen wir uns nun die einzelnen Folgen einmal an: Können Sie für
  die einzelnen Ereignisse angeben, wie gut oder wie schlimm das für
  Sie gewesen wäre?

Folge: „Geld für Luxus" (Beispiel für positive Folge)

egal	eher egal	gut	sehr gut
⓪	①	②	③

Folge: „Jugendarrest" (Beispiel für negative Folge)

egal	eher schlimm	schlimm	sehr schlimm
⓪	①	②	③

Für jede zuvor individuell ermittelte Folge wurde auf diese Weise das
Anreizgewicht aus der Sicht des Täters erfasst. Man erhält so eine hohe
Anpassung der subjektiven Folgenstruktur an den Einzelfall, sichert aber
über die gleichen Anreizskalen die interindividuelle Vergleichbarkeit der
erfassten Anreizwerte.

der hohe Anreizwert eines spezifischen Gegenstandes die Basis der Tatmotivation. Für jugendliche Intensivtäter war dagegen ein breites Spektrum verschiedener Facetten angenehmer Lebensführung wirksam (s. im Einzelnen Landscheidt, 1995, S. 113). Überdies war bei über der Hälfte der Intensivtäter (52,3 % der Fälle) nicht nur die Netto-Anreizbilanz der Tatfolgen (positive minus negative Anreize), sondern auch der unmittelbare Anreiz des Tätigkeitsvollzuges hoch positiv: „Die Tat macht großen Spaß und bringt auch was." Diese hochproblematische Doppelveranlassung der Tat gab es bei den unauffälligen Berufsschülern nur bei einer Minderheit (18,5 % der Fälle) (s. Landscheidt, 1995, S. 92 f.).

Bei einer imaginären Straftat (Einbruchszenario) nennen bei dieser Interviewtechnik 75 % unauffälliger Jugendlicher negative Selbstbewertungsfolgen nach der Tatverübung („schlechtes Gewissen"). Bei den Intensivtätern findet sich das nur in 9,3 % der Fälle. Bei den 86 Intensivtätern gab es lediglich einen Fall (ein Totschlag), dessen Tatmotivation durch ein zu Grunde gelegtes Erwartungs-mal-Wert Modell falsch vorhergesagt worden wäre. 98,8 % der Taten waren modellkompatibel.

Diese und andere Befunde zeigen, dass man im Notfall auch ohne standardisierte Messinstrumente mit theoriegeleiteten Interviews wichtige Motivationsdaten gewinnen kann, die die Motivation für ein aufgetretenes Verhalten rekonstruierbar machen. Allerdings ist bei der hier verwandten Interviewtechnik nichts über die Objektivität und Reliabilität dieser Informationsgewinnung bekannt. Zudem haben wir es mit *nachträglichen* Aussagen zu einem bereits aufgetretenen Verhalten zu tun und nicht etwa mit echten Vorhersagen. Die Trefferquote der Prognose dürfte hier also überschätzt sein.

6.2.2 Episodenspezifische Fragebögen: Vorbereitung auf eine Klassenarbeit als Beispiel

Führt man die Erhebungsmethode des vorherigen Abschnitts weiter, so kann man alle frei genannten Ergebnisfolgen sammeln und auf dieser Grundlage einen Fragebogen erstellen, der dann allen Betroffenen für die jetzt interessierende Episode vorgelegt wird. Diese Methode wurde für die Vorbereitung auf eine anstehende Klassenarbeit entwickelt (Rheinberg, 1989). Dazu wurden in Einzelinterviews in einem ersten Schritt alle Folgen gesammelt, die sich aus der Sicht der Schüler einer Klasse ergeben würden, wenn sie bei einer jetzt anstehenden Klassenarbeit das Ergebnis (die Zensur) schaffen würden, das sie sich vorgenommen haben. Diese Folgen wurden in einem Fragebogen zusammengefasst und allen Schülern der Klasse für die jetzt anstehende Klassenarbeit zur Beurteilung vorgegeben. Beurteilt wurde zum einen, wie sicher sich eine jeweilige Folge

72

ergibt, sofern man das Ergebnis schafft (*Instrumentalität:* „hat damit nichts zu tun" bis „das wird dann ganz sicher so sein"; Fünf-Punkte-Skala). Der *Folgenanreiz* kann auf verschiedenen Skalen beurteilt werden. Als besonders lebensnah erwies sich die folgende *Taschengeldskala* (s. Kasten 10).

Taschengeldskala

Arbeiten mit dieser Erhebungsmethode sind bei Heckhausen und Rheinberg (1980) sowie Rheinberg (1989) berichtet. Da es sich um Erhebungen in je einmaligen Episoden handelt, erübrigt sich die Prüfung der Wiederholungszuverlässigkeit. *Validitätsdaten* liegen vor. Zusammen mit anderen, insbesondere Erwartungsvariablen ließen sich mit den so erfassten Folgenanreizen hohe Trefferquoten bei der Vorhersage des Lernaufwands erzielen, den ein Schüler zur Vorbereitung auf eine Klassenarbeit investiert hat. Die Trefferquoten lagen zwischen 75 % und knapp 100 % (Rheinberg, 1989).

Kasten 10:
Die „Taschengeldskala" zur Erfassung von Folgenanreizen

Taschengeldskala (TGS)

„Diese Folgen können nun verschieden wichtig für dich sein, ganz gleich, ob nun die kommende Klassenarbeit diese Folgen tatsächlich hat oder nicht. Einige Dinge sind dir vielleicht ziemlich gleichgültig, andere wiederum sind dir vielleicht ganz besonders wichtig.

Nimm einmal an, man könnte alle diese Folgen kaufen! *Wie viele Wochen würdest du auf dein Taschengeld verzichten, wenn Du dafür eine bestimmte Folge haben könntest?* Denke gut nach, denn ohne Geld lebt es sich schlecht." (Rheinberg, 1989, S. 50).

Als Antwortmöglichkeit kann man die Zahl der Wochen in ein leeres Kästchen schreiben lassen. Das produziert allerdings mitunter Ausreißerwerte. Von daher empfiehlt es sich, eine Wochenskala vorzugeben (z. B. von 0 bis 10 Wochen).

Einschränkungen

Bei diesen Trefferquoten ist allerdings zu berücksichtigen, dass mit relativ hohem Diagnoseaufwand für eine je einmalige Handlungsepisode vorhergesagt wird. Eine Übertragung der Prognosen auf andere Episoden wurde nicht untersucht. Von daher empfiehlt sich dieses aufwändige Vorgehen in der Praxis nur, wenn es sich um wirklich wichtige einmalige Prognosen handelt oder aber um Prognosen in einer prototypischen Situation, die sich in vergleichbarer Weise wiederholt und von daher den Diagnoseaufwand rechtfertigt.

6.3 Zielorientierung: Die Bevorzugung ausgewählter Ergebnisfolgen beim Lernen

6.3.1 Das theoretische Konstrukt

Vorgabe aus-gewählter Ergebnisfolgen

In den beiden vorherigen Abschnitten wurden die angestrebten Ergebnisfolgen in ihrer ganzen inhaltlichen Breite so erfasst, wie sie aus der Sicht der Person gegeben sind. Dieses explorative und teils qualitative Vorgehen ist nur begrenzt standardisierbar. Von daher gibt es diagnostische Verfahren, bei denen umgrenzte Inhaltskategorien angestrebter Ergebnisfolgen in Fragebogenform vorgegeben werden. Die Befragten geben dann in herkömmlicher Weise durch Ankreuzen an, wie sehr für sie diese vorgegebenen Folgen erstrebenswerte Ziele sind, die aktuell oder im Allgemeinen ihr Verhalten in Lernsituationen anregen und ausrichten.

Lern- vs. Performanz-ziele

Bei diesen vorgegebenen Folgen bzw. Zielen wird insbesondere in Lern- und Leistungskontexten häufig danach unterschieden, ob jemand stärker darauf aus ist, seine Kompetenzen zu steigern *(learning-goal orientation)* oder ob er hier eher die Gelegenheit sieht, eigene Kompetenzen zu demonstrieren bzw. fehlende Kompetenzen zu verbergen *(performance-goal orientation*; Dweck & Leggett, 1988). Eine ähnliche Unterscheidung treffen mit anderen Begriffen Ames und Archer (1988) oder Nicholls (1984).

Sowohl die Lernzielorientierung als auch die Performanzzielorientierung sind auf leistungsthematische Situationsaspekte ausgerichtet. Allerdings unterscheidet sich der Modus des Leistungsvergleichs. Bei der Lernziel-orientierung sieht der Lerner am besten im Längsschnittvergleich mit sich selbst, ob und wie seine Kompetenzen wachsen *(individuelle Bezugsnorm-orientierung)*. Bei der Performanzzielorientierung steht dagegen der Vergleich mit anderen Lernern im Vordergrund *(soziale Bezugsnormorientierung)*. (Zum Konzept der Bezugsnormorientierung s. Rheinberg, 1980; 2001; zu seiner Beziehung zur Zielorientierung s. Dickhäuser und Rheinberg 2003).

Die Attraktivität dieses Konzeptes rührte wohl in erster Linie aus seinen motivationalen Folgen. Im Fall von Misserfolg ist es insbesondere für Lernschwächere günstiger, Lernziele zu verfolgen. Verfolgen diese Lerner nämlich Performanzziele, so zeigt ihnen der Vergleich mit anderen ja gleichbleibend, dass sie ihre Ziele trotz aller Anstrengung nicht erreichen können. Das ruft Hilflosigkeitserleben hervor (Dweck, 1999; Stiensmeier-Pelster, 1988).

Motivationale Vorteile haben sich für die Lernzielorientierung besonders dann zeigen lassen, wenn man diese Zielorientierungen durch die Situationsgestaltung experimentell beeinflusste (z. B. Butler, 1987; Stiensmeier-

74

Pelster, Balke & Schlangen, 1996, Utman, 1997). Abgesehen von solchen experimentellen Eingriffen gibt es aber auch individuelle Unterschiede in der Bereitschaft, von sich aus bestimmte Zielorientierungen zu verfolgen (Spinath & Schöne, 2003). Diese überdauernden individuellen Unterschiede sind für diagnostische Zwecke relevant, weil sie ja dazu führen, dass objektiv gleiche (Lern-)Situationen unterschiedliche Motivationsauswirkungen haben können. individuelle Unterschiede

Allerdings zeigte sich, dass die ursprünglich schlichte Unterscheidung zwischen Lern- und Performanzzielorientierung die empirisch vorfindbaren Sachverhalte nicht angemessen abbildet. Gerade mit Blick auf Leistungskonsequenzen muss man hier nämlich noch zwischen *Annäherungs-* und *Vermeidungs*tendenzen unterscheiden.

Mit Blick auf die Lernzielorientierung scheint die Berücksichtigung dieser beiden Tendenzen nicht ganz so zwingend zu sein und wird nur vereinzelt vorgenommen (z. B. von Elliot & Church, 1997). Das ist anders bei den Performanzzielen. Hier zeigt sich vor allem in konkurrenzorientierten Lernsituationen, dass aufsuchende Performanzziele *(performance-approach goals* = andere übertreffen zu wollen) durchaus günstige Leistungseffekte haben, ohne dass zwangsläufig das Interesse am Lerngegenstand und die Freude am Lernen sinken müssen. Generell ungünstig sind allerdings vermeidende Performanzziele *(performance-avoidance goals* = verschleiern, dass man inkompetent ist). Diese Meidenkomponente hat sowohl ungünstige Leistungs- als auch Motivationseffekte. Annäherungs- und Vermeidungsziele

Insgesamt hat eine Lernzielorientierung günstige Auswirkungen für adaptives Lernverhalten und Lernleistung. Eine Performanzzielorientierung hat durchweg dann ungünstige Auswirkungen, wenn die Meidenkomponente im Vordergrund steht. Ist dagegen die Aufsuchungskomponente der Performanzzielorientierung stark ausgeprägt, so können insbesondere unter objektiven Konkurrenzbedingungen sogar positive Leistungseffekte auftreten (Elliot & Church, 1997; Harackiewicz, Barron, Tauer, Carter & Elliot, 2000; Spinath & Schöne, 2003). Leistungseffekte

6.3.2 SELLMO: Ein standardisiertes Verfahren zur Erfassung der Zielorientierung

Im englischen Sprachraum sind eine Reihe von Fragebögen entwickelt worden, die mit variierenden Akzentsetzungen die habituelle Zielorientierung von Lernern (Schülern, Studenten) erfassen sollen. Zu nennen sind hier u. a. eine Skala, die nach der *Intrinsic vs. Extrinsic Orientation* fragt (Harter, 1981), das *Work Preference Inventory* von Amabile, Hill, Hennessey und Tighe (1991), der *Achievement Goal Questionnaire* von Elliot und Church

(1997), der *Achievement Goal Tendency Fragebogen* von Hayamizu und Weiner (1991) sowie eine Skala zur Erfassung der *Learning and Performance Goal Orientations* von Roedel, Schraw und Plake 1994). Zum Teil liegen dazu deutsche Übersetzungen vor, die aber noch nicht standardisiert wurden.

MOS
Besonders häufig werden die *Motivational Orientation Scales* (MOS von Nicholls, Patashnik & Nolen, 1985) eingesetzt. Deutsche Versionen davon wurden von Balke und Stiensmeier-Pelster (1995) sowie von Köller und Baumert (1998) publiziert. Die MOS wurde kürzlich von Spinath, Stiensmeier-Pelster, Schöne und Dickhäuser (2002) zu den *Skalen zur Erfassung der Lern- und Leistungsmotivation* (SELLMO) weiterentwickelt und normiert. Der SELLMO erfasst mit je einer Skala die Orientierung an *Lernzielen* (8 Items), an *Annäherungs-Performanzzielen* (7 Items) und an *Vermeidungs-Performanzzielen* (8 Items).

SELLMO
Im Manual wird der englische Begriff des *performance goal* mit „Leistungsziel" übersetzt. (Offenbar wurde hier *performance* mit *achievement* gleichgesetzt.) Diese Besonderheit ist zur Vermeidung von Irritationen zu beachten. Schließlich ist ja auch der Wunsch, dazuzulernen und die eigenen Kompetenzen zu steigern ein leistungsthematisches Ziel. Von daher sind sowohl Lern- als auch Performanzziele „Leistungsziele". Sie unterscheiden sich lediglich in der verwendeten Bezugsnorm: Vergleich mit sich selbst (Lernzielorientierung) vs. Vergleich mit anderen (Performanzzielorientierung). Neben den drei Skalen zur Zielorientierung gibt es eine vierte zur *Arbeitsvermeidung* (8 Items). Theoretisch ist diese Skala aber offenbar anders verankert. Neben der normierten Schülerversion (SELLMO-S) gibt es eine nicht normierte Version für Studierende (SELLMO-ST).

Die Items der SELLMO haben den gemeinsamen Item-Stamm: „In der Schule geht es mir darum, …". In den Items wird dann ein jeweiliger Grund zu lernen bzw. ein angestrebtes Ziel spezifiziert. Kasten 11 zeigt den formalen Aufbau des Fragebogens.

Normierung und Skaleneigenschaften
Bei der Schülerversion liegen für die 4. bis 10. Klassenstufe T-Werte und Prozentränge vor (Spinath et al., 2002). Die *internen Konsistenzen* der Skala Lernziele sind befriedigend (Cronbachs α zwischen .75 und .80), die der anderen Skalen sind gut (Cronbachs α zwischen .80 und .90). Die *Stabilität* der Skalen liegt bei einem sechsmonatigen Retest-Intervall zwischen $r_{tt} = .54$ und .63. Allerdings ist auf den unteren Klassenstufen 5 und 6 die Stabilität niedriger, was unter entwicklungspsychologischer Perspektive zu erwarten ist.

Unter *Validitäts*gesichtspunkten zeigen sich bei der Skala Lernziele signifikante, aber schwache Zusammenhänge zur schulischen Selbstwirksamkeit

Kasten 11:
Formale Struktur der SELLMO

In der Schule geht es mir darum, …
12 … komplizierte Dinge zu verstehen. (Beispiel für Lernziel)
02 … zu zeigen, dass ich bei einer Sache gut bin. (Beispiel für Annäherungs-Performanzziel)
10 … dass niemand merkt, wenn ich etwas nicht verstehe (Beispiel für Vermeidungs-Performanzziel)
15 … nicht so schwer zu arbeiten (Beispiel für Arbeitsvermeidung)
Die Antwortskala reicht von 1 (stimmt gar nicht) bis 5 (stimmt genau).

$(r = .28, p < .01)$ und zum Glauben, dass Intelligenz veränderbar sei $(r = .24, p < .01)$. Alle sonst berichteten Korrelationen zu anderen psychologischen Konstrukten sind kleiner als $r = .25$. Die Zusammenhänge zur Schulleistung zeigt Tabelle 1.

(Marginalie: Validitätsbefunde)

Tabelle 1:
Standardisierte Korrelationen zwischen den SELLMO-S Skalen und Schulnoten
(Daten nach Spinath et al., 2002, S. 30).

Orientierung an:	Schulleistungskorrelation	
	minimal	maximal
Lernzielen	−.14	−.32
Annäherungs-Leistungszielen	.04	−.18
Vermeidungs-Leistungszielen	.04	.19
Arbeitsvermeidung	.17	.35

Die standardisierten Korrelationen der Tabelle 1 lassen sich als Effektgrößen interpretieren. Die Noten sind nicht umgepolt. (Niedrigere Werte stehen für bessere Leistung.)

Bewertung. Der SELLMO entspricht unter methodischen Gesichtspunkten diagnostischen Standards. Dass er normiert ist, ist im Bereich von Zielorientierungsskalen eher die Ausnahme. In der Forschung trifft das Verfahren auf eine große Nachfrage, weil dort das Konzept der Zielorientierung seit 15 Jahren eine zunehmende Popularität erlangt hat. Gerade wegen dieser Popularität sollte in der Forschung und erst recht in der Praxis allerdings nicht übersehen werden, dass mit der Zielorientierung lediglich zwei bis vier anreizbesetzte Ergebnisfolgen herausgegriffen und mit besonderer

(Marginalie: Einschränkungen)

Aufmerksamkeit bedacht werden. Daneben gibt es aber viele andere Ergebnisfolgen, um deretwillen man lernen kann (z. B. Rheinberg, 1989; Stöger, 2002).

Für die Praxis sind insbesondere die SELLMO-Skalen *Vermeidungs-Leistungsziele* und *Arbeitsvermeidung* relevant. Sie zeigen Interventionsbedarf an. Dies gilt insbesondere im Fall leistungsschwacher Schüler. Für sie sind bei hohen Werten in beiden Skalen Trainings- bzw. Unterrichtsmaßnahmen angezeigt, die Lerner zur realistischen Zielsetzung und zum Vergleich mit der eigenen Leistung bringen (individuelle Bezugsnormorientierung; Fries, 2002; Rheinberg & Krug, 1999).

Zielorientierung im Sport

Die Skalen zur Zielorientierung sind für schulische bzw. universitäre Lernsituationen formuliert. Natürlich kann die Tendenz, Freude an der Kompetenzsteigerung zu haben vs. auf die Demonstration von Leistungsüberlegenheit aus zu sein, auch in ganz anderen Lebensbereichen zum Tragen kommen. Für den Sportbereich beispielsweise wurde hierzu eine englischsprachige Skala entwickelt (Roberts & Balague, 1991). Inwieweit die Zielorientierung in dem einen Situationskontext Vorhersagen auf einen anderen gestattet *(transsituative Konsistenz)*, ist noch nicht geklärt.

6.4 Fragebögen zur Erfassung motivationaler Selbstbilder

6.4.1 Leistungsmotivationsfragebögen

Die Fragebögen zur Zielorientierung zielen, wie erwähnt, auf zwei bis vier ausgewählte Zielklassen in einem spezifischen Handlungskontext (Lernen in Gruppen). Diese kontextspezifischen Verfahren sind relativ junge Entwicklungen. Schon lange vorher gab es Instrumente, die die Bevorzugung anreizbesetzter Zielzustände auf viel allgemeinerem Niveau erfassen sollten. Gemeint sind Verfahren, mit denen *Motive* gemessen werden. Motive sind als relativ überdauernde Bevorzugung inhaltlich umschreibbarer Anreizklassen gedacht, wobei es individuelle Unterschiede in diesen Bevorzugungen gibt.

Motive

Die inhaltlichen Anreizklassen sind sehr allgemein definiert. Bei der *Leistungsmotivation* geht es um den Anreiz von Erfolg (und Misserfolg) in allen Situationen, in denen man etwas besonders gut, besser als bisher oder besser als andere machen kann. Das sind also Situationen, in denen man Herausforderungen „in der Auseinandersetzung mit einem Gütemaßstab" erleben kann (McClelland, Atkinson, Clark & Lowell, 1953). Dabei kann es sich um wichtige und folgenreiche Dinge handeln, wie z. B. ein gutes Examen zu schaffen oder eine optimale Brückenkonstruktion zu entwickeln. Es kann

Leistungsmotiv

aber auch um objektiv unwichtige Dinge gehen, wie z. B. die eigene Zeit beim Hobbyjoggen zu unterbieten, die Leistung bei einem Computerspiel zu toppen oder den defekten Staubsauger selbst reparieren zu können. Für die ganze Bandbreite solcher Situationen müsste man Vorhersagen machen können, wenn man die Leistungsmotivausprägung einer Person kennt. Damit besteht zumindest vom theoretischen Anspruch ein sehr großer Gültigkeitsbereich. Allerdings sind hier zwei Unterscheidungen zu beachten:

(1) Neben der positiven, erfolgsaufsuchenden Komponente ist eine misserfolgsmeidende Komponente zu berücksichtigen. Im ersten Fall überwiegt der positive Anreiz eines möglichen Erfolgs den negativen eines eventuellen Misserfolgs. Im zweiten Fall ist es umgekehrt. Hier ist die erlebte Bedrohung durch einen möglichen Misserfolg größer als die Freude über einen möglichen Erfolg – selbst, wenn beides gleich wahrscheinlich sein sollte (Atkinson, 1957; Heckhausen, 1963).

Erfolgs-zuversicht vs. Misserfolgs-furcht

Personen mit einem überwiegenden *Misserfolgsmotiv* („Misserfolgsmotivierte") sollten von daher Situationen meiden, in denen Handlungsergebnisse erkennbar nach Gütemaßstäben bewertet werden. Können sie solche Anforderungssituationen wegen wichtiger anderer Folgen (z. B. Schulabschluss, Examen) nicht vermeiden, werden sie die erforderlichen Lern- und Arbeitsaktivitäten als stark belastend erleben. Überwiegt dagegen die erfolgsaufsuchende Komponente des Leistungsmotivs, so sollten gerade solche Situationen anziehend sein, in denen das Handlungsergebnis genaue Rückschlüsse auf den Leistungsstand und die eigene Tüchtigkeit erlaubt. Das sind Anforderungen, die gemessen an der aktuellen Leistungsfähigkeit der Person realistisch (mittelschwer) sind (Atkinson, 1957). Von daher suchen Erfolgszuversichtliche sich bei hinreichenden Freiheitsgraden selbst die Anforderungen, von denen ihre Kompetenzentwicklung am meisten profitiert. Misserfolgsmotivierte haben dagegen die Tendenz, gerade diese Anforderungen zu meiden.

(2) Der zweite Punkt, der zu beachten ist, betrifft die Methode, mit der Motive erfasst werden. Ursprünglich wurden Motive mit projektiven Verfahren (TAT; Murray, 1938; McClelland et al., 1953) gemessen. Darauf geht Abschnitt 6.5 ein. Da diese Messung aufwändig und methodisch suboptimal ist, wurde frühzeitig versucht, Motive über Selbstberichte in Fragebogenform zu erfassen (z. B. Mehrabian, 1968). Erfasst werden dabei Vorlieben sowie motivtypische Erlebnis- und Handlungsweisen in Anforderungssituationen. Es wurde allerdings bald klar, dass diese Fragebögen etwas anderes messen als die projektiven Verfahren (s. Abschnitt 6.5). Sie erfassen selbst zugeschriebene, „explizite" Motive, wie sie sich in der bewussten Selbstwahrnehmung widerspiegeln (Brunstein, 2003; McClelland, Koestner & Weinberger, 1989; Schmalt & Sokolowski, 2000). Man kann sie auch als *motivationale Selbstbilder* bezeichnen (Rheinberg, 2002a; 2002b).

Fragebögen erfassen motivationale Selbstbilder

Diese motivationalen Selbstbilder beeinflussen Verhalten besonders dann, wenn die Person selbstreflexiv und gut überlegt Entscheidungen über Ziele und Handlungsalternativen trifft (Wahlpräferenzen), und wenn eine gut bekannte Situation so vorstrukturiert und über soziale Erwartungen geregelt ist, dass wenig Gestaltungsspielraum bleibt. Solche Situationen können in Ausbildung und Beruf hoch bedeutsam sein, weswegen es mitunter sinnvoll ist, überdauernde Motivationstendenzen per Fragebogen zu erfassen. Man muss dann nur wissen, dass man damit nicht die basalen und über Affekte wirkenden Motive selbst gemessen hat, sondern eben „nur" das Bild, das die Person in diesem Bereich von sich selber hat.

Leistungsmotivationstest L-M-T

Normierung

Beschränkt man sich auf bekanntere Fragebögen, zu denen es eine deutsche Version gibt, so sind vier eigenständige Skalen zu nennen. Der L-M-T von Hermans, Petermann und Zielinski (1978) ist ein *normiertes* Verfahren. *Stanine*-Werte liegen für Schüler im Alter von 16 bis 20 Jahren vor. Der Fragebogen enthält die vier Subskalen *Leistungsstreben* (15 Items), *Ausdauer und Fleiß* (13 Items), *Leistungsfördernde Prüfungsangst* (18 Items) und *Leistungsmindernde Prüfungsangst* (10 Items).

Skalen-
eigenschaften

Für die ersten beiden Skalen werden meist *Konsistenzen* zwischen Cronbachs α = . 60 bis .70, für die beiden letzten Skalen Cronbachs α = .73 bis .85 berichtet. Die *Gesamtreliabilität* der Skala ist mit α = .77 befriedigend (Petermann & Zielinski, 1979). *Validitätsbefunde* sind in Petermann und Zielinski (1979) berichtet. Der L-M-T ist hinreichend dokumentiert in Hermans et al. (1978)

leistungs-
fördernde
Prüfungsangst

Das Verfahren orientiert sich an verschiedenen Teiltheorien, die im Bereich leistungsmotivierten Verhaltens entwickelt wurden (s. im Einzelnen Hermans et al., 1978, sowie Petermann & Zielinski, 1979). Als Besonderheit kann die Aufteilung in eine *leistungsfördernde* und eine *leistungshemmende* *Prüfungsangst*-Komponente gelten. Der L-M-T empfiehlt sich von daher besonders dann, wenn es für Beratungs-, Interventions- und Forschungszwecke darauf ankommt, die beiden prüfungsspezifischen Formen misserfolgsmotivierten Erlebens zu differenzieren.

Leistungsmotivationsinventar LMI

Das zweite *normierte* Fragebogeninstrument zur Leistungsmotivation wurde von Schuler und Prochaska (2001) vor allem für berufliche Anwendungszwecke entwickelt (Eignungsdiagnostik, Personalentwicklung etc.). Das Verfahren ist ab einem Alter von 16 Jahren einsetzbar.

Mit 17 theoretisch recht heterogenen Subskalen (von *Beharrlichkeit* über *Flow* und *Selbstständigkeit* bis zu *Zielsetzung*) werden möglichst viele berufsrelevante Persönlichkeitsmerkmale abgefragt, die etwas mit Leistungsthematik zu tun haben. Ziel des Verfahrens ist es, die motivationalen Prädiktoren beruflicher Leistung zu erfassen – gleichgültig, ob sie theoretisch der Leistungsmotivation zuzuordnen sind oder nicht. Der Untertitel des LMI „Dimensionen berufsbezogener Leistungsorientierung" macht das deutlich.

heterogenes Breitband- verfahren

Die Langversion besteht aus 170 Items (10 pro Subskala). Die *Konsistenzen* dieser Subskalen liegen zwischen Cronbachs $\alpha = .68$ und $.86$. Die *Stabilitäten* liegen bei einem Dreimonatsintervall zwischen $r_{tt} = .66$ und $r_{tt} = .82$. Eine Kurzform mit 30 Items hat eine hohe interne Konsistenz von Cronbachs $\alpha = .94$ und eine Stabilität von $r_{tt} = .78$. Das Verfahren ist hinreichend dokumentiert (Schuler & Prochaska, 2001). Es liegen *Stanine*-Werte sowie Prozentränge vor.

Normierung

Entsprechend seiner Zielsetzung bietet sich das Verfahren insbesondere für die betriebliche Praxis an. Für die theoriegeleitete Forschung wird noch zu klären sein, welche der 17 Subskalen auf diejenigen Konzepte beziehbar sind, die als Leistungsmotivation im engen Sinne verstanden werden und für die entsprechende Hypothesen formuliert werden können.

betriebliche Anwendung

Mehrabian Achievement Risk Preference Scale – MARPS

Dieser Fragebogen von Mehrabian (1968) war der erste, der in der Leistungsmotivationsforschung eine größere Verbreitung fand. Gleichwohl ist er bis heute *nicht normiert*. Mit 26 Items werden Verhaltenstendenzen und Vorlieben erfragt, die für hoch leistungsmotivierte Personen typisch sind (z. B. hoher Anreizwert von Erfolg, realistische Zielsetzung, weite Zeitperspektive, Bevorzugung fähigkeitsabhängiger Aufgaben und Wunsch nach leistungsbezogener Bezahlung). Die Frageninhalte sind eher auf erwachsene und jugendliche Berufstätige zugeschnitten als auf Schüler bzw. Studenten. Über messmethodische Qualitäten der Skala ist wenig bekannt, obwohl sie früher in der Forschung häufiger eingesetzt wurde. Eine deutsche Version wurde von Mikula, Uray und Schwinger (1976) publiziert. Inzwischen wird statt des MARPS häufiger der nachfolgend besprochene AMS eingesetzt.

der erste LM- Fragebogen

Achievement Motive Scale AMS

Dieser ebenfalls *nicht normierte* Fragebogen von Gjesme und Nygard (1970) wird heute in der Forschung häufiger eingesetzt. Die Skala wurde ursprünglich in Norwegisch verfasst und später von Göttert und Kuhl (1980) aus dem Englischen in eine deutsche Version übersetzt. Ein Vorteil der AMS liegt darin, dass er die theoretischen Kerne der erfolgszuversichtlichen Leistungsmotivation (15 Items) und der misserfolgsmeidenden Leistungsmotivation (15 Items) relativ unabhängig von einander thematisiert. Im Besonderen wird

theorie- verankerter Fragebogen

der Anreiz von herausfordernden Aufgaben und Tätigkeiten (*Hoffnung auf Erfolg*, HE) und der erlebten Misserfolgsbedrohung bei solchen Aufgaben (*Furcht vor Misserfolg*, FM) erfasst. Das Verfahren ist also relativ strikt an der Leistungsmotivationskonzeption ausgerichtet, wie sie seit Atkinson (1957) und McClelland et al. (1953) beschrieben ist.

**Skalen-
eigenschaften** Dahme, Jungnickel und Rathje (1993) haben die deutsche AMS-Version analysiert. Danach liegen die internen *Konsistenzen* der HE-Skala meist im Bereich von Cronbachs $\alpha = .70$ bis .85 und der FM-Skala von $\alpha = .80$ bis .90. Die *Stabilität* der FM-Skala beträgt für Schüler bei einem einjährigen Messintervall $r_{tt} = .66$ und ist zufriedenstellend. Die Messwiederholungswerte bei der HE-Subskala waren dagegen signifikant davon abhängig, ob die untersuchten Schüler bei einem besonders wichtigen Wettbewerb („Jugend forscht") zwischenzeitlich Erfolg oder Misserfolg hatten (Dahme et al., 1993).

Vergleichswerte Für die Antwortskala von 1 („trifft überhaupt nicht auf mich zu") bis 4 („trifft genau auf mich zu") werden im Fall der HE-Subskala mittlere Summenwerte von $M = 46.05$ ($SD = 12.90$) und $M = 47.55$ ($SD = 11.25$) berichtet ($N = 567$ Sekundarschüler). Die entsprechenden Mittelwerte für die FM-Subskala lagen bei $M = 31.80$ ($SD = 15.45$) bzw. $M = 29.40$ ($SD = 11.70$). Die HE-Werte einer leistungsmäßig besonders engagierten Schülerstichprobe (Teilnehmer bei „Jugend forscht") lagen mit $M = 49.5$ ($SD = 10.5$) erwartungsgemäß höher, die FM-Werte mit $M = 26.70$ ($SD = 11.70$) entsprechend niedriger als bei Kontrollschülern. Die Skala ist bei Dahme et al. (1993, S. 269 f.) abgedruckt. Eine reine Schülervariante findet sich bei Rheinberg und Krug (1999, S. 194–200). Eine sportspezifische Variante wurde von Elbe, Wenhold und Müller (2003) vorgelegt.

AMS – Kurzskala

**faktorielle
Optimierung** Wegen der nicht immer befriedigenden Lösungsstabilität bei Faktorenanalysen hat Engeser (2004) eine faktoriell optimierte Kurzversion der AMS entwickelt. Sie enthält lediglich 10 Items (5 HE- und 5 FM-Items). Trotz der geringen Itemzahl sind die *Konsistenzen* der Kurzskala befriedigend bis gut und entsprechen denen der Langversion (HE-Skala: Cronbachs α von .70 bis .85, FM-Skala: Cronbachs α von .80 bis .90). Die Kurzskala ist mit der Langversion hoch korreliert (HE-Werte: $r = .95$; FM-Werte: $r = .98$). Anders als die Langversion lieferte die Kurzskala bei Faktorenanalysen verschiedener Datensätze stets eine stabile zweifaktorielle Lösung, die die HE- und FM-Items eindeutig zuordnet. Kasten 12 zeigt diese AMS-Kurzskala nach Engeser (2004)

Die ersten fünf Items werden zum HE-Wert, die letzten fünf zum FM-Wert aufsummiert. Diese HE- bzw. FM-Summenwerte können numerisch jeweils

82

Kurzversion zum Leistungsmotivationsfragebogen (AMS)
von Gjesme und Nygard (1970) nach Engeser (2004)

AMS-Kurzskala

Im Folgenden finden Sie veschiedene Aussagen: Bitte beurteilen Sie, inwieweit diese für Sie persönlich zutreffend sind:

	Trifft gar nicht auf mich zu	Trifft wenig auf mich zu	Trifft überwiegend auf mich zu	Trifft völlig auf mich zu
1. Es macht mir Spaß, an Problemen zu arbeiten, die für mich ein bißchen schwierig sind.	☐	☐	☐	☐
2. Ich mag Situationen, in denen ich feststellen kann, wie gut ich bin.	☐	☐	☐	☐
3. Probleme, die schwierig zu lösen sind, reizen mich.	☐	☐	☐	☐
4. Mich reizen Situationen, in denen ich meine Fähigkeiten testen kann.	☐	☐	☐	☐
5. Ich möchte gern vor eine etwas schwierige Arbeit gestellt werden.	☐	☐	☐	☐
6. Es beunruhigt mich, etwas zu tun, wenn ich nicht sicher bin, dass ich es kann.	☐	☐	☐	☐
7. Auch bei Aufgaben, von denen ich glaube, dass ich sie kann, habe ich Angst zu versagen.	☐	☐	☐	☐
8. Dinge, die etwas schwierig sind, beunruhigen mich.	☐	☐	☐	☐
9. Wenn eine Sache etwas schwierig ist, hoffe ich, dass ich es nicht machen muss, weil ich Angst habe, es nicht zu schaffen.	☐	☐	☐	☐
10. Wenn ich ein Problem nicht sofort verstehe, werde ich ängstlich.	☐	☐	☐	☐

zwischen 5 und 20 variieren. Da sich diese Kurzskala in verschiedenen (noch nicht publizierten) Untersuchungen gut bewährt hat, führt Tabelle 6 im Anhang Vergleichskennwerte für die aufsummierten HE- und FM-Items auf.

Vergleichswerte

Die *Interkorrelation* der HE- und FM-Werte entspricht mit $r = -.32$ bis $r = -.41$ ($p < .01$) den Werten, die für die deutsche Langversion gefunden wurden (Dahme et al., 1993; zur skandinavischen Version s. Christophersen & Rand, 1982).

Validität: Bei einer Studentenstichprobe ($N = 266$) stand die AMS-Kurzskala erwartungsgemäß *nicht* mit projektiven Motivmaßen in Zusammenhang (TAT-Leistungsmotivkennwerte nach Heckhausen, 1963; s. Abschnitt 6.5.3). Mäßige Zusammenhänge zeigten sich dagegen zu einem anderen Fragebogenmaß, nämlich der Subskala Leistungsmotivation des PRF, der im folgenden Abschnitt 6.4.2 besprochen wird (HE: $r = .39$, $p < .01$; FM: $r = -.29$, $p < .01$).

Validitäts-befunde

Mit Blick auf *Außenkriterien* zeigte sich, dass sich bei Schülern mit der AMS-Langversion wohl vorhersagen ließ, ob sie überhaupt in Betracht ziehen, an einem hoch selektiven, öffentlichen Wettbewerb („Jugend forscht") teilzunehmen. *Nicht* vorhersagen ließ sich jedoch, ob sie diese Überlegungen dann ausdauernd verfolgen oder nicht (Dahme et al., 1993). Genau das ist für ein Fragebogenmaß zu erwarten, das ja Auskunft über ein motivationales Selbstbild gibt und dabei die Wirkung affektiver Unterstützungssysteme (implizite Motive) nur ansatzweise oder gar nicht miterfasst (Brunstein, 2003; McClelland et al., 1989; Rheinberg, 2002b; Schmalt & Sokolowski, 2000).

Bei Studierenden, die an der Statistikausbildung in Psychologie teilnahmen, zeigten sich am ehesten Zusammenhänge zwischen der AMS-Kurzfassung und der Überzeugung, dass der Ausbildungserfolg von der eigenen Lernaktivität abhängt. Diese *Handlungs-Ergebnis-Erwartung* korrelierte $r = -.41$ ($p < .01$) mit dem FM-Wert und $r = .26$ ($p < .01$) mit dem HE-Wert der AMS-Kurzskala (Engeser, 2004).

Bewertung: Der AMS von Gjesme und Nygard (1970) eignet sich insbesondere in der aktuellen Kurzfassung für Erhebungen, in denen man ein ökonomisches und theoretisch klar verankertes Verfahren braucht, um die erfolgszuversichtlichen sowie misserfolgsmeidenden Komponenten des Leistungsmotivs so zu erfassen, wie sie in der Selbstwahrnehmung der Person gegeben sind. Zum Zweck individueller Beratung reicht diese Skala zur Leistungsmotivationseinschätzung sicher nicht aus. Dazu wird man differenziertere Verfahren einzusetzen haben, ohne deshalb auf eine solche theorieverankerte Kurzskala ganz verzichten zu müssen. Besonderes Augenmerk ist auf die Diagnose der FM-Komponente zu richten, da hohe FM-Werte maladaptive Meidenstrategien in Lern- und Anforderungssituationen erwarten lassen. Bei hohen FM-Werten sind Motivfördermaßnahmen angezeigt, wie sie z. B. bei Fries (2002) sowie Rheinberg und Krug (1999) beschrieben sind.

Einschrän-kungen

Einschränkung Wie bei allen Fragebögen zu Anreizbevorzugungen (Motiven) muss man sich klar darüber sein, dass man Daten zu motivationalen Selbstbildern erhebt. Von daher kann man eher reflektierte Entscheidungen und kognitive Motivationsvariablen (Erwartungen) vorhersagen, als affektive Variablen und die Realisation von Entscheidungen.

84

6.4.2 Kombinierte Fragebogenverfahren

Diese Einschränkung gilt auch für Fragebögen, die mehrere Motive zugleich erfassen. Ein bekanntes Beispiel ist der PRF.

Personality Research Form PRF

Die deutsche Version der *Personality Research Form* (PRF) von Stumpf, Angleitner, Wieck, Jackson und Beloch-Till (1985) misst mit jeweils 16 Items 14 Bedürfnisse bzw. *needs.* Unter diesen Bedürfnissen ist auch das Leistungsmotiv *(need Achievement)*, das Machtmotiv *(need Dominance)* und das Anschlussmotiv *(need Affiliation).* Die internen Konsistenzen dieser Skalen sind befriedigend bis gut. Der PRF ist normiert *(Stanine*-Werte) und genügt messmethodischen Kriterien. Da das Verfahren häufig eingesetzt wurde, liegt eine breite Literaturbasis vor (s. Stumpf et al., 1985).

Der PRF ist theoretisch in der Persönlichkeitspsychologie von Murray (1938) verankert. Zudem wird gezielt die Nähe zu alltagssprachlichen Motivationsvorstellungen gesucht. Das hat den Vorteil der leichten Kommunizierbarkeit der Testergebnisse. Gemessen an den späteren Weiterentwicklungen im Verständnis der einzelnen Motive (s. Heckhausen, 1989; McClelland, 1985; Rheinberg, 2002b; Schneider & Schmalt, 2000) sind die alltagssprachlich gefassten Murray-Konzepte allerdings etwas undifferenziert.

alltags-sprachliche Konzepte

Zu Recht weist deshalb das Testmanual darauf hin, dass der PRF eher einen breiten Überblick zu relevanten Persönlichkeitsmerkmalen bietet als eine detaillierte Erfassung einzelner Komponenten innerhalb jedes Merkmals. Letzteres ist auch nicht das Ziel des PRF. Wenn also selbstberichtete Grobeinschätzungen zu (mehreren) ausgewählten Motiven genügen, so steht mit dem PRF ein ökonomisches und methodisch ausgereiftes Verfahren zur Verfügung. Insbesondere lässt sich durch den Vergleich zwischen verschiedenen PRF-Subskalen ermitteln, welche Bedürfnisse in der Selbsteinschätzung der Person stärker oder schwächer ausgeprägt sind.

Fragebogen zu Lebenszielen GOALS

Man kann versuchen, die Frage nach dem Anreiz eines jetzt anstehenden Handlungsergebnisses (s. Frage 4, Abbildung 2) auch dadurch zu beantworten, dass man prüft, wie gut die Folgen dieses Ergebnisses zu wichtigen Oberzielen der Person passen bzw. zu deren Erreichung beitragen. Dazu müsste man aber die Oberziele der Person kennen. In der psychologischen Forschung wurden solche Oberziele häufiger erfasst (z. B. Bowi, 1990; Emmons, 1989; Pervin, 1989). Pöhlmann und Brunstein (1997) haben mit dem Fragebogen GOALS ein Instrument entwickelt, das darauf zielt, so genannte *Lebensziele* einer Person in sechs verschiedenen Bereichen standardisiert zu erfassen.

Kasten 13 führt vier dieser Bereiche auf, die motivationstheoretisch verankert sind (McClelland, 1985). Neben diesen vier Bereichen erfasst der GOALS noch die Zielbereiche *Abwechslung* und *Altruismus*. Sie werden in Kasten 13 wegen andersartiger Theorieverankerung nicht berücksichtigt. Die statistischen Kennwerte in Kasten 6.4 beziehen sich auf die Summenwerte der Subskalen (min. 4 bis max. 20).

Kasten 13:
Vier motivational bedeutsame Zielklassen des Lebenszielfragebogens
GOALS von Pöhlmann und Brunstein (1997)

Vergleichswerte zu Lebenszielskalen

Zielklassen	Wichtigkeit		
	M	*SD*	Cronbachs α
Macht Einfluss ausüben können einen hohen sozialen Status besitzen öffentliche Anerkennung erringen prestigereiche Positionen einnehmen	10.92	(3.44)	.85
Leistung mich kontinuierlich fortbilden meinen geistigen Horizont erweitern mich ständig verbessern meine Fähigkeiten weiterentwickeln	16.00	(2.40)	.68
Intimität eine tiefgehende Beziehung haben Zuneigung und Liebe geben vertrauensvolle Beziehungen zu anderen Menschen haben Zuneigung und Liebe erhalten	18.40	(1.72)	.60
Affiliation viel unter Menschen sein einen großen Bekanntenkreis haben viel mit anderen Menschen zusammen unternehmen viele soziale Kontakte haben	14.96	(3.08)	.82

Die Probanden erhalten die Items aus Kasten 13 in zufälliger Reihenfolge mit folgender Anweisung aus Kasten 14.

Mit Blick auf Anreize ist die Einschätzung der *Wichtigkeit* (a) relevant. Von daher führt Kasten 13 für diese Einschätzung Vergleichskennwerte auf, die Pöhlmann und Brunstein (1997) von $N = 159$ Studierenden berichten.

Kasten 14:
Bearbeitungsanweisung zum GOALS-Fragebogen

Auf den folgenden Seiten finden Sie eine Reihe von Zielen, die Menschen in ihrem Leben erreichen und verwirklichen wollen. Wir möchten Sie bitten, jedes Ziel danach zu beurteilen:

(a) *wie wichtig es Ihnen ist, dieses Ziel in Ihrem Leben zu erreichen.* (1 = nicht wichtig bis 5 = sehr wichtig),

(b) *wie gut Ihre Chancen sind, dieses Ziel in Ihrem Leben zu realisieren* (1 = geringe Chancen bis 5 = hohe Chancen),

(c) *wie erfolgreich Sie momentan bei der Verwirklichung dieses Ziels sind* (1 = wenig erfolgreich bis 5 = sehr erfolgreich).

Für die Motivationspsychologie im engeren Sinne sind die Wichtigkeitseinschätzungen des GOALS besonders deshalb relevant, weil sie ein bewusstes und wertbezogenes Pendant zu den impliziten Motiven darstellen, die für die gleichen Inhaltsklassen (Macht, Leistung, Anschluss) intensiv beforscht wurden (s. unten). Sofern man also über Messwerte zu den passenden impliziten Motiven verfügt oder solche erheben will, lassen sich Übereinstimmungen bzw. Diskrepanzen zwischen dem (bewussten) motivationalen Selbstbild im GOALS und den impliziten Motiven (im TAT, s. unten) feststellen. Beispiele für Motivdiskrepanzen wären machtmotivierte Personen, die glauben, anschlussbezogene Lebensziele zu haben oder leistungsmotivierte Personen, die glauben, machtmotivierte Lebensziele zu haben. Solche Diskrepanzen sind mit Blick auf Wohlbefinden und Wirksamkeit der Person bedeutsam, weil sie die Person immer wieder zu selbstbildunpassenden Vorhaben verleiten, bei deren Umsetzungen ihnen dann die Unterstützung durch ihre tatsächlichen Motive fehlt (Brunstein, 2003; Rheinberg, 2002a; 2002b).

Lebensziele und Motive

Für individuelle Beratungszwecke sind unabhängig davon auch die Relationen innerhalb des GOALS-Fragebogens informativ. Hier wird es insbesondere auf das Verhältnis von Wichtigkeit, Realisierbarkeit und aktuellem Fortschritt (s. Kasten 14) in einem bestimmten Lebenszielbereich ankommen und wie das wiederum auf die jetzt anstehenden konkreten Handlungsziele bezogen ist. Allerdings sind für die Individualdiagnose die niedrigen Konsistenzen der Leistungs- und Intimitätsskala ($\alpha = .68$ bzw. .60) problematisch.

Bewertung: PRF und GOALS eignen sich zur *überblickshaften* Feststellung selbst eingeschätzter Bevorzugungen von Bedürfnissen/Motiven, die Handlungsergebnissen Anreiz verleihen. Der PRF ist methodisch unproblematisch, aber konzeptuell eher schlicht. Der GOALS liefert auf ökonomische Weise Kennwerte, die in ihrer Relation zueinander sowie im Verhältnis zu den anders erfassten (impliziten) Motiven im Prinzip besonders aussagekräftig sein können. Für individuelle Beratungszwecke sind jedoch einige niedrige Konsistenzen dieses Verfahrens problematisch.

Einschränkung *(margin note)*

6.5 TAT zur Erfassung basaler (impliziter) Motive

6.5.1 Theoretische Grundlagen

Fragebögen zur Erfassung individueller Motivationsunterschiede setzen voraus, dass sich die Person über ihre Anreizbevorzugungen hinreichend klar ist. Solche kognitiven Selbstschemata werden aktiviert und verhaltensrelevant, wenn sich die Person für anstehende und halbwegs bekannte Situationen überlegt, welches Ziel sie hier wohl (selbst-)passender Weise anstreben sollte und wie sie vernünftigerweise dabei vorgehen müsste. Daneben gibt es aber die „eigentlichen", basalen Motive, mit denen die Motivationsforschung bereits seit McClelland et al. (1953) auf konzeptueller Ebene operiert. Diese basalen (impliziten) Motive sind teils frühkindlich-vorsprachlich erworben. Zudem wird eine genetische Prädisposition vermutet (McClelland, 1985; McClelland et al., 1989; Schneider & Schmalt, 2000). Sie sind im Kern affektiv verankerte Bereitschaften, sich immer wieder von einer bestimmten Klasse von Anreizen ansprechen zu lassen und solche Anreize auch bevorzugt wahrzunehmen. Es gibt erste Hinweise auf neurohormonelle Korrelate dieser impliziten Motive (z. B. Schultheiss & Rohde, 2002).

basale Motive *(margin note)*

Wie bei Schlüsselreizen *(natural incentives)* sprechen diese Systeme auf passende Signale in der Situation an, auch ohne dass das motivationale Selbstbild oder andere „höhere" Beurteilungsprozesse aktiviert sind (McClelland, 1985). *Beispiel:* Bevor man gründlich über den Sinn oder Nutzen eines Engagements nachgedacht hat, kann ein starkes implizites Leistungsmotiv allein schon dadurch angeregt werden, dass man in dieser Situation etwas besonders gut machen kann. Dasselbe kann für misserfolgsmotivierte Befürchtungen gelten. Auch sie können mit der Wahrnehmung von Bewertungsstandards bereits angeregt sein, bevor man sich klar gemacht hat, dass es rational betrachtet hier gar keinen Grund für ernsthafte Versagensängste gibt. Auf diese Weise kann man sich bei entsprechender Motivausprägung immer wieder in motivtypischem Engagement bzw. Abwehraktionen wiederfinden, obwohl man „vernünftigerweise" ganz anders handeln wollte und vielleicht auch sollte.

Die scharfe Gegenüberstellung von bewusstem Selbstbild und den basalen Motiven wird von McClelland schon länger betont (z. B. McClelland, 1985). Sie hat gerade in der jüngeren Forschung an Bedeutung gewonnen (Brunstein, 2003; McClelland et al., 1989; Rheinberg, 2002a; 2002b; Schmalt & Sokolowski, 2000; Schultheiss, 2002). Ein wichtiger Grund für die zunehmende Beachtung der beiden unterschiedlichen Typen von Motivsystemen liegt in den Konsequenzen guter vs. schlechter Übereinstimmung zwischen motivationalem Selbstbild und impliziten Motiven.

Im Fall schlechter Übereinstimmung kann es leicht dazu kommen, dass sich eine Person insbesondere nach „reiflicher Überlegung", d. h. nach intensiven kognitiven Abwägungsprozessen für Ziele und Engagements entscheidet, die zwar zu ihrem Selbstbild, Lebenszielen und Wertüberzeugungen, nicht aber zu ihren basalen (impliziten) Motiven passen. Sie muss dann bei der Verfolgung dieser „wertvollen Ziele" ohne die affektive Unterstützung der basalen Motive auskommen.

Diskrepanz zwischen Motiv und Selbstbild

Ein *Beispiel* wäre eine tatsächlich hoch leistungsmotivierte Person, die sich fälschlicherweise für einflussstark, entscheidungsfreudig und richtungsgebend hält (machtthematisches Selbstbild). Auf der Basis dieser unzutreffenden Selbsteinschätzung ergreift sie die Chance einer Leitungsfunktion, in der sie nicht mehr selber etwas produktiv schaffen, also leistungsthematisch handeln kann. Stattdessen muss sie laufend Managementtätigkeiten, Sitzungen, Mitarbeitergespräche etc. erledigen. Ein starkes implizites Machtmotiv hätte diese neuen Aktivitäten reizvoll machen können. Ohne die affektive Unterstützung durch dieses Motiv wird die Leitungsposition aber unerfreulich. Immer wieder muss diese Person motivunpassende Ziele verfolgen. Deshalb muss sie auf dem Weg zur Zielerreichung sich ständig willensgestützt auf Handlungskurs halten und überwachen. Im Fall guter Übereinstimmung zwischen motivationalem Selbstbild und basalen Motiven ist dagegen die Chance größer, Ziele zu verfolgen, deren Erreichung durch viele motivpassende Zwischenerlebnisse affektiv gestützt werden. Solche Aktionen scheinen dann häufiger wie von selbst, d. h. ohne große Willensanstrengung zu laufen und erzeugen ein höheres Wohlbefinden.

Beispiel Führungsposition

Solche und andere Effekte bei der Verfolgung motiv(un)passender Ziele wurden besonders von Brunstein und Mitarbeitern untersucht (Brunstein, Schultheiss & Grässmann, 1998). Nimmt man hinzu, dass langfristige Vorhersagen von Lebenserfolgskriterien gerade über solche impliziten Motivmaße besser gelingen als mit Fragebögen, wird klar, warum es diagnostisch besonders hilfreich wäre, wenn man die impliziten basalen Motive schnell und zuverlässig erfassen könnte.

6.5.2 Die Technik des TAT-Verfahrens

Gerade hier liegt aber das Problem. Die Erfassung dieser basalen Motive kann sich ja nicht auf Selbsteinschätzungen stützen. Schon zu Beginn heutiger Motivationsforschung wurde deshalb mit der Technik eines *projektiven Messverfahrens*, nämlich des Thematischen Apperzeptionstests (TAT) nach Murray (1938) gearbeitet. Bei diesem Verfahren werden kurz (10–20 Sekunden) Bildvorlagen gezeigt. Unter der Annahme, dass ihre Fantasie getestet würde, produzieren Klienten/Probanden Geschichten zu jeder Bildvorlage (ca. 5 Minuten pro Geschichte).

TAT als Miniatur-Lebenssituation

In den motivationspsychologischen Varianten dieses Verfahrens werden Bildvorlagen eingesetzt, die das zu messende Motiv ansprechen können. Das Verfahren simuliert mit „Miniatur-Lebenssituationen" (Heckhausen, 1960) sozusagen die Wirkungsweise, die Motive auch in echten Lebenssituationen haben: Sie beeinflussen, was bevorzugt wahrgenommen wird und dann als Anreiz für motivtypische Aktivitätssequenzen und Erlebnisqualitäten wirken kann.

Mit einem experimentell entwickelten *Auswertungsschlüssel* lässt sich später feststellen, wie sehr eine Geschichte eine bestimmte Thematik enthält, also z. B. leistungs-, macht- oder anschlussbezogen produziert wurde. Über mehrere (meist sechs) Geschichten hinweg werden die entsprechenden Kennwerte pro Motiv aufsummiert. Sofern die TAT-Geschichten unter neutralen Bedingungen, d. h. nicht in einem besonders angeregten Zustand geschrieben wurden, wird von diesen Summenwerten auf die Motivausprägung der schreibenden Person rückgeschlossen.

Diskussionsstand zum TAT

Die Vor- und Nachteile dieses Verfahrens sind wiederholt und engagiert erörtert worden. Diese Diskussion kann hier nicht aufgegriffen werden. Zusammenfassende Darstellungen finden sich z. B. bei Brunstein (2003), Heckhausen (1960), Kornadt und Zumkley (1982), Langens und Schüler (2003), Schmalt und Sokolowski (2000) oder Schultheiss (2002). Man kann folgende Punkte daraus festhalten:

a) Vom methodischen Ansatz passt der TAT besonders gut zur angenommenen Funktionsweise von impliziten Motiven und ist deshalb zu deren Erfassung *im Prinzip* gut geeignet.

b) Das Verfahren ist allerdings sehr aufwändig, sensibel für aktuelle Situationseinflüsse und schwierig in der Auswertung. Letzteres macht eine längere Auswerterschulung erforderlich.

c) Die Auswertungsobjektivität ist bei motivspezifischen TATs nach Schulung hinreichend hoch; die Retest-Reliabilität ist bei angemessener Anweisung akzeptabel (Lundy, 1988); die interne Konsistenz ist unakzeptabel niedrig, was bei diesem Verfahren aber kein einschlägiges Beurteilungskriterium ist.

d) Zusammenhänge mit thematisch gleichen Fragebögen (z. B. Zusammenhänge zwischen *Fragebogen* zur Leistungsmotivation und *Leistungsmotiv*-TAT) sind nicht zu erwarten und treten auch nur selten auf.

e) Wegen der unklaren Reliabilitätsfrage ist ein TAT-Einsatz zur Individualdiagnose nicht ganz unproblematisch. Er wäre aber besonders hilfreich.

f) Es gibt Versuche, Nachteile des TATs zu mindern, ohne den projektiven Kern des Verfahrens gänzlich aufzugeben (s. Abschnitt 6.6: Die GITTER-Technik).

6.5.3 TAT zur Leistungsmotivation

Im Anschluss an Murray (1938) entwickelten McClelland et al. (1953) ein eigenständiges TAT-Verfahren zur Messung des Leistungsmotivs. Es erfasste allerdings lediglich die aufsuchende Komponente dieses Motivs (Hoffnung auf Erfolg, HE). Furcht vor Misserfolg (FM) wurde in suboptimaler Weise über Fragebögen geschätzt. Eine methodisch adäquate Erfassung beider Motivkomponenten (HE und FM) im TAT wurde von Heckhausen entwickelt. Dieses Verfahren ist in einer Monografie (Heckhausen, 1963) hinreichend dokumentiert. Es gibt drei Bildtafeln, die eher die erfolgszuversichtliche und drei, die eher die misserfolgsmeidende Motivaus-

Heckhausen-TAT

– Was geschieht auf dem Bild?
– Was denken und fühlen die Personen, was wollen sie?
– Wie ist es zu der Situation gekommen – was hat sich vorher zugetragen?
– Wie wird es weitergehen – wie geht alles aus?

Abbildung 4:
Bildtafel und Fragen aus dem Leistungmotiv-TAT von Heckhausen (1963).

richtung anregen sollen. Die Probanden sehen eine Bildtafel 20 Sekunden lang und haben ca. fünf Minuten Zeit, dazu eine Geschichte niederzuschreiben. Abbildung 4 zeigt eines der 6 Bilder.

Kasten 15 zeigt die Inhaltskategorien, nach denen die Geschichten später ausgewertet werden.

Kasten 15:
Auswertungskategorien des Heckhausen-TATs

Auswertungskategorien zu *Hoffnung auf Erfolg* (HE)
– Bedürfnis nach Leistung und Erfolg – Instrumentelle Tätigkeit (ein Ziel zu erreichen) – Erfolgserwartung – Lob – Positiver Gefühlszustand – Erfolgsthema (ist es Hauptthema der Geschichte?)
Auswertungskategorien zu *Furcht vor Misserfolg* (FM)
– Bedürfnis nach Misserfolgsmeidung – Instrumentelle Tätigkeiten, um Misserfolg zu meiden – Tadel – Negativer Gefühlszustand – Misserfolg – Misserfolgsthema (ist es Hauptthema der Geschichte?)

In Heckhausen (1963, S.283–371) finden sich genaue Auswertungsanweisungen sowie ein Trainingsprogramm, das vor der Anwendung dieses Verfahrens unverzichtbar ist. Jedes Mal, wenn eine Unterkategorie in einer Geschichte eindeutig anwendbar ist, wird ein Punkt vergeben. Pro Geschichte wird allerdings jede Unterkategorie höchstens einmal verrechnet. Über alle sechs Geschichten werden die Punktwerte für HE und FM aufsummiert und **Kennwerte** als Maß für die Stärke der erfolgszuversichtlichen und misserfolgsmeidenden Komponente des Leistungsmotivs der Person gewertet (*Hoffnung auf Erfolg = HE* und *Furcht vor Misserfolg = FM*). Dieser Rückschluss von den produzierten Fantasien auf ein überdauerndes Personmerkmal (Motiv) macht nur dann Sinn, wenn man ausschließen kann, dass sich die Person auf Grund aktueller Ereignisse/Stimulation beim Geschichtenschreiben in einem atypischen Zustand befunden hat.

Die Differenz aus dem HE- und FM-Wert gibt als *„Netto-Hoffnung"* (NH) die überwiegende Richtung des Leistungsmotivs der Person an – gleichgültig, ob dieses Motiv bei der Person insgesamt stark oder schwach ausgeprägt ist. Letzteres wird wiederum durch den Wert für *„Gesamtmotivation"* (GM) ausgedrückt. Der GM-Wert ergibt sich aus der Summe von HE und FM. Insbesondere, wenn äquivalente Kennwerte zu anderen Motiven vorliegen (z. B. TAT-Macht oder TAT-Anschluss), kann man über den GM-Wert feststellen, wie sehr die Leistungsthematik überhaupt eine Sichtweise ist, die jemand an Lebens- bzw. Bildsituationen heranträgt.

Geschulte TAT-Auswerter erreichen Übereinstimmungen zwischen $r = .80$ und .90 bzw. Übereinstimmungsgrade > 85 %. Eine *Normierung* des Leistungsmotiv-TATs liegt *nicht* vor. Heckhausen (1963, S. 70) berichtet allerdings *Vergleichskennwerte* (Mittelwerte, Varianzen) aus acht Stichproben von Erwachsenen und Schülern. Geschlechtsspezifische Kennwerte liegen ebenfalls vor (ebenda, S. 72).

Vergleichswerte

6.5.4 Multi-Motiv-TAT von Winter (1991)

Eine einfachere Auswertungsvariante wurde von Winter (1991) entwickelt. Das Winterverfahren verzichtet auf die detaillierte Auswertung von Unterkategorien, wie sie bei McClelland oder Heckhausen vorgenommen wird. Verrechnet wird mit einem elaborierten Schlüssel allein, ob eine vorliegende Aussage einem bestimmten Motivthema zuzurechnen ist oder nicht. Durch die Vereinfachung wird es praktikabel, einen vorliegenden (Geschichten-)Text gleichzeitig nach drei Motivkategorien, nämlich *Leistung*, *Macht* und *Anschluss/Intimität* auszuwerten. Dabei wird jeder Satz bzw. jede abgrenzbare Aussage als Auswertungseinheit aufgefasst.

vereinfachte Auswertung

Leider ist dieser Schlüssel nur als *Arbeitspapier der Universität Michigan* erhältlich. Es gibt zwar deutschsprachige Versionen (z. B. Waschke, 2000), die aber nicht autorisiert sind. Von daher geht dieser Band auf diesen international häufig verwandten Schlüssel nicht ein.

6.5.5 Bewertung des TATs

Wegen des erhöhten Aufwands, der mäßigen Zuverlässigkeit und der nicht immer hinreichenden Dokumentation der Verfahren sind die TAT-Anwendungen bei der Individualdiagnose nicht unproblematisch, sofern der TAT dabei als einzige Informationsquelle herangezogen würde. Im Zusammenwirken mit anderen Informationsquellen (Interviews, Verhaltensdaten) dürften die standardisierten Motivations-TATs aber mindestens so gerechtfertigt sein, wie die weithin eingesetzten Versionen des ursprünglichen Murray-TATs (Murray, 1941). Detailliertere Informationen und Bildtafeln zu motivationsbezogenen TATs finden sich bei Smith (1992). In der Praxis wird man auf den TAT zurückgreifen, wenn man auf motivationspsychologischer Grundlage etwas zu langfristigen Prognosen unter Alltagsbedingungen beitragen will. Trotz der nicht optimalen Messqualitäten erweist

Einschränkungen

sich hier der motivationsbezogene TAT nämlich häufiger valide als Fragebögen (Spangler, 1992; Schultheiss, 2002).

Motivationale
Kompetenz
Im Forschungsbereich erlebt der TAT seit einiger Zeit wieder einen Aufschwung, nachdem die unterschiedlichen Gültigkeitsbereiche von fragebogenerfassten motivationalen Selbstbildern und TAT-erfassten impliziten Motiven zunehmende Aufmerksamkeit finden (Brunstein, 2003). Die Befunde zur Auswirkung von motivkongruenten und inkongruenten Zielen (Brunstein et al., 1998) lassen erwarten, dass die (Nicht-)Übereinstimmung zwischen Selbstbild und impliziten Motiven auch in der Beratungspraxis ein wichtiger Diagnosegegenstand werden wird (s. *Motivationale Kompetenz*, s. Rheinberg, 2002a; 2002b). Aus dem Bereich des Management-Trainings gibt es dazu bereits erste Hinweise (Kehr, 2002).

6.6 Die GITTER-Technik zur Motivmessung

6.6.1 *Die Charakteristik des semiprojektiven Verfahrens*

Fragebögen haben für längerfristige Alltagsprognosen ein Validitätsproblem. Der projektive TAT hat dagegen Probleme bei der Reliabilität und auch bei der Ökonomie. Schmalt (1976) entwickelte deshalb mit der Gitter-Technik eine Motivmessvariante, die als semiprojektives Verfahren die Vorteile beider Verfahren unter Vermeidung ihrer Nachteile nutzt. Bei dieser Technik werden wie beim TAT jeweils Bilder vorgegeben, die die Thematik des zu messenden Motivs enthalten. Statt jetzt Fantasiegeschichten zu schreiben, kreuzt der Proband an, ob eine bereits vorgegebene Aussage auf diese Situation zutrifft oder nicht. Dabei sind diese Aussagen auf das zu messende Motiv bezogen. Für das Leistungsmotiv z. B.: „Er denkt: Ich bin stolz auf mich, weil ich das kann."; für das Anschlussmotiv z. B. „Man ist froh, den anderen getroffen zu haben." Die vollständige Kombination von Bildern x Aussagen ergibt eine Matrix, die einem Gitter ähnlich sieht. Das erklärt die Bezeichnung dieser Technik.

Der Aufbau
des GITTERs
Statt aufwändig geschulter Inhaltsanalyse von Geschichten kann man bei der Auswertung einfach auszählen, wie oft diejenigen Aussagen als zutreffend angekreuzt wurden, die einem bestimmten Motiv (Leistung, Macht, Anschluss) oder einer Motivkomponente (z. B. Furcht vor Misserfolg vs. Hoffnung auf Erfolg) zugeordnet sind. Von daher erreicht diese Technik hinsichtlich der Auswertungsökonomie und der Reliabilität die Werte von Fragebogenverfahren. Gleichwohl werden nicht Selbstberichte zu eigenen Vorlieben und Motivationstendenzen erfragt. Stattdessen wird auf die typische Weise gezielt, wie jemand motivationsrelevante Situationen interpretiert und bewertet. Dieser Prozess geht auch in den TAT ein. Allerdings enthält der

TAT neben diesen reinen Wahrnehmungs- und Interpretationsschritten zusätzlich aktive Prozesse der Fantasieproduktion beim Geschichtenschreiben. Dabei können Wünsche und Befürchtungen zusätzlichen Einfluss auf die Gestaltung der Geschichten haben, den das Gitter dann nicht mehr erfasst.

Verfahrenstechnisch steht das Gitter also zwischen Fragebögen und TAT. Dabei sollen insbesondere die Nachteile beider Verfahren ausgeschaltet werden. Das führt allerdings dazu, dass nicht alle Prozesse erfasst werden können, die der TAT mit abgreift (s. o.). Noch unklar ist, wie viel man dadurch für diagnostische Zwecke verliert. Es sind bislang nämlich kaum Befunde zum Zusammenhang zwischen den per Gitter- und per TAT-Technik erhobenen Motivkennwerten berichtet worden.

Die wenigen publizierten Befunde verweisen auf erwartete, aber schwache Zusammenhänge zwischen beiden Verfahren ($.20 \leq r \leq .29$; Wegge, Quäck & Kleinbeck, 1995). Schmalt findet Zusammenhänge bis $r = .35$ ($p < .01$) (Schmalt, persönliche Mitteilung, August 2003). Zusammenhänge zwischen Gitter-Messwerten und thematisch passenden Fragebögen liegen bei $r = .22$ ($p < .05$) (Schmalt et al., 2000). Danach trifft die Aussage von Schmalt und Sokolowski (2000) wohl zu, dass die Gitter-Technik zwischen Fragebögen und TAT steht. Allerdings sind die Zusammenhänge eher schwach, so dass das Gitter eine deutlich eigenständige Verfahrensvariante darstellt. Wie die vergleichende Übersicht von Schmalt und Sokolowski (2000) zu Validitätsbefunden zeigt, steht im Fall des Leistungsmotivs das Gitter von seiner prognostischen Leistung näher am validitätsstarken TAT als am validitätsschwächeren MARPS (Mehrabian, 1968; s. Abschnitt 6.4.1).

Zusammenhang Gitter mit TAT

6.6.2 Das LM-Gitter

Die Gitter-Technik zur Motivmessung wurde von Schmalt zunächst auf die Erfassung des Leistungsmotivs angewandt (Schmalt, 1976; 1999). Dieses Verfahren ist für Kinder im Alter von 9 bis 16 Jahren konzipiert. In der *Langfassung* werden 18 Bilder mit leistungsthematischen Handlungssituationen vorgegeben, die der Lebenswelt von Schülern entstammen. Unter jedem Bild stehen 18 Aussagen. 14 davon sind leistungsthematisch (erfolgszuversichtlich und misserfolgsängstlich) und vier sind Füllitems. Kasten 16 zeigt als Beispiel eine der Bildvorlagen sowie die Aussagen, die in der aktuellen *Kurzfassung* des LM-Gitters (LMG) (Schmalt, 2004) enthalten sind.

Die Probanden kreuzen eine Aussage an, wenn diese Gedanken, Ziele, Befürchtungen etc. aus ihrer Sicht zu diesem Bild passen. Durch Aufsummieren der Ankreuzungen werden drei faktorenanalytisch basierte Kennwerte gebildet, die ebenfalls im Kasten 16 dargestellt sind.

Kasten 16:
Beispiel für die Kurzfassung des LMG nach Schmalt (1976, 2004)

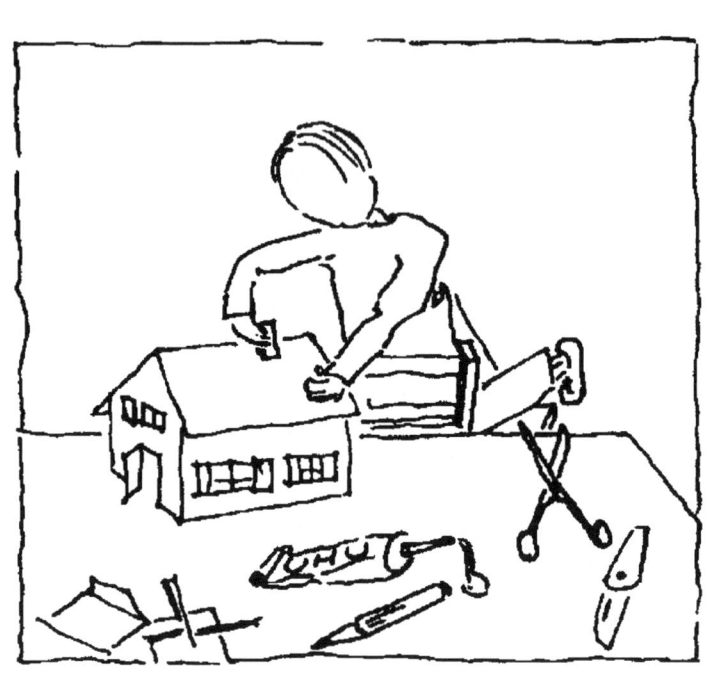

Aussagen und Zuordnungen

Er denkt: „Ich bin stolz auf mich, weil ich das kann." (HE)
Er denkt: „Ich will das mal können." (HE)
Er denkt: „Wenn das schwierig ist, versuche ich das bestimmt länger als andere." (HE)

Er ist unzufrieden mit dem, was er kann (FMp)
Er will lieber gar nichts tun. (FMp)
Er denkt, er kann das nicht (FMp)

Er denkt: „Ob auch nichts falsch ist?" (FMa)
Er hat Angst, dass er dabei etwas falsch machen könnte. (FMa)
Er will nichts verkehrt machen. (FMa)

**erfasste Motiv-
komponenten**

HE: Hoffnung auf Erfolg
FMp: Furcht vor Misserfolg *passiv*
          (vormals: FM 1-Konzept mangelnder eigener Fähigkcit)
FMa: Furcht vor Misserfolg *aktiv*
          (vormals: FM 2-Furcht vor Misserfolg)

96

Der HE-Wert entspricht der aufsuchenden Komponente des Leistungsmotivs, wie sie theoretisch auch dem TAT oder dem AMS (s. o.) unterliegt. Die misserfolgsmeidende Komponente ist aufgespalten in eine passive, die in Form störender Gedanken leistungsbeeinträchtigend wirkt *(FMp)*. Die aktive FM-Komponente *(FMa)* ist eher emotionaler Natur und beschreibt die Tendenz, durch gesteigertes Engagement Misserfolg meiden zu wollen (Gray, 1987). Diese FM-Komponente muss also nicht leistungsbeeinträchtigend sein. Konzeptuell könnte hier eine Parallele zu der Aufspaltung der Prüfungsangst im L-M-T vorliegen (Hermans et al., 1978; Elliot, 1997; s. hierzu Abschnitt 6.4.1).

Das LM-Gitter ist in der Langfassung gut dokumentiert (Schmalt, 1976; 1999; 2003), genügt methodischen Standards und ist normiert (*Stanine*- und T-Normen). Eine größere Zahl von *Validitätsbefunden* findet sich bei Schmalt (2003) sowie Schmalt und Sokolowski (2000). Analog zum LM-Gitter wurde nachfolgend ein Gitter zur Messung des *Machtmotivs* (Schmalt, 1979) sowie des *Anschlussmotivs* (Sokolowski, 1992) entwickelt. Beide Verfahren sind allerdings nicht normiert. **Normierung und Validität**

6.6.3 Das Multi-Motiv-Gitter MMG

Bei dem MMG werden 14 alltägliche Situationen vorgelegt. Zu jedem Bild gibt es einen Satz motivationsbezogener Aussagen. Anders als beim LM-Gitter, wechseln je nach dargestellter Situation die vorgegebenen Aussagen. Die Auswahl der Situationen erfolgte empiriegeleitet. Neben der einschlägigen Thematik wurden die Situationen auch nach ihrer Mehrdeutigkeit (Ambiguität) ausgewählt: ob sie nämlich nur ein einziges Thema ansprechen (niedrige Ambiguität), zwei von den drei Themenbereichen (mittlere Ambiguität) oder alle drei Themen gleichermaßen (hohe Ambiguität). Auch die Auswahl der Aussagen war empiriegeleitet. Sie orientierte sich an der Fähigkeit des Gesamttestes, möglichst deutlich zwischen Personen mit einer hohen vs. niedrigen Motivausprägung trennen zu können (s. Sokolowski, Schmalt, Langens & Puca, 2000, p. 130). **Konstruktions- strategie**

Der Proband gibt durch Ankreuzen an, ob eine Aussage auf die dargestellte Situation zutrifft oder nicht. Diese Ankreuzungen werden zu sechs Kennwerten aufsummiert. Kasten 17 führt die damit erfassten Motivkomponenten auf. Pro Komponente gibt es 12 Aussagen, die sich unterschiedlich auf die 14 Bildsituationen verteilen.

Die internen *Konsistenzen* sind mit Cronbachs α von .61 bis .76 mäßig bis befriedigend. Das ist mit Blick auf den gekürzten Aussagensatz (nur 12 Aussagen pro Kennwert, verteilt auf 14 Situationen) aber akzeptabel. Mit einer 15-minütigen Bearbeitungszeit ist dieses (semi-)projektive Verfahren zur **Skaleneigen- schaften und Normierung**

97

Erfassung von drei Motiven *hoch ökonomisch*. Das Verfahren ist *normiert* (Prozenträge und T-Normen, die auch geschlechtsspezifisch angegeben sind). Neben einer Papierversion gibt es eine *computergestützte Version* (Schmalt, Sokolowski & Langens, 2001).

**Validitäts-
befunde** Befunde zur *Validität* des MMG liegen sowohl aus der laborexperimentellen Forschung als auch aus der Feldforschung vor. Insbesondere Befunde zu Berufswünschen und subjektiven Erfolgschancen von Studierenden (Abele, Andrä & Schute, 1999), aber auch Befunde aus dem Managementbereich (zusammenfassend: Sokolowski & Kehr, 1999) lassen erwarten, dass das MMG sich auch für die Personalberatung und Organisationsentwicklung eignet.

Kasten 17:
Die sechs Motivkomponenten des MMG von Schmalt et al. (2000)

Anschlussmotiv
– Hoffnung auf Anschluss – Furcht vor Zurückweisung
Leistungsmotiv
– Hoffnung auf Erfolg – Furcht vor Misserfolg
Machtmotiv
– Hoffnung auf Kontrolle – Furcht vor Kontrollverlust

Bewertung: Mit dem LM-Gitter und dem MMG liegen zwei normierte und gut dokumentierte Routineverfahren zur Motivmessung vor. Beim LM-Gitter erscheint besonders die aktuelle Kurzversion (10 Bilder mit je 6 Aussagen; Schmalt, 2004) attraktiv, weil dieses Verfahren ohne Reliabilitätsverlust deutlich ökonomisiert wurde. Allerdings liegen für diese Kurzfassung noch keine Normen vor.

**Einschrän-
kungen** Noch nicht ganz geklärt ist die Frage, inwieweit die Gittertechnik implizite Motive in gleicher „Breite" oder „Tiefe" erfasst, wie die aufwändigeren TAT-Verfahren. In beiden Fällen werden die Prozesse der Bearbeitung über Bilder angeregt, die einen schnellen Zugriff auf motivations- und emotionsrelevante Bewertungsstrukturen zulassen. Beim Gitter fehlt dann aber die aktive Weiterführung und Gestaltung von Fantasien, wie sie beim TAT typischerweise auftritt. Offensichtlich ist diese aktive Produktion eine eigene Varianzquelle, denn die wenigen berichteten Korrelationen zwischen TAT und

98

MMG (Wegge et al., 1995) sind zwar in erwarteter Richtung, aber schwach. Gleichwohl sprechen insbesondere die erwähnten Validitätsbefunde unter Alltagsbedingungen (Abele et al., 1999) dafür, dass auch das MMG solche Vorhersagen gestattet, die ein Maß für implizite Motive leisten sollte.

6.7 Ein Fragebogen zur aktuellen Motivation (FAM)

In den vorangegangenen Abschnitten wurden Verfahren beschrieben, die überdauernde motivationale Personmerkmale, das heißt Motive, erfassen. Sie gestatten Vorhersagen für eine Vielzahl von Situationen, die das Motiv anregen. Voraussetzung für die Verhaltenswirksamkeit eines Motivs ist allerdings, dass die Situation dieses Motiv tatsächlich angeregt hat (s. Abbildung 1, S. 22). So etwas kann man häufig nach genauer Anreizanalyse einer Situation unterstellen. Allerdings sind solche Unterstellungen nicht frei von Fehlern.

Kommt es auf eine möglichst genaue Erfassung von motivationalen Einflussfaktoren an, so kann man deshalb versuchen, statt der überdauernden *Motive* gleich die hier und jetzt *angeregte Motivation* zu erfassen. So etwas macht insbesondere im Forschungsbereich Sinn, wenn man zum Beispiel genauer bestimmen will, auf welchen Vermittlungspfaden sich Motivationsvariablen beim Lernen auf den erzielten Lernzuwachs auswirken. Für solche Situationen haben Rheinberg, Vollmeyer und Burns (2001) den *Fragebogen zur Erfassung der aktuellen Motivation* (FAM) entwickelt.

state vs. trait Messung

Bei komplexen Lernaufgaben hat es sich gezeigt, dass vier motivationsrelevante Einschätzungen zur anstehenden Aufgabe durchgängig unterscheidbar sind (s. Kasten 18). Die erste Skala *Erfolgswahrscheinlichkeit* betrifft die Erwartungsseite des Lern- und Leistungsgeschehens. Sie würde in das nächste Kapitel 7 zu Wirksamkeitserwartungen gehören. Die Skala *Herausforderung* erfasst, ob die anstehende Lernaufgabe überhaupt leistungsthematisch aufgefasst wird, also das Leistungsmotiv angeregt hat. *Misserfolgsbefürchtung* betrifft das angeregte Misserfolgsmotiv. *Interesse* schließlich erfasst, in wieweit der Aufgabeninhalt einen Anreiz zum Lernen bietet.

Da hier die situativ angeregte Motivation und nicht etwa Motive erfasst werden, ergeben sich erwartungsgemäß verschiedene Mittelwerte, je nach dem, welche Aufgabe bzw. welche Situationskontexte vorgegeben werden. Vergleichskennwerte für verschiedene Aufgaben sind bei Rheinberg et al. (2001) in Tabelle 2 dokumentiert. Die *internen Konsistenzen* liegen im Fall der Skala *Herausforderung* im Mittel bei Cronbachs α um .70. Bei den drei anderen Skalen liegen sie im Mittel bei $\alpha > .75$. Hinsichtlich der

Vergleichswerte

Kasten 18:
Vier Dimensionen aktueller Motivation in Lern- und Leistungssituationen
mit Beispiel-Items aus dem FAM

Erfolgswahrscheinlichkeit
Item 2: „Ich glaube, den Schwierigkeiten dieser Aufgabe gewachsen zu sein."
Herausforderung
Item 15: „Wenn ich die Aufgabe schaffe, werde ich schon ein wenig stolz auf meine Tüchtigkeit sein."
Misserfolgsbefürchtung
Item 16: „Wenn ich an die Aufgabe denke, bin ich etwas beunruhigt."
Interesse
Item 17: „Eine solche Ausgabe würde ich auch in meiner Freizeit bearbeiten."

**Skalen-
eigenschaften**

Validität sind eine Reihe von Befunden zu Lernprozessen und Lernleistungen publiziert. Sie zeigen, dass der FAM Motivationskomponenten erfasst, die für je aktuelle Lern- und Leistungssituationen relevant sind und Vorhersagen gestatten (zusammenfassend Rheinberg et al., 2001; Vollmeyer & Rheinberg, 2003).

**Validitäts-
befunde**

Theoretisch interessant ist der Befund, dass bei geringer Erfahrung mit einer Lernaufgabe das situations*un*spezifische Personmerkmal Leistungsmotiv die besten Leistungsvorhersagen gestattet (LM-Gitter von Schmalt, 1976; s. Abschnitt 6.6.2). Haben die Lerner aber konkrete Aufgabenerfahrung gesammelt, so ermöglichen die FAM-Faktoren *Herausforderung* und *Interesse* die besseren Leistungsprognosen (s. Schmalt, 2003, Abb. 4).

Bewertung: Der FAM empfiehlt sich als *Forschungsinstrument* für Fragestellungen, die dem Motivationseinfluss in experimentellen oder in schulischen Lernsituationen nachgehen. Erfasst wird die Motivation einer Person in einer bestimmten Situation. Im *Beratungs- und Interventionskontext* lässt sich der FAM besonders zur Veränderungsmessung einsetzen. Man kann dann nämlich genauer feststellen, in welcher Weise sich die aktuelle Lernmotivation einer Person verändert. Insbesondere lässt sich damit auf standardisierte Weise ermitteln, welche Aufgaben/Lernsituationen für eine Person motivational problematisch sind. Weiterhin kann man aus FAM-Messwiederholungen Informationen gewinnen, welche Aufgaben- bzw. Situationsmerkmale bei einer Person zu einem Motivationswechsel führen. Solche

Informationen helfen in Fällen, in denen man eine Intervention/Beratung situationsspezifisch ansetzen will und dabei individuelle Reaktionsmuster nutzen möchte.

6.8 Bewertung und Ausblick

Kapitel 6 behandelte unterschiedlichste Möglichkeiten, die Anreizseite angestrebter Handlungsergebnisse direkt oder indirekt zu erfassen. Die direkte Erfassung, wie sie zu Kapitelbeginn beschrieben wird, lässt sich *kurzfristig* für jetzt anstehende bekannte Situationen einsetzen oder für bekannte Handlungsgelegenheiten, die routinemäßig wiederkehren. Aber selbst bei dieser Einschränkung muss man wissen, dass man dabei Bewertungen nur auf der Ebene rationaler Beurteilungen erfasst. Insbesondere bei Personen, deren Selbsteinschätzungen im Widerspruch zu ihren eigenen impliziten Motivausprägungen stehen, kann beim Bemühen, die als wertvoll erachteten Ergebnisse/Ziele zu erreichen, die affektive Unterstützung fehlen. Typischerweise kann sich die Person dann trotz aller Anstrengung über die Zielerreichung nicht richtig freuen und erlebt auch den Weg zum Ziel als mühsam und willensfordernd (Rheinberg, 2002a, 2002b; Sokolowski, 1993).

Kommt es in diesem Punkt auf eine genaue Diagnose an, so muss man versuchen, neben der Bewertung aktueller Ziele möglichst zuverlässige Informationen zu den impliziten Motiven der Person zu bekommen. Zurzeit muss man sich hierbei immer noch auf die aufwändige und nicht ganz befriedigende TAT-Technik stützen. Ersatzweise kann man die Gitter-Technik einsetzen, ohne aber ganz sicher zu sein, welche Anteile von impliziten Motivsystemen man damit dann genau erfasst hat.

Motivationsmessung auf mehreren Ebenen

Will man *langfristige* Motivationsprognosen für freigestaltbare Lebenssituationen machen (z. B. Berufskarrieren), so wird man auf die Erfassung impliziter Motive ohnehin nicht verzichten können. Alternative Erfassungstechniken, wie z. B. der IAT (Brunstein & Schmitt, in press) oder die computergestützte Messung von Worterkennungslatenzen bei motivtypischen Wörtern (Eichstaedt & Scheffer, 2004), sind noch in den ersten Entwicklungsstadien.

7 Erreichbarkeit von Handlungsergebnissen: Wirksamkeitserwartungen und Fähigkeitseinschätzungen

7.1 Theoretische Annahmen

Attraktive Ergebnisse können (nur) dann motivational wirksam werden, wenn sie durch eigenes Handeln erreichbar sind. Das ist die Grundannahme nahezu aller Erwartungs-mal-Wert-Theorien. *Frage 5* unseres Diagnoseschemas in Abbildung 2 zielt genau auf diesen Punkt. Erscheint der Person ein gewünschtes Ergebnis durch eigenes Handeln nicht erreichbar, so haben wir es mit dem Motivationsproblem des *Wirksamkeitsdefizits* zu tun. Sofern eine hier einschlägige Aktivität nicht schon per se Spaß macht ("spontane Aktivität") oder aber durch andere Personen erzwungen werden kann ("fremdkontrollierte Aktivität"), so wird sich die Person nicht engagieren. Von daher ist es wichtig, neben einer anreizbezogenen Diagnose auch Wirksamkeitserwartungen und ihre Determinanten zu erfassen. Darum geht es in Kapitel 7.

Wirksamkeitsdefizit

Die Erwartung, durch eigenes Handeln ein bestimmtes Ergebnis erreichen zu können, lässt sich rekonstruieren als Vergleich zwischen den Anforderungen, die die Ergebniserreichung stellt und den Kompetenzen, die ich auf diesem Gebiet zu besitzen glaube. Dieser Abgleich zwischen Anforderungen und Fähigkeiten findet sich in unterschiedlichsten Theorien wieder, so insbesondere bei Heider (1958), aber auch bei Lazarus und Folkman (1984), Krampen (1987), Meyer (1984) oder Heckhausen und Rheinberg (1980).

Abgleich von Fähigkeit und Anforderung

Wenn sich Realisationserwartungen auf diese Weise rekonstruieren *lassen*, heißt das natürlich nicht, dass sie aktualgenetisch auch tatsächlich so entstehen. Für Routinesituationen sind die Realisationschancen der hier anstehenden Aktionen mit der Wahrnehmung der Situation meist schon unmittelbar gegeben – quasi aus dem episodischen Gedächtnis geliefert. Wer Kaffee kochen will, muss keinen Anforderungs-Fähigkeitsabgleich bemühen, um sicher sein zu können, dass seine Realisationschancen für das angestrebte Handlungsergebnis (Kaffee) hinreichend hoch sind. Er weiß es einfach.

Bei neuen Aufgaben kann das anders aussehen. Hier wäre ein gründlich bedachter Abgleich von Anforderungen und eigener Fähigkeit sinnvoll.

Allerdings gibt es gerade hier das Problem, dass man meist noch wenig über die neue Aufgabe und seine diesbezüglichen Fähigkeiten weiß. Von daher kann es allenfalls zu Grobeinschätzungen kommen. Mit zunehmender Unsicherheit der Anforderungseinschätzung kommen *generellere Überzeugungen* zum Tragen, dass man auf diesem Gebiet oder „im Leben überhaupt" mit Anforderungen meist fertig werden kann – oder nicht (Bandura, 1986; Krampen, 1987; Rotter, 1966).

generelle
Wirksamkeits-
überzeugungen

Solche sehr basalen und relativ stabilen Erwartungshaltungen werden als *allgemeine Selbstwirksamkeitserwartungen* bezeichnet (Jerusalem, 1984; 1990; Krampen, 1987; Schwarzer, 1987). Der in diesem Kontext häufig benutzte Begriff der *self-efficacy* (Bandura, 1986) wird hier nicht verwandt, weil hier die Beziehung zwischen theoretisch Beschriebenem und methodisch Erfasstem nicht immer ganz klar ist. (Zur kritischen Diskussion der Abgrenzung zwischen den Begriffen Erfolgserwartung, *self-efficacy* und *outcome expectancy* vgl. Jerusalem, 1990, S. 39 f. sowie Rheinberg, 2002b, S. 139–143.)

Wir benutzen hier den deutschen Begriff der Selbstwirksamkeitserwartung und meinen damit die Überzeugung der Person, auf Grund eigener Kompetenzen mit unterschiedlichen Anforderungen in ihrem Leben erfolgreich umgehen zu können (vgl. Jerusalem, 1990; Schwarzer, 1987). Personen mit hohen allgemeinen Selbstwirksamkeitserwartungen engagieren sich bei anspruchsvollen Projekten auch dann, wenn sie noch nicht in allen Einzelheiten wissen, was sie dabei alles erledigen und können müssen. Von daher werden sie sich in ihrem Leben eher mit anspruchsvollen „Trainingschancen" versorgen, sich gelegentlich aber auch überfordern. Personen mit geringen allgemeinen Selbstwirksamkeitserwartungen werden bei unklaren Anforderungen eine Meidentendenz zeigen und damit „Trainingschancen" für ihre Kompetenzentwicklung ungenützt lassen. Sie entgehen allerdings auch der Gefahr von Überforderung.

Zur Herkunft von Selbstwirksamkeitserwartungen werden verschiedene Quellen vermutet (Bandura, 1986; Jerusalem, 1990; Schwarzer, 1987). Insbesondere sind hier die eigenen Vorerfahrungen mit neuen Anforderungen zu nennen, die natürlich ihrerseits von den damaligen Selbstwirksamkeitserwartungen mitbedingt sind. Theoretisch sind von daher auch Beziehungen zur erfolgszuversichtlichen Komponente des Leistungsmotivs erwartbar. Erfolgszuversichtliche Personen haben die Tendenz, sich herausfordernde Aufgaben zu suchen, bei denen der Handlungsausgang von ihnen selbst abhängt. Genau das sind Erfahrungen, die auf Dauer eine hohe, aber realistische Selbstwirksamkeitserwartung fördern.

Selbstkonzept

Will man eine *stabile Grundlage* von Selbstwirksamkeitserwartungen im Leistungsbereich diagnostizieren, so bieten sich *Fähigkeitsselbstbilder* an. Sie sind sozusagen der strukturelle Niederschlag, den Erlebnisse eigener

104

(Un-)Wirksamkeit in verschiedenen Situationen zeitüberdauernd hinterlassen haben (Bong & Skaalvik, 2003).

Für die Motivationsdiagnose ergeben sich also drei Ebenen, die je nach Diagnosezweck gewählt werden können: (1) die Ebene der *aktuellen Erfolgserwartungen* in einer spezifischen Situation. Diese Ebene genügt, wenn man nur für diese eine Situation mit ihren bekannten Anforderungen vorhersagen oder intervenieren will. Auf dieser Ebene kann man auch ganz verhaltensnah die individuelle Bevorzugung von Erfolgsrisiken erheben. (2) Will man dagegen für neue und/oder unklare Situationen vorhersagen, so wird die Ebene der allgemeineren Einschätzungen relevant. Hier kann man die *allgemeine Selbstwirksamkeitseinschätzung* gänzlich unspezifiziert („im Leben überhaupt") oder aber bereichsspezifisch (in der Schule, im sozialen Bereich etc.) erfassen. (3) Die dritte Ebene sind dann die stabilen *Selbstkonzepte eigener Fähigkeit*. Aus ihnen lassen sich Erfolgs- und Wirksamkeitserwartungen ableiten, sofern die Person bei der Erwartungsbildung ein hinreichendes Maß an Selbstreflexivität aufweist und ihre Erwartungen nicht einfach auf Grund automatisierter Realisationsgewissheiten bildet (Krampen, 1987; 1991). Zu jeder Ebene werden im Folgenden Beispiele für Erhebungsinstrumente gegeben.

drei Diagnose- ebenen

7.2 Erfassung aktueller Erfolgserwartung (AE)

Wenn es wichtig ist, für eine jetzt anstehende oder routinemäßig wiederkehrende Handlungssituation vorherzusagen, so kann man mit Kurzskalen arbeiten, die in der einschlägigen Forschung verwandt werden. Kasten 19 gibt ein Beispiel für die Erfassung von Erfolgswahrscheinlichkeiten in schulischen Leistungssituationen.

Bewertung: Kasten 19 ist nur eine von vielen Möglichkeiten, Erfolgswahrscheinlichkeiten ab der Klassenstufe 5 abzufragen (vgl. Rheinberg, 1989). Da Wahrscheinlichkeiten ein recht abstraktes Konzept sind, mit dem auch manche Erwachsene noch Schwierigkeiten haben, wurden zusätzlich die fünf Zwischenpunkte verbalisiert.

7.3 Erfassung bevorzugter Erfolgswahrscheinlichkeiten (Zielsetzung im Labyrinthspiel, ZS-L)

Bei wiederholter Bearbeitung kann man Erfolgswahrscheinlichkeiten auch danach schätzen, was jemand bei dieser Aufgabe bislang geschafft hat. Diese Möglichkeit hat sich die Anspruchsniveauforschung schon frühzeitig zu Nutze gemacht (Hoppe, 1930). Man kann nämlich aus dem Vergleich zwischen einem neuen Ziel *(Anspruchsniveau)* mit dem gerade geschafften sehen, welche Erfolgsrisiken eine Person bei solchen Aufgaben bevorzugt. In diesem bevorzugten Erfolgsrisiko gibt es individuelle Unterschiede, die im Zusammenhang mit der Richtung des Leistungsmotivs der Person stehen (Atkinson, 1957; Schneider, 1973). Heckhausen (1963) hat diese Unterschiede dazu herangezogen, um seinen TAT-Schlüssel zur Erfassung des Leistungsmotivs zu validieren (s. Kapitel 6.5.3).

Kasten 19:
Beispiel für die Erfassung von Erfolgswahrscheinlichkeiten
bei Klassenarbeiten

Welche Note hast du dir für die nächste Mathematikarbeit als Ziel vorgenommen? Trage sie bitte in dieses Kästchen ein.

Mein Ziel ist eine ☐

Wie sicher bist du dir, dass dir das tatsächlich gelingt? Für wie wahrscheinlich hältst du das?

Du siehst unten eine Skala von ⓪ bis ⑩⑩. Wenn jemand absolut sicher ist, dass er seine Note schafft, so ist er sich zu hundert Prozent sicher. Er würde deshalb den Kreis ⑩⑩ ankreuzen. Wenn jemandem völlig klar ist, dass er diese Note *nicht* schafft, so ist seine Chance für diese Note Null und er würde den Kreis ⓪ ankreuzen. Dazwischen kann man jetzt abstufen, für wie wahrscheinlich man es hält, dass man seine angestrebte Note schafft.

Kreuze jetzt bitte auf dieser Skala an, zu wie viel Prozent du dir sicher bist, dass du die Note tatsächlich schaffst, die du dir als Ziel vorgenommen hast.

Ich denke, diese Note schaffe ich:

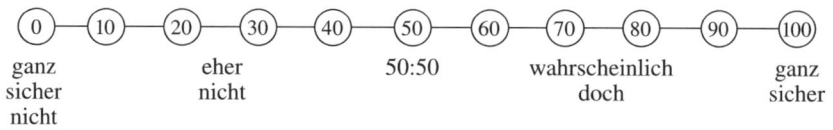

(Wahrscheinlichkeit, dass ich die Note schaffe.)

Will man die Bevorzugungen von Erfolgsrisiken nicht nur im Selbstbericht (Fragebogen), sondern auch direkt und verhaltensnah erfassen, so kann man die Zielsetzung einer Person unter geeigneten Bedingungen registrieren. Dazu braucht man eine Serie gleicher Aufgaben, die nebeneinander auf einem Blatt so angeordnet sind, dass man das gerade erzielte Resultat und die jetzt anstehenden Aufgaben vor Augen hat. Abbildung 5 zeigt als Beispiel Labyrinthe, die mit dem Bleistift in 30 Sekunden zu durchlaufen sind. Man kann sie ankündigen als „Testverfahren, mit dem die individuelle Fähigkeit zur psychomotorischen Koordination und schnellen Wahrnehmung gemessen wird." (s. Auszug in Abbildung 5)

Nach einem ersten Probedurchlauf legt die Person ihr Ziel für den nächsten Durchgang fest. Mit ihrem gerade erzielten Resultat vor Augen macht sie dazu einen dicken Querstrich durch das neue Labyrinth. Dieser Strich markiert die Stelle, bis zu der sie im neuen Durchgang kommen will. Nach Durchlaufen dieses Durchgangs wird ein Ziel für den nächsten gesetzt u.s.w.

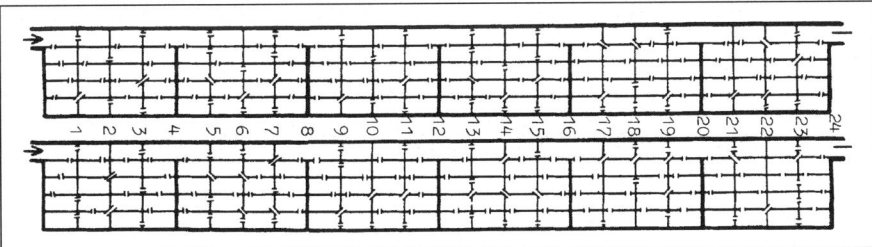

Abbildung 5:
Das „Labyrinthspiel" als verhaltensnaher Indikator für bevorzugte Erfolgsrisiken
(Auszug um 90° gedreht)

Bei 11 Durchläufen liegen 11 erzielte Ergebnisse und 10 neue Zielsetzungen vor. Man bestimmt jetzt die 10 Differenzen: *neues Ziel minus gerade erreichte Leistung*. Das ergibt die so genannte *Zieldiskrepanz*. Sie zeigt sehr verhaltensnah, ob jemand sogar bei Aufgaben ohne gewichtige Misserfolgskonsequenzen „auf Sicherheit geht", also hohe Erfolgswahrscheinlichkeiten bevorzugt. In diesem Fall ergeben sich deutlich *negative* Zieldiskrepanzen, d. h. das neue Ziel liegt meist tiefer als das zuletzt erreichte. „Deutlich tiefer" meint bei dem dargestellten Labyrinth-Beispiel eine mittlere Differenz pro Durchgang von mindestens minus 1.5. Bei dieser defensiven Zielsetzungsstrategie treten häufig *atypische Anspruchsniveauabsenkungen* auf: Nach Erfolg (= das gesetzte Ziel wurde erreicht) wird das neue Ziel nicht erhöht, sondern gesenkt!

Um im Bereich realistischer Herausforderungen zu bleiben, müsste man in der Regel nach Erfolg aber das Niveau zumindest halten oder etwas anheben. Diese offensive Zielsetzungsstrategie findet sich insgesamt auch häufiger (z. B. Heckhausen, 1963). Sie zeigt sich in ausgeglichenen bis leicht positiven Zieldiskrepanzen (im Labyrinthbeispiel um Null bis plus 2.0 im Mittel pro Durchgang). Es treten häufig *typische Anspruchsniveauverschie-*

bungen auf (nach Erfolg wird das neue Ziel erhöht, nach Misserfolg leicht gesenkt). Deutlich höhere Zieldiskrepanzen verweisen aber wieder auf eine ungünstige Strategie. Diese Bevorzugung ganz unrealistisch hoher Standards mit viel zu geringer Erfolgswahrscheinlichkeit verweist nach Heckhausen (1963) auf ein „konflikthaftes Leistungsmotivationsgeschehen" (hohe Gesamtmotivationsstärke bei dominanter Misserfolgsbefürchtung).

Bewertung: Man kann diese und ähnliche Verhaltensdaten zur zusätzlichen Absicherung der Leistungsmotivdiagnose mit anderen Verfahren heranziehen (vgl. Kapitel 6.4 bis 6.6). Nach Heckhausen (1963) empfiehlt es sich dazu, die Daten im Einzelversuch zu erheben. Man kann dieses Verfahren aber auch unabhängig von der Leistungsmotivdiagnose benutzen, um verhaltensnahe Indikatoren für Zielsetzungsstrategien zu gewinnen, die ungünstig für die Entwicklung hoher Selbstwirksamkeitserwartungen und eines realistisch-positiven Selbstkonzeptes eigener Fähigkeit sind. Hoch negative Zieldiskrepanzen bei unterschiedlichen Aufgaben können ein zusätzliches Kriterium dafür sein, an einem Training zur realistischen Zielsetzung teilzunehmen. In solchen Trainings werden die hier beschriebenen Zielsetzungsmaße als abhängiges Maß für Trainingserfolg herangezogen (z. B. Fries, 2002; Lund, Rheinberg & Gladasch, 2001; Rheinberg & Krug, 1999). In diesen Trainings finden sich auch weitere Spielvarianten, die dort aber als Trainingsmaterial verwandt werden.

Einschränkungen

Obwohl die systematische Erhebung von Zielsetzungen und bevorzugten Risiken schon lange und intensiv untersucht wurde (z. B. Hoppe, 1930; Schneider, 1973), liegen bislang keine Vergleichsdaten aus größeren Stichproben vor. Die oben für das Labyrinthspiel genannte Zahl von 1.5 bzw. 2.0 Zieldiskrepanz-Punkten ist ein Anhaltswert, dem $N = 200$ Studierende zu Grunde liegen. Trotz dieses deutlichen Mangels wird dieses Verfahren hier erwähnt, um das Übergewicht der selbstberichtbasierten Motivationsdiagnostik (Fragebögen) in diesem Bereich etwas abzuschwächen.

7.4 Die Erfassung von Selbstwirksamkeitserwartungen

7.4.1 Allgemeine Selbstwirksamkeitserwartung

Wer mittlere Erfolgsrisiken bevorzugt und seine neuen Ziele leicht oberhalb des gerade Geschafften setzt, versorgt sich selbst mit Anforderungen, die seine Kompetenzentwicklung fördern. Zudem verschafft man sich so häufig spannende Situationen, in denen noch unsicher ist, ob man etwas schafft oder nicht. Allerdings sind solche Unsicherheiten nur so lange attraktiv, wie man glaubt, auch bei einem Misserfolg in neuen Anläufen letztlich doch erfolgreich zu sein.

108

Solche finalen Erfolgsgewissheiten können sich aus den bisherigen Erfahrungen mit dieser konkreten Aufgabe herleiten. Sie sind dann rational begründet und können je nach Aufgabendomäne verschieden sein: „In Englisch schaffe ich auch Sachen, die kaum zu machen sind, in Mathe brauche ich es gar nicht erst zu versuchen." Aber auch ohne spezifische Vorerfahrung gibt es so etwas wie ein generelles Zutrauen, mit den anstehenden Anforderungen irgendwie schon fertig zu werden – oder eben nicht. Solche generalisierten Überzeugungen nennt man *allgemeine Selbstwirksamkeitserwartung* (Bandura, 1977; Jerusalem, 1990; Schwarzer, 2000).

generalisierte Überzeugungen

Jerusalem und Schwarzer (1981, 2003) haben eine Kurzskala entwickelt, die mit lediglich 10 Items solche generalisierten Überzeugungen zur Selbstwirksamkeit erfasst (siehe Kasten 20).

Kasten 20:
Skala zur Erfassung der Allgemeinen Selbstwirksamkeitserwartung
(WIRKALL_r) nach Jerusalem und Schwarzer (1981; 2003)

Hier geht es um deine persönlichen Einschätzungen und Gefühle.
Bitte kreuze das Kästchen an, das am ehesten zutrifft!

①	②	③	④
Trifft nicht zu	Trifft kaum zu	Trifft eher zu	Trifft genau zu

1. Wenn sich Widerstände auftun, finde ich Mittel und Wege, mich durchzusetzen. ① ② ③ ④
2. Die Lösung schwieriger Probleme gelingt mir immer, wenn ich mich darum bemühe. ① ② ③ ④
3. Es bereitet mir keine Schwierigkeiten, meine Absichten und Ziele zu verwirklichen. ① ② ③ ④
4. In unerwarteten Situationen weiß ich immer, wie ich mich verhalten soll. ① ② ③ ④
5. Auch bei überraschenden Ereignissen glaube ich, dass ich gut mit ihnen zurechtkommen werde. ① ② ③ ④
6. Schwierigkeiten sehe ich gelassen entgegen, weil ich meinen Fähigkeiten immer vertrauen kann. ① ② ③ ④
7. Was auch immer passiert, ich werde schon klarkommen. ① ② ③ ④
8. Für jedes Problem kann ich eine Lösung finden. ① ② ③ ④
9. Wenn eine neue Sache auf mich zukommt, weiß ich, wie ich damit umgehen kann. ① ② ③ ④
10. Wenn ein Problem auftaucht, kann ich es aus eigener Kraft meistern. ① ② ③ ④

Die Skala ist in 29 Sprachen übersetzt. Sie ist inzwischen normiert (T-Normen in Jerusalem & Schwarzer, 2003). Die *interne Konsistenz* ist mit Werten von Cronbachs α zwischen .78 und .79 befriedigend bis gut. Für Schüler der Sekundarstufe I ($N > 3000$) werden mittlere Summenwerte von $M = 29.30$ ($SD = 4.20$) und $M = 29.70$ ($SD = 4.00$) berichtet. Bei Lehrern ($N > 260$) werden Mittelwerte zwischen $M = 28.30$ ($SD = 5.00$) und 29.40 ($SD = 3.90$) angegeben. Die *Stabilität* beträgt bei einer Messwiederholung nach einem Jahr $r_{tt} = .74$ und nach zwei Jahren $r_{tt} = .64$. Das ist für einen 10 Item Fragebogen ein relativ hoher Wert.

Zur *Validität* werden mittlere bis starke Zusammenhänge ($.50 \leq r \leq .75$, $p < .01$) zu einer Reihe anderer Selbstberichtskalen berichtet. Danach geht eine hohe allgemeine Selbstwirksamkeitserwartung damit einher, dass man berufliche und andere Anforderungen positiv als Herausforderungen erlebt, statt sie als stress- und burnout-erzeugende Bedrohung zu beklagen (Jerusalem & Schwarzer, 2003).

Neben dieser allgemeinen Selbstwirksamkeitserwartung wurden bereichsspezifische Skalen zur Erfassung von Wirksamkeitserwartungen entwickelt: Skala zur *Schulbezogenen Wirksamkeitserwartung* (7 Items, $\alpha = .70$), zur *Selbstwirksamkeitserwartung im Umgang mit sozialen Anforderungen* (8 Items, $\alpha = .56$) oder zur *Lehrer-Selbstwirksamkeitserwartung* (10 Items, $\alpha = .80$). Die Korrelationen dieser bereichsspezifischen Wirksamkeitserwartungen mit der allgemeinen Wirksamkeitserwartung liegen zwischen $r = .72$ und .81 (Jerusalem & Schwarzer, 2003). Wir haben es also mit starken Zusammenhängen zwischen den Selbstberichten auf allgemeiner und bereichsspezifischer Ebene zu tun.

7.4.2 Fragebogen zur Kompetenz- und Kontrollüberzeugung (FKK)

Die in Abschnitt 7.4 dargestellte Skala zur allgemeinen Selbstwirksamkeitserwartung ist ein eher globales, gleichwohl hinreichend homogenes Verfahren, um zu erfassen, wie gut jemand glaubt, die Anforderungen seines Lebens meistern zu können. Eine solche Grundüberzeugung kann man theoretisch auch noch ausdifferenzieren bzw. in verschiedene Komponenten zerlegen.

Zwei häufig verwandte Fragebögen zu Kontrollüberzeugungen, nämlich der IPC (Krampen, 1981) und der FKK (Krampen, 1991), sind schon im Ansatz auf die Erfassung theoretisch trennbarer Komponenten angelegt. Beide Verfahren sind *normiert* (T-Werte, Prozentrang- und *Stanine*-Werte). Der hoch konsistente frühere IPC-Fragebogen ist wegen seiner breiten internationalen Verwendung gut für kulturvergleichende Studien geeignet.

Ansonsten ist er aber im deutschen Sprachraum inzwischen durch den aktuelleren Fragebogen zur Kompetenz- und Kontrollüberzeugung (FKK) ersetzt (Krampen, pers. Mitteilung Juli 2003). Von daher beschränkt sich hier die Darstellung auf den FKK.

Die FKK-Skala basiert als Weiterentwicklung der IPC-Skala auf Rotters Unterscheidung zwischen *internal vs. external control of reinforcement* (Rotter, 1966, 1984). Es geht also um die Überzeugung einer Person, ob die bedeutsamen Ereignisse in ihrem Leben von ihr selbst beeinflusst werden können (internale Kontrollüberzeugung) oder von äußeren Faktoren bestimmt werden (externale Kontrollüberzeugung). Bei der externalen Kontrollüberzeugung erwies es sich dann als günstig, zwischen dem Glauben an eine *soziale Fremdbestimmtheit* und an eine *schicksalhafte bzw. zufallsabhängige Bestimmtheit* wichtiger Lebensereignisse zu unterscheiden (Levenson, 1974).

Im Rückgriff auf seine *handlungstheoretische Persönlichkeitstheorie* verankert Krampen (1987) diese Überzeugungen in einem allgemeinen Handlungsmodell, wie es in der Motivationspsychologie von Heckhausen (1977) als „Erweitertes Kognitives Motivationsmodell" vorgeschlagen wurde.

Die zwei externalen und eine internale Kontrollüberzeugung beziehen sich auf generalisierte Annahmen, inwieweit eigenes Handeln oder aber andere Personen bzw. der Zufall die Erreichung angestrebter Ergebnisse bestimmen. Daneben führt Krampen (1991) als vierte Komponente ein, ob ich glaube, dass mir in entscheidenden Situationen überhaupt die passenden Handlungen zur Verfügung stehen, die dann die erwünschten Ereignisse bewirken könnten. Diese Erwartung wird als *Kompetenzüberzeugung* bezeichnet. Auf der Ebene von Persönlichkeitskonstrukten werden diese Kompetenzüberzeugungen als Selbstkonzept eigener Fähigkeiten erfasst (Krampen, 1991). Kasten 21 führt die vier Unterskalen des FKK samt Beispielitems und internen *Konsistenzen* (Cronbachs α) auf.

Die 32 Items des FKK werden auf sechsfach gestuften Skalen beantwortet („Die Aussage ist für mich sehr falsch" bis „… sehr richtig"). Der FKK ist ab 16 Jahren einsetzbar. Die vier Primärskalen aus Kasten 21 können im Bedarfsfall zu zwei Sekundärskalen zusammengefasst werden. Die Summe aus den Skalen (1) Selbstkonzept und (2) Internalität ergibt einen Wert für Selbstwirksamkeit (generalisierte Selbstwirksamkeitsüberzeugung). Auf theoretischer Ebene entspricht diese Skala dem Selbstwirksamkeitsfragebogen (WIRKALL-r) von Jerusalem und Schwarzer (2003), der im Abschnitt 7.4.1 beschrieben wurde. Die Summe aus den FKK-Skalen (3) Soziale Externalität und (4) Fatalistische Externalität ergibt einen Wert für Externalität (generalisierte Externalität in Kontrollüberzeugungen). Man könnte quasi als Tertiärskala jetzt noch die Differenz aus den beiden

Sekundärskalen bilden. Sie würde eine Art generalisierte Internalität vs. Externalität ausdrücken. Von diesem Schritt rät der Autor aus theoretischen wie methodischen Gründen ab.

Die deutsche Version des FKK ist bei Krampen (1991) hinreichend dokumentiert. Zum Zweck internationaler Vergleichsuntersuchungen wurde eine englische Version entwickelt (I-SSE; Greve, Anderson & Krampen, 2001).

Validitäts-befunde Zur *Validität* des FKK werden eine Reihe erwarteter Zusammenhänge zu anderen Selbstberichtskalen berichtet. Es gibt allerdings auch signifikante Zusammenhänge zu analogen Fremdeinschätzungen durch den Lebenspartner ($.36 \leq r \leq .46$; Krampen 1991, S.52). Bei Schülern korrelierte das Ausmaß an Selbstwirksamkeit leicht mit einer vorteilhaften Wahrnehmung des Klassenklimas (maximal $r = .28$, $p < .01$). Bei deutschen Sekundarschülern fand sich ein schwacher Zusammenhang zur Schulleistung ($r = .22$, $p < .01$; Greve et al., 2001).

Kasten 21:
Die vier Primärskalen des FKK nach Krampen (1991)

Selbstkonzept eigener Fähigkeit (SK)
(8 Items; Cronbachs $\alpha = .76$) Beispielitem 28: „Auch in schwierigen Situationen fallen mir immer viele Handlungsalternativen ein."
Internalität (I)
(8 Items; Cronbachs $\alpha = .70$) Beispielitem 27: „Wenn ich bekomme, was ich will, so ist das immer eine Folge meiner Anstrengung und meines persönlichen Einsatzes."
Soziale Externalität (P)
(8 Items; Cronbachs $\alpha = .73$) Beispielitem 14: „Mein Leben und Alltag werden in vielen Bereichen von anderen Menschen bestimmt."
Fatalistische Externalität (G)
(8 Items; Cronbachs $\alpha = .75$) Beispielitem 13: „Vieles von dem, was in meinem Leben passiert, hängt vom Zufall ab."

Bewertung: Sowohl der Selbstwirksamkeitsfragebogen (WIRKALL) von Jerusalem und Schwarzer (2003) als auch der FKK von Krampen (1991) erfragen Selbsteinschätzungen. Von daher gelten hier dieselben Einschrän-

kungen, die bei den Skalen zu Anreiz- und Motiverfassungen in Kapitel 6
schon aufgeführt wurden. Im theoretisch klaren Manual des FKK wird auf
diesen Punkt explizit dadurch hingewiesen, dass dieses Verfahren nur dann
Erklärungs- und Prognosewert besitzt, wenn das zu erklärende Verhalten
als *Handlung* rekonstruierbar ist (Krampen, 1991). Es geht also um zielgerichtetes Verhalten, das bewusstseinsfähig und in seinen Ziel-Mittelrela-
tionen kognitiv repräsentiert ist. Wenn man diese Einschränkung beachtet,
wird man für Situationen reflektierter Handlungsveranlassung mit diesen
Selbstwirksamkeitsskalen eine Hilfe besitzen, wenn man verstehen oder
vorhersagen will, ob eine Person zu der Erwartung tendiert, durch eigenes
Handeln erwünschte Ergebnisse erreichen zu können.

Einschrän-
kungen

Ob solche Erwartungstendenzen die Person dann zur Handlung veranlas-
sen, das hängt auch bei aktuell hinreichender Wirksamkeitsüberzeugung
davon ab, ob das fragliche Handlungsergebnis hinreichend attraktiv ist. Von
daher empfiehlt es sich nicht, allein mit Wirksamkeitsskalen Motivations-
vorhersagen machen zu wollen, wenn man die Anreizseite der Handlungssituation nicht kennt (s. Kapitel 6). Dasselbe gilt natürlich auch umgekehrt:
Kenntnisse über die Anreizseite einer Handlungssituation erlauben ohne
Kenntnis der aktuellen Wirksamkeitsannahmen keine Motivationsvorher-
sagen – sofern das Verhalten nicht in sich Spaß macht oder von anderen erzwungen werden kann (s. das Diagnoseschema in Abbildung 2, S. 24).

notwendige
Beachtung von
Anreizen

7.5 Selbstkonzept der intellektuellen Fähigkeiten

7.5.1 *Das theoretische Konzept*

Der eben behandelte FKK enthielt bereits eine Unterskala zum „Selbstkonzept eigener Fähigkeit". Da der Fragebogen möglichst breit einsetzbar
sein soll, bleiben die Domänen unspezifiziert, in denen man Fähigkeiten zu
besitzen glaubt. Es wird stattdessen ganz allgemein von „schwierigen",
„unklaren", „gefährlichen" Situationen gesprochen, in denen man sich als
handlungskompetent erlebt – oder nicht.

Bei der Vorhersage von aktuellen Wirksamkeitserwartungen und Motivationskonsequenzen für spezifische Handlungsfelder begegnet man dann
dem typischen Bandbreiten-Genauigkeits-Dilemma. Domänenunspezifi-
sche Messverfahren sind breit einsetzbar, lassen aber zwangsläufig Besonderheiten unberücksichtigt, die mit einem bestimmten Handlungskontext
oder Anforderungstypen verbunden sind. Von daher ist die Trefferquote
bei Vorhersagen zu Erfolgserwartungen in spezifischen Domänen oder Si-
tuationskontexten eingeschränkt.

Im anderen Extrem könnte man die Person nach ihrer Fähigkeit für die Bearbeitung einer ganz bestimmten Aufgabe in der jetzt gerade vorliegenden Situation fragen. Mit solchen hochspezifischen Fähigkeitseinschätzungen wird man die Korrelation zu den aktuellen Erfolgserwartungen (s. Abschnitt 7.2) hoch treiben können. Damit ist aber kaum etwas an Prognosepotential zu gewinnen. Wir könnten dann nämlich jedes Mal gleich die aktuelle Erfolgserwartung erfragen. Das Attraktive an der Erfassung von Fähigkeitsselbstbildern liegt ja gerade darin, dass man auf ihrer Grundlage theoretisch für mehrere Situationen vorhersagen kann (zum Integrationsniveau von Selbstkonzepten s. Shavelson, Hubner & Stanton, 1976).

Bandbreiten-
Genauigkeits-
Dilemma

Mit Blick auf das Bandbreiten-Genauigkeits-Dilemma gibt es die Möglichkeit, sich auf eine Selbsteinschätzung zu konzentrieren, die für einen besonders wichtigen Lebensbereich relevant ist. Für Kinder und Jugendliche ist einer dieser besonders wichtigen Lebensbereiche die Schule bzw. das Studium. Die hier einschlägige Selbsteinschätzung ist das Selbstkonzept der intellektuellen Fähigkeiten, besser als „Selbstkonzept der Begabung" (SKB) bekannt (Meyer, 1972, 1984). Es bezieht sich auf kognitive Fähigkeiten, die in der „naiven" Psychologie von Schülern und Lehrern als wichtige Ursachen von Lernleistungen in Schule und Studium gesehen werden. Obwohl als „Begabungskonzept" relativ breit, bringt es gegenüber der gänzlich unspezifischen Erfassung eines Konzeptes eigener Fähigkeiten Prognosegewinne. Begabungsselbstkonzeptmaße korrelieren in der Regel mit $r \approx .40$ mit der Schulleistung, während allgemeine Fähigkeitskonzepte nur mit $r \approx .20$ mit Schulleistung korrelieren (Hensford & Hattie, 1982).

Auswirkungen
von Fähigkeits-
konzepten

Dass solche Selbsteinschätzungen nicht nur folgenlose Widerspiegelungen tatsächlich gegebener Kompetenzen sind, zeigt eine Vielzahl an Experimenten. Personen mit einem hohen Begabungsselbstkonzept behalten auch im Angesicht gehäuften Misserfolges ihre Erfolgserwartungen bei und versuchen länger, die fraglichen Aufgaben doch noch zu lösen. Sie schreiben aufgetretene Misserfolge zeitvariablen äußeren Ursachen zu (z. B. Pech). Personen mit einem Konzept schlechter eigener Begabung sehen dagegen eher in einem Fähigkeitsmangel die Ursache aufgetretenen Misserfolgs. Das führt zur schnellen Absenkung der Erfolgswahrscheinlichkeit und zu früherem Aufgeben bei Misserfolgen und Schwierigkeiten.

Im deutschen Sprachraum hat vor allem Meyer die Auswirkungen des Konzeptes von der eigenen Begabung theoretisch gefasst und empirisch untersucht (zusammenfassend Meyer, 1984). Im Zuge dieser Forschung wurde ein häufig benutztes Forschungsinstrument, der SKB-Fragebogen (Meyer, 1972) entwickelt. Obwohl das Kurzverfahren sich in der Forschung als sehr fruchtbar erwiesen hat (zusammenfassend Meyer, 1984; Rheinberg, Vollmeyer & Lehnik, 2000), wurde der SKB nie publiziert. Der folgende Abschnitt beschreibt dieses praktikable Verfahren deshalb soweit, dass man es einsetzen kann.

114

7.5.2 Das Selbstkonzept der Begabung (SKB-Fragebogen)

Der SKB erfasst mit zehn Items schulfachunspezifisch das Bild, das Schüler und Studenten von ihrer geistigen Fähigkeit („Begabung") haben. Neben dieser Selbsteinschätzung enthält der Fragebogen noch sechs Items zur „Furcht vor sozialer Bewertung" und neun Items zur „sozialen Erwünschtheit", auf die wir hier nicht eingehen (s. Engler & Meyer, 1985 sowie Meyer, 1972).

In der ursprünglichen Fassung wurde die Begabungsselbsteinschätzung über dichotome Items erfasst. In der hier berichteten revidierten Fassung wird ein mehrstufiges Antwortformat verwandt. Bei fünf der zehn SKB Items wird direkt ein sozialer Vergleich thematisiert. Hier wird ein fünfstufiges Antwortformat eingesetzt. Die anderen fünf SKB Items erfassen Fähigkeitseinschätzung ohne den Vergleich mit anderen. Diese Items haben ein vierstufiges Antwortformat. Kasten 22 führt die zehn Items des SKB auf.

praktikables Kurzverfahren

Das Ausmaß an Zustimmung wird je nach Antwortformat mit eins bis vier bzw. eins bis fünf verrechnet und über die zehn Items aufsummiert. Der Summenwert kann also zwischen zehn und 45 variieren, wobei höhere Werte auf ein höheres Begabungskonzept verweisen.

Die interne *Konsistenz* der so gebildeten Skala lag bei verschiedenen Stichproben zwischen Cronbachs $\alpha = .79$ bis $\alpha = .82$ und ist befriedigend. Engler und Meyer (1985) berichten geschlechtsspezifische Vergleichskennwerte für drei Stichproben. Da hierzu nur der unpublizierte DFG-Forschungsbericht vorliegt, führt Tabelle 7 im Anhang (S. 168) diese Vergleichskennwerte auf.

Skaleneigenschaften und Vergleichswerte

Bei Studierenden und Berufstätigen liegen die SKB-Werte von Frauen etwa eine halbe Standardabweichung unter denen von Männern. Hinsichtlich der *Validität* gibt es eine Vielzahl experimenteller Befunde, aber auch wichtige Ergebnisse aus dem Bereich Schule und Unterricht (s. Meyer, 1984 sowie Rheinberg, Vollmeyer & Lehnik, 2000). So zeigten sich mäßig positive Zusammenhänge (*r* um .40) zur *Erfolgszuversicht (HE-Wert)* im LM-Gitter von Schmalt (1976; s. Abschnitt 6.6.2) sowie negative Zusammenhänge zur *Lageorientierung nach Misserfolg* (HAKEMP, Kuhl & Kazén, 2003, s. Abschnitt 8.3). Bei der *Ursachenklärung* eigener Leistungen schrieben Personen mit hohen SKB-Werten ihre Erfolge eher ihrer Begabung als dem Glück zu, während es bei Personen mit niedrigeren SKB-Werten genau umgekehrt war, obwohl es keine Unterschiede in den Leistungen beider Personengruppen gab. Wissen Personen nicht genau, wie sie abgeschnitten haben, so werden bei gleicher Leistung die Vermutungen über das eigene Abschneiden mit steigenden SKB-Werten optimistischer. Insgesamt haben Personen mit einem höheren Selbstkonzept der Begabung günstigere Erfolgserwartungen.

Validitätsbefunde

Kasten 22:
Fragebogen zum Selbstkonzept der Begabung (SKB) in der
revidierten Version nach Engler und Meyer (1985)

SKB

In diesem Fragebogen findest du eine Reihe von Fragen, die sich auf
dich und deine Umwelt beziehen. Bei jeder Frage gibt es mehrere Antworten. Kreuze bei jeder Frage bitte immer eine Antwort an, und zwar
diejenige, die auf dich persönlich am besten zutrifft.

Wie hoch sind deine Fähigkeiten im Vergleich zu anderen in deinem Alter?
○ sehr viel   ○ niedriger   ○ gleich   ○ höher   ○ sehr viel
   niedriger   hoch   höher

Wie sicher bist du dir meistens, eine neue Aufgabe zu schaffen?
○ sehr unsicher   ○ unsicher   ○ sicher   ○ sehr sicher

Musst du dich weniger oder mehr anstrengen, um eine schwierige Aufgabe
zu lösen?
○ viel mehr   ○ etwas mehr   ○ genauso wie   ○ etwas weni-   ○ viel weniger
   als andere   als andere   andere   ger als andere   als andere

Hast du das Gefühl, ein Versager zu sein?
○ sehr oft   ○ oft   ○ manchmal   ○ nie

Wie sicher bist du dir bei einer neuen Aufgabe, dass du sie kannst?
○ sehr unsicher   ○ unsicher   ○ sicher   ○ sehr sicher

Kannst du schwierige Aufgaben besser oder schlechter lösen als andere in
deinem Alter?
○ sehr viel   ○ schlechter   ○ genauso gut   ○ besser   ○ sehr viel
   schlechter   besser

Für wie schlau hältst du dich im Vergleich zu anderen in deinem Alter?
○ viel dümmer ○ dümmer   ○ nicht dümmer und ○ etwas   ○ viel schlauer
                              nicht schlauer   schlauer

Könntest du so ziemlich jede Aufgabe lösen, wenn du dich anstrengst und
hinreichend Zeit hast?
○ ganz bestimmt nicht   ○ eher nicht   ○ vielleicht   ○ ganz bestimmt

Wie gut kannst du neue Aufgaben meistens lösen?
○ sehr schlecht   ○ schlecht   ○ gut   ○ sehr gut

Wenn du zusammen mit anderen an einem Test teilnimmst, mit dem eure
Intelligenz festgestellt werden soll, wie würdest du dabei im Vergleich zu den
anderen abschneiden?
○ sehr viel   ○ schlechter   ○ nicht besser und   ○ besser   ○ sehr viel
   schlechter   nicht schlechter   besser

116

Das erklärt auch, warum Personen mit niedrigeren SKB-Werten die Tendenz haben, selbstwertrelevante Leistungsrückmeldungen zu vermeiden, wenn sie können. Das trägt dazu bei, dass sich eine unangemessen niedrige Selbsteinschätzung stabilisieren kann (zusammenfassend Meyer, 1984; Rheinberg et al., 2000).

Im pädagogisch-psychologischen Anwendungsbereich ließen sich mit dem SKB insbesondere *Bezugsgruppen-Effekte* in der Fähigkeitsselbsteinschätzung aufzeigen (Rheinberg & Krug, 1978a). Danach ist die Fähigkeitsselbsteinschätzung von Schülern in leistungsstarken Bezugsgruppen (Schulklassen) ungünstiger als in leistungsschwächeren Bezugsgruppen (vgl. Köller, 2000). Ohne zwischenzeitlichen Schulwechsel sind die SKB-Werte bei Schülern relativ konstant. Jerusalem (1984) berichtet für Fünftklässler Stabilitätskoeffizienten von $r_{tt} = .60$ ($p < .01$) bei einem sechsmonatigen Messwiederholungsintervall. Diese Stabilitäten waren vergleichbar oder höher als die der Schulnoten. Dabei war der Einfluss der SKB-Werte auf nachfolgende (Mathematik-)Leistungen mit $.17 \le r \le .23$ jeweils etwas höher als der Einfluss vorangegangener Noten auf die nachfolgenden SKB-Werte ($.09 \le r \le .19$). Zeitgleiche Korrelationen zwischen dem SKB und Schulleistungen variierten zwischen $.15 \le r \le .26$.

SKB-Auswirkungen eines *motivationsförderlichen Unterrichts* ließen sich erst nach zwei Jahren nachweisen (Jerusalem, 1984; Rheinberg & Peter, 1982). Bereits nach einem Jahr finden sich aber Effekte in einer selbstkonzeptförderlichen Ursachenerklärung (Abnahme in der Begabungsattribution bei Misserfolg; Rheinberg & Peter, 1982). Danach scheinen selbsteinschätzungsrelevante Erklärungsmuster schneller beeinflussbar als die Selbsteinschätzung im SKB. Ist aber die Selbsteinschätzung verändert, so beeinflusst die wiederum spätere Ursachenerklärungen und Erfolgserwartungen.

Der SKB ist als erste deutschsprachige Skala zum Selbstkonzept der Begabung entweder im Original oder in Teilen bzw. mit sprachlichen Variationen in vielen Forschungsprojekten eingesetzt worden (z. B. Fend, 1997; Jerusalem, 1984; Jopt, 1978; Köller, 2000; Rheinberg & Krug, 1978b). Eine Weiterentwicklung bestand darin, dass die Bezugsnormen expliziert wurden, die der Selbsteinschätzung unterlegt werden. Dieses Instrument (SESSKO) wird im nachfolgenden Abschnitt besprochen.

7.5.3 Die Erfassung des schulischen Selbstkonzeptes (SESSKO)

Zur Erfassung spezifischer schulischer Fähigkeitsselbstbilder sind verschiedene Verfahren einsetzbar. In den normierten *Frankfurter Selbstkonzept-Skalen FSKN* (Deusinger, 1986) gibt es eine Subskala für die Selbsteinschätzung der kognitiven Leistungsfähigkeit (SKAL). Neben sozialen Leistungsvergleichen finden sich hier affektive Reaktionen auf leistungsbezogene Sachverhalte. (Ein *Frankfurter Kinder-Selbstkonzept-Inventar FKSI* ist in Vorbereitung.) Der ebenfalls normierte *Fragebogen zum Selbstkonzept 4. bis 6. Klasse* von Wagner (1977) wird in aktuellen Testkatalogen nicht aufgeführt.

Selbstkonzept-skalen

Daneben finden sich einige hinreichend dokumentierte, aber nicht normierte Skalen zur Fähigkeitsselbsteinschätzung von Schülern. Vergleichskennwerte und Konsistenzen von Cronbachs $\alpha \geq .70$ werden z. B. zum *Fähigkeitskonzept Mathematik (FKM)* und *Fähigkeitskonzept Deutsch (FKD)* von Jerusalem (1984) berichtet. Die *Skala zur Erfassung des Selbstkonzeptes schulischer Leistung und Fähigkeit* (SKSLF) von Rost und Lamfuss (1992) ist dagegen schulfachübergreifend und vom Einsatzzweck eine Art Spezifikation des SKB (Meyer, 1972, s. o.) für den schulischen Kontext. Die Korrelation mit dem SKB ist entsprechend hoch ($r = .59$, $p < .01$). Als schulspezifisches Maß korreliert der SKSLF mit $.38 \leq r \leq .40$ etwas höher mit Schulleistungen als der SKB. Wie beim SKB liegen die Mittelwerte weiblicher Personen etwa eine halbe Standardabweichung unter denen von männlichen Personen, weswegen bei Rost und Lamfuss (1992) eine geschlechtsspezifische Dokumentation vorgelegt wird. Zu diesem Fragebogen gibt es mittlerweile eine fachspezifische Weiterentwicklung, die als normiertes Verfahren zurzeit im Druck ist (DISK-Gitter von Rost, Sparfeld und Schilling, 2004).

DISK-Gitter

Üblicherweise werden die Fähigkeitseinschätzungen sowohl in Bezug auf andere Lerner (soziale Bezugsnorm: besser oder schlechter als die Mitschüler) oder mit Blick auf bestimmte Anforderungen (sachliche Bezugsnorm: schaffe ich die gestellten Aufgaben, Prüfungen, neue Anforderungen, etc.) erfasst. Diese Variation der Bezugsnormen erfolgt aber eher unsystematisch. Dies ist bemerkenswert beim SKB, da Meyer auf theoretischer Ebene das Selbstkonzept eigener Fähigkeit ausschließlich an den Vergleich mit anderen Personen (soziale Bezugsnorm) koppelt (Meyer, 1984, S. 24). Gleichwohl enthält der SKB nur zur Hälfte Items, die diesen Vergleich vornehmen. Die andere Hälfte der Items thematisiert überwiegend eine sachliche Bezugsnorm (z. B. „Wie gut kannst du neue Aufgaben meistens lösen?"). Man erkennt die verschiedenen Bezugsnormen auch an dem unterschiedlichen Format der Antwortskala (s. SKB-Items in Kasten 22).

Bezugsnormen und Selbst-einschätzung

Schöne, Dickhäuser, Spinath und Stiensmeier-Pelster (2002) haben kürzlich eine Selbstkonzept-Skala vorgelegt, die die unterliegende Bezugsnorm der Selbsteinschätzung expliziert und systematisch variiert. Dazu wird eine fähigkeitsrelevante Aussage jeweils für die drei Bezugsnormen der Leistungsbewertung (sozial, individuell und sachlich bzw. kriterial) spezifiziert und zudem noch ohne Bezugsnormspezifikation (absolut) vorgegeben. Kasten 23 gibt ein Beispiel.

Kasten 23:

Beispiele zur bezugsnormspezifischen Variation von Items im SESSKO

absolut:	Für die Schule bin ich sehr begabt.
sozial:	Ich denke, ich bin für die Schule begabter als meine MitschülerInnen.
kriterial:	Wenn ich mir angucke, was wir in der Schule können müssen, halte ich mich für sehr begabt.
individuell:	Ich bin für die Schule begabter als früher.

Die Subskala „individuell" ist theoretisch nicht unumstritten (Meyer, 1984). Erfasst werden hier offensichtlich *Veränderungen* in den Fähigkeitsselbsteinschätzungen. Auch eine faktorenanalytische Überprüfung des SESSKO zeigt, dass die Subskala „individuell" sich von den anderen Subskalen abspaltet (Sparfeld, Schilling, Rost & Müller, 2003).

Die bezugsnormspezifizierten Skalen sind mäßig bis stark interkorreliert ($.46 \leq r \leq .63$). Die faktorielle Unabhängigkeit der Subskalen ließ sich nicht durchgängig replizieren (Sparfeld et al., 2003). Die *Konsistenzen* sind mit Cronbachs $\alpha \leq .80$ gut. Die *Stabilität* liegt bei sechsmonatigen Messintervallen im Bereich zwischen $r_{tt} = .59$ bis $r_{tt} = .91$. Die Korrelationen zur Schulleistung sind allesamt signifikant $.18 \leq r \leq .40$, wobei die niedrigsten Korrelationen bei der Subskala „individuell" auftreten. Der SESSKO ist für Schüler der vierten bis zehnten Klassenstufe normiert (Prozentränge und T-Werte). Eine Übersicht der Befunde zur Validität findet sich bei Schöne, Dickhäuser, Spinath und Stiensmeier-Pelster (2003). Insgesamt ist der SESSKO zufriedenstellend dokumentiert.

Skaleneigenschaften und Normierung

Bewertung: Die besprochenen Fragebögen zum Selbstkonzept der eigenen Fähigkeit/Begabung versuchen, den zeitüberdauernden Anteil von je aktuellen Erfolgs- und Wirksamkeitserwartungen zu erfassen. Individuelle Unterschiede in den überdauernden fähigkeitsbezogenen Selbsteinschätzungen werden umso eher verhaltenswirksam, je weniger Erfahrung die Person mit der gerade anstehenden Aufgabe hat.

Je nach benötigter Information wird man bei der Diagnose eher auf allgemeinere Fähigkeitseinschätzungen zielen (SKB) oder schul- bzw. schulfachspezifischere Selbstbilder erfassen. Kommt es auf möglichst genaue Prognosen an, so empfiehlt es sich trivialerweise, die Selbsteinschätzung für denjenigen Inhaltsbereich zu spezifizieren, für den man prognostizieren will.

Gerade für Beratungs- und Interventionszwecke sind die allgemeineren Fähigkeitsselbstkonzepte von Interesse. Personen mit unrealistisch niedrigem

Selbstkonzept ihrer Fähigkeiten laufen Gefahr, neue Aufgaben zu meiden, weil sie bei unbekannten Anforderungen einen ungünstigen Handlungsausgang erwarten, statt darauf zu vertrauen, dass sie mit neuen Anforderungen schon irgendwie fertig werden können.

Mit dem bezugsnormspezifischen SESSKO lässt sich genauer bestimmen, ob solche Zweifel an der eigenen Kompetenz auf generalisierte Unterlegenheitsgefühle gegenüber anderen Personen zurückgehen (niedrige SK-Sozialwerte) oder auf die Wahrnehmung überhöhter Anforderungen (niedrige SK-Kriterialwerte). Ist Ersteres der Fall, so ist es wichtig, bei solchen Lernern eine Lernzielorientierung statt einer Performanzzielorientierung zu stärken (s. Abschnitt 6.3). Hierzu eignet sich ein Unterricht, der bei der Aufgabenstellung und Leistungsrückmeldung individuelle Bezugsnormen betont (Rheinberg, 2001; Rheinberg & Krug, 1999). Treten dagegen die ungünstigen Selbsteinschätzungen in der Skala auf, die den Bezug zu den Anforderungen thematisiert (SK-kriterial), befindet sich der Lerner subjektiv in einer Überforderungssituation. Die Aufgaben können für ihn tatsächlich zu schwer sein, oder er selbst bzw. seine Eltern haben zu hohe Erwartungen an die Güte der zu erzielenden Leistungen. Das ist in solchen Fällen im Gespräch genauer abzuklären, weil dann nämlich unterschiedliche Maßnahmen in Frage kommen können: Wechsel in ein weniger anspruchsvolles Lernprogramm, Training zur realistischen Zielsetzung (z. B. Fries, 2002) oder ein Elterntraining (Lund et al., 2001).

Einige Formulierungen aus der Subskala SK-individuell könnten eventuell irritieren (z. B. „Ich bin weniger begabt als früher."). Hier muss gegebenenfalls betont werden, dass es lediglich um den *Eindruck* geht, den man von seiner eigenen Begabung oder Intelligenz hat – und dieser Eindruck kann ja besser oder schlechter geworden sein.

7.6 Bewertung und Ausblick

Mit Blick auf Intervention und Evaluation muss man sich bei den hier behandelten Selbsteinschätzungen klar darüber werden, was man als gewünschten Zielzustand genau erreichen will (Jäger, 1992; Rollett, 2003). Geht es um Motivierungen in einer eng umschriebenen Episode, so scheint es auf den ersten Blick das Günstigste, wenn anreizbesetzte Ergebnisse durch eigenes Handeln möglichst sicher erreichbar sind. Dazu müsste man dafür sorgen, dass die aktuellen Erfolgswahrscheinlichkeiten, wie sie in Abschnitt 7.2 behandelt sind, möglichst hoch sind.

Das wird bei unterschiedlichsten Ergebnisanreizen auch die erwünschten Motivationsfolgen haben. Aber ausgerechnet bei der Leistungsmotivation,

120

deren typischer Anreiz ja die Freude am Kompetenzerwerb ist, liegen die Dinge anders. Bei diesem Motivationstyp ist der Anreiz des Erfolgs verknüpft mit der Erfolgswahrscheinlichkeit: Der Anreiz eines möglichen Erfolges sinkt, je sicherer seine Erreichbarkeit erscheint. Das, was absolut sicher zu schaffen ist, ist keine Herausforderung für eine kompetenzbezogene Motivation. Wie in Abschnitt 7.3 beschrieben, zeigt deshalb ein größerer Teil von Personen von sich aus die Tendenz, sich herausfordernde, aber noch zu schaffende Ziele zu setzen bzw. solche Anforderungen zu wählen. Personen, die diesen Bereich meiden, kann man durch Trainings erleben lassen, wie auch sie Freude an der Kompetenzsteigerung gewinnen, wenn sie sich realistische Ziele setzen.

Möchte man die Erfolgswahrscheinlichkeiten beeinflussen, muss man also in Rechnung stellen, dass sicher erreichbare Handlungsergebnisse zwar mit Blick auf sehr viele Anreizarten die aktuelle Motivation steigern, dass aber der leistungsthematische Anreiz durch allzu hohe Erfolgswahrscheinlichkeiten gesenkt wird. Zu welchen Maßnahmen man sich entschließt, hängt von der Motivstruktur, insbesondere dem Leistungsmotiv der Person ab sowie von dem Handlungskontext und von dem, was man bei seiner Person jetzt genau erreichen muss oder will. Man muss dabei nur wissen, dass die Beeinflussung aktueller Erfolgswahrscheinlichkeiten eventuell unerwünschte Nebenwirkungen haben kann.

Nebenwirkungen sind noch an einer zweiten Stelle zu beachten. Auf den ersten Blick scheint klar, dass hohe Selbstwirksamkeitserwartungen und ein positives Selbstbild eigener Fähigkeiten wünschbare Zielgrößen sind. Unstrittig ist, dass ein unrealistisches Unterschätzen der eigenen Handlungsmöglichkeiten und Fähigkeiten unerwünschte Folgen haben. Solche Unterschätzungen können leicht zu Sich-Selbst-Erfüllenden-Prophezeiungen werden (Meyer, 1984).

Aber sind ein Selbstkonzept bzw. eine Selbstwirksamkeitserwartung umso wünschbarer, je mehr sie den tatsächlichen Fähigkeitsstand überschätzen? Wie weit schafft es die Selbst-Erfüllende-Prophezeiung, die aktuelle Realität zu verändern? Mit Blick auf die Risikobevorzugung von erfolgszuversichtlich Leistungsmotivierten, kann man als Interventionsziel eine *realistisch optimistische Selbsteinschätzung* anstreben. Damit ist gemeint, dass man die Einschätzung der eigenen Möglichkeiten zur Kompetenzsteigerung besser etwas über- als unterschätzt. Allerdings sollte diese ermutigende Überschätzung nicht den Realitätskontakt verlieren, weil es dann schnell zu entmutigenden Korrekturen kommt.

Solchen Allgemeinplätzen wird kaum jemand widersprechen. Aber wo genau sollte man die realitätsberücksichtigende Grenze der optimistischen Machbarkeitsüberschätzung ziehen? Das lässt sich schlecht sagen. In experimentellen Leistungssituationen zeigten hoch Erfolgszuversichtliche eine Verschiebung der theoretisch optimalen Erfolgswahrscheinlichkeit von 50 % hin zu einer riskanten Wahrscheinlichkeit von nur 30 % bis 40 % (Heckhausen, 1989; Schneider, 1973). Erklärt wird diese Verschiebung durch die Hoffnung der Person, dass sich während der nächsten Aufgabenbearbeitung die eigene Fähigkeit noch steigern wird.

Ob man diese experimentellen Befunde als Anhaltspunkt für das erwünschte Maß der aktuellen Machbarkeitsüberschätzung heranziehen sollte (10 % bis 20 % Überschätzung), hängt sicher entscheidend davon ab, welche Folgen ein Erfolg und Misserfolg haben und wie realistisch die Annahme ist, auf einem fraglichen Aufgabengebiet durch engagiertes Üben reale Steigerungen zu erzielen. Lund et al. (2001) zeigen, dass Motivationsförderungen bei Schülern auch dann erreichbar sind, wenn man die erwünschte mäßig positive Fähigkeitsselbstsicht nicht zusätzlich steigert.

Sieht man die nur schwachen Korrelationen zwischen dem Selbstkonzept der kognitiven Fähigkeiten und den dazu objektiv gemessenen Fähigkeiten (Meyer, 1984), so wird klar, dass es neben Personen, die sich sehr positiv sehen, auch solche gibt, die sich deutlich unterschätzen. Dass eine solche unrealistische Unterschätzung der eigenen Fähigkeiten Interventionsmaßnahmen erfordert, steht außer Frage.

8 Willensdefizite und selbstbeherrschte Zielaktivität

8.1 Theoretische Grundlagen: Motivation und Wille

Lässt sich durch eigenes Handeln ein lohnendes Ergebnis mit hinreichender Sicherheit erreichen, so ist die Wahrscheinlichkeit groß, dass die Person zielgerichtet aktiv wird. Sofern die Tätigkeit nicht auch schon durch bloße Freude an ihrem Vollzug oder aber von anderen Personen kontrolliert ausgeführt wird, haben wir es mit einer *selbstregulierten Zielaktivität* zu tun (s. das Diagnoseschema in Abbildung 2, S. 24). Das ist der typische Fall zweckrationalen Handelns, wie er in unterschiedlichen handlungstheoretischen Modellen konzipiert wird (Cranach, Kalbermatten, Indermühle & Gugler, 1980; Groeben, 1986; Hacker, 1986; Heckhausen, 1977; Hofer, 1986). **selbstregulierte Zielaktivität**

Dieses „vernünftige Handeln" hat allerdings Grenzen. Sie zeigen sich, wenn der Vollzug der Tätigkeit aversiv ist, Selbstüberwindung kostet oder wenn wegen einer inkohärenten und störanfälligen Vollzugsstruktur ständige Selbstüberwachung erforderlich wird. Sind solche psychischen und tätigkeitsinhärenten Ausführungswiderstände groß genug, dann reicht die Erreichbarkeit lohnender Ziele allein nicht aus, um die zielführenden Aktivitäten zu starten und aufrecht zu erhalten. Hinzutreten müssen dann Willensprozesse.

Da „Wille" ganz unterschiedliche Prozesse betrifft und auch recht unterschiedlich konzipiert wird (Ach, 1910; Heckhausen et al., 1987; Kuhl, 1996; Lewin, 1926 oder Sokolowski, 1993), ist für diesen Band eine knappe Arbeitsdefinition hilfreich. Mit *Wille* sollen hier all die Prozesse im Motivationsgeschehen gemeint sein, die es uns ermöglichen, trotz innerer und äußerer Widerstände eine Handlung bis zu ihrem Ende durchzuführen, die es nach Maßgabe der jetzt unmittelbar wahrzunehmenden Anreize gar nicht geben dürfte. Beispiele sind der prophylaktische Zahnarztbesuch oder die Endphasen bei extremen Ausdauersportarten. Statt sich dem Einfluss der je aktuell sichtbaren Verlockungen oder Abschreckungen überlassen zu müssen, sind Menschen in der Lage, durch kognitive Prozesse Ziele und Vorsätze wirksam werden zu lassen, auch wenn deren Anreiz zurzeit lediglich in der Vorstellung existiert. **Wille**

Willensprozesse sind besonders dann erforderlich, wenn hoch attraktive Handlungsalternativen von einer aversiven Zielaktivität weglocken. Ein Beispiel ist der Schüler, der bei seiner wichtigen aber unerfreulichen häuslichen Vorbereitung auf die morgige Mathematikarbeit von seiner neuen Freundin angerufen und in das benachbarte Café eingeladen wird. Auch wenn dem Schüler völlig klar sein sollte, dass die jetzige Klassenarbeitsvorbereitung (a) sicher zielführend und (b) viel wichtiger ist, als das mögliche Treffen im Café, erfordert es erhebliche innere Abschirmungs- und Kontrollprozesse, um die Gedanken an die Freundin von dem internen Bewusstseinsmonitor auszuschließen und dort stattdessen die Bearbeitung von Binominalformeln durchzusetzen.

Die Fähigkeit zur Kontrolle der hier relevanten Binnenprozesse wird alltagssprachlich global mit „Willensstärke" bezeichnet. Ohne Frage lässt sich dieses globale naiv-psychologische Konstrukt in eine Vielzahl von Teilkomponenten zerlegen (z. B. Fröhlich & Kuhl, 2003). Welche und wie viele Teilkomponenten man hier für erforderlich hält, hängt ganz entscheidend davon ab, wie man sich die Selbstregulation unseres Verhaltens vorstellt (Boekaerts, Pintrich & Zeidner, 2000). Und hier kann man schnell in höchst **komplexe Modelle** komplexe Modellvorstellungen geraten (z. B. Goschke, 1996; Heckhausen, 1987; Kuhl, 1996; 2001), bei denen man zwangsläufig einige Unsicherheiten über ihren Status und ihre empirische Prüfbarkeit in Kauf nehmen muss. Das bereitet in einer streng empirieverpflichteten Wissenschaft einiges Unbehagen. Gleichwohl kann man ohne Modellvorstellungen nicht auskommen, wenn man sich an einen so komplexen Sachverhalt wie unsere willensgesteuerte Handlungsregulation herantraut.

Für diagnostische Zwecke muss man sich gerade im Bereich von „Wille" und Selbstregulation klar darüber sein, wie differenziert man Informationen über die hier prinzipiell unterscheidbaren Teilprozesse braucht. Weiterhin muss man entscheiden, wie sehr man sich allein auf empirisch gesicherte Konzepte beschränken will und wie sehr man auch mit diagnoseleitenden Modellvorstellungen arbeiten will, die noch nicht in allen Komponenten geprüft sind, bzw. prüfbar sind. Für beide Positionen gibt es Argumente und passende Anwendungsszenarien. Aus rein pragmatischen Gründen verfolgt die Darstellung in diesem Band eine eher restriktive Strategie und versucht, sich auf abgesicherte Konzepte zu beschränken. Zu weitergehenden Diagnosemöglichkeiten wird dann jeweils auf die Originalliteratur verwiesen.

Im Diagnoseschema von Abbildung 2 (s. S. 24) ist bei *Frage 7* der Fall vorgesehen, dass auch bei ansonsten hinreichenden Motivationsbedingungen engagiertes Handeln ausbleibt, wenn aversive bzw. Verzicht fordernde Aktivitäten mit geringer Selbstregulationskompetenz zusammentreffen. In diesem Fall haben wir es mit einem *Volitionsdefizit* zu tun.

Motivationsdefizit: Der Rückschluss von ausbleibendem Engagement auf geringe Selbstregulationskompetenz darf allerdings nicht vorschnell erfolgen. Wenn z. B. ein Schüler sich vor einer wichtigen Klassenarbeit nicht vorbereitet, obwohl er es offenkundig tun müsste, so kann das auch auf ein Anreiz- oder ein Wirksamkeitsdefizit zurückgehen. Sein schulischer Erfolg könnte ihm zurzeit relativ gleichgültig sein *(Frage 4)* oder er könnte glauben, durch sein jetziges Lernen an seinem schulischen Misserfolg doch nichts mehr ändern zu können *(Frage 5* des Diagnoseschemas). Bevor also ausbleibendes Engagement mit Selbstregulationsproblemen erklärt wird, muss in jedem Einzelfall diagnostisch abgeklärt sein, dass wir es nicht einfach mit Motivationsdefiziten zu tun haben. Willensgesteuerte Selbstregulation setzt hinreichende Motivation voraus. Von daher steht die Frage nach der Selbstregulationskompetenz auch am Schluss des Diagnoseschemas in Abbildung 2.

Volitions-oder Motivations-defizit?

Aber selbst wenn man Motivationsdefizite hinreichend sicher ausschließen kann, muss ein aktuell ausbleibendes Engagement nicht auf ein überdauerndes Selbstregulationsproblem verweisen. Die Person könnte sich nämlich in einem *vorübergehenden Zustand* verringerter Selbstregulationskompetenz befinden. Hierfür gibt es inzwischen einige empirische Belege.

Volitionale Erschöpfung: Personen, die gerade eine erhebliche Willensleistung aufgebracht haben, sind anschließend schlechter in der Lage, eine zweite willensfordernde Handlungsphase durchzustehen. Eine sehr hungrige Person, die lecker duftende Kuchenstücke vor sich anweisungsgemäß *nicht* verzehrt, obwohl das (scheinbar) nicht bemerkt würde, ist nachfolgend weniger gut in der Lage, neuerliche Entbehrungen auszuhalten und Willensleistungen aufzubringen (z. B. trotz ständigen Misserfolgs bei einer Aufgabe durchzuhalten).

vorübergehende volitionale Erschöpfung

Offenbar ist unsere psychische Energie zur Aufbringung von Willensleistungen nicht beliebig verfügbar und kann sich vorübergehend erschöpfen (Muraven & Baumeister, 2000). Wenn also jemand offenkundig aktuelle Selbstregulationsdefizite zeigt, ist abzuklären, ob das eine vorübergehende Erscheinung auf Grund vorangegangener Willensbeanspruchung ist oder aber ein stabiles Merkmal der Person.

Aktuelle Lageorientierung: Vorübergehende Beeinträchtigungen der Selbstregulation können auch auf eine sogenannte Lageorientierung zurückgehen (Kuhl, 1981; 1983; 1998). *Lageorientierung* bezeichnet eine ungewollte Fixierung auf einen eingetretenen (meist misslichen) Zustand. Sie verhindert durch übermäßiges Grübeln, dass man sich von der gegebenen Lage gedanklich löst und handlungsorientiert alle Kräfte zu ihrer Überwindung aufbringen und organisieren kann. In diesem Zustand ist man schlecht in der Lage, willensgesteuert zu agieren und Schwierigkeiten zu überwinden.

vorübergehende Lageorientierung

125

Stattdessen kreisen die Gedanken ständig um Ursachen und Folgen der jetzt eingetretenen misslichen Ereignisse.

Wird in Experimenten dieser Zustand bei Probanden willkürlich in einer Aufgabensituation erzeugt, so kann er in eine nachfolgende andere Aufgabensituation übertragen werden (Kuhl, 1981; Stiensmeier-Pelster, 1988). Gerät eine Person atypischerweise in einen lageorientierten Zustand, so darf man von dem momentan registrierten Selbststeuerungsdefizit nicht auf überdauernde Selbstregulationsprobleme rückschließen. Es gibt allerdings überdauernde individuelle Unterschiede darin, wie leicht jemand unter belastenden Bedingungen in einen lage- vs. handlungsorientierten Zustand gerät. Ein diagnostisches Verfahren dazu wird in Abschnitt 8.3 beschrieben (HAKEMP; Kuhl, 1983).

Bereichsspezifische Regulationsprobleme: Zuvor wird in Abschnitt 8.2 die Möglichkeit behandelt, Selbstregulationsprobleme bereichsspezifisch zu erfassen. Selbst wenn eine aktuelle Lageorientierung von der Situation A in die Situation B übertragen werden kann, heißt das nicht, dass Selbstregulationsprobleme grundsätzlich situationsunspezifisch sind. Da die Forschungslage hierzu noch unklar ist, macht es Sinn, Selbstregulationsprobleme auch bereichsspezifisch zu erfassen, sofern man nur für diesen Bereich vorhersagen, erklären oder intervenieren will. Abschnitt 8.2 demonstriert hierzu eine Möglichkeit.

8.2 Beispiel: Selbstregulationsprobleme im Fach Mathematik

Auf der Basis eines umfassenden und komplex-dynamischen Funktionsmodells der Selbstregulation und Handlungssteuerung (*PSI-Theorie*, Kuhl, 1998; 2001) haben Kuhl und Fuhrmann (1998) einen Fragebogen entwickelt, der insgesamt 32 verschiedene Funktionskomponenten der Selbststeuerung mit 160 Items erfasst. Zu diesem Verfahren existiert eine Kurzversion (SSI-K). Der aktuelle Stand zum SSI ist in Fröhlich und Kuhl (2003) beschrieben.

bereichs-spezifische Kurzskala

In Anlehnung an den SSI-K wurde ein schulfachspezifischer Fragebogen zur Erfassung von selbstregulatorischen Kompetenzen im Fach Mathematik formuliert (Rheinberg & Wendland, 2001). Die Faktorisierung dieser Skala zeigte eine dreifaktorielle Struktur. Ein Faktor erwies sich wiederholt als prädiktiv für nachfolgende Schulleistung. Kasten 24 führt die sechs Items dieser Skala auf, weil sie mit wenig Aufwand gute Leistungsprognosen gestatten.

126

Die Antworten werden auf einer Fünfpunkte-Skala („stimmt nicht" = 1 bis „stimmt" = 5) gegeben. In verschiedenen Erhebungen an größeren Stichproben ($N > 700$) erwies sich diese Kurzskala als hinreichend konsistent (Cronbachs α zwischen .72 und .80). Für Schüler der Klassenstufen fünf bis neun liegt der Mittelwert der aufsummierten sechs Items bei $M = 16.20$ ($SD = 4.92$). Dabei zeigen Längsschnittanalysen, dass das mittlere Niveau von *Selbststeuerungsproblemen und geringer Ausdauer* (SPA) innerhalb der Klassenstufen sieben und acht signifikant zunimmt, auf den Stufen fünf, sechs und neun hingegen konstant bleibt. Um eine Einordnung individueller Messwerte zu ermöglichen, führt Tabelle 8 im Anhang (S. 168) T-Werte für Rohwertintervalle auf.

Skalen-eigenschaften

Kasten 24:

Mathematikspezifische Kurzskala „Selbststeuerungsprobleme und geringe Ausdauer" (SPA)

- In Mathe habe ich mich selbst ganz gut im Griff. (–)
- In Mathe schaffe ich es einfach nicht, meine Gedanken bei der Sache/Aufgabe zu halten.
- Es gibt so viele schöne/wichtige Dinge, die mich zuhause immer wieder von Matheaufgaben abhalten.
- Selbst wenn ich mich auf eine wichtige Klassenarbeit vorbereiten müsste, schaffe ich es einfach nicht, mich zur ernsthaften Bearbeitung von Matheaufgaben zu zwingen.
- In Mathe schwirren mir immer alle möglichen Gedanken durch den Kopf und stören meine Konzentration.
- Wenn ich zuhause an Mathematikaufgaben sitze, schaffe ich es meist nicht lange, dabei zu bleiben.

Hinweis: Das erste Item wird umgepolt.

Im Gegensatz zu den anderen beiden Faktoren der Selbstregulationskompetenz ließ sich mit der SPA-Skala die nachfolgende Schulleistung vorhersagen. Die Korrelationen zur Zeugnisnote nach sechs Monaten schwanken zwischen $r = .22$ ($p < .01$) (siebte Klassenstufe) bis $r = .48$ ($p < .01$) (neunte Klassenstufe). Auf den höheren Klassenstufen bleibt die SPA-Skala auch bei Auspartialisierung der aktuellen Mathematikleistung ein signifikanter Prädiktor späterer Leistung (Rheinberg & Wendland, 2003).

Validitäts-befunde

Bewertung: Die Kurzskala SPA vereint (in variierten Formulierungen) Items, die im SSI von Kuhl und Fuhrmann (1998) unterschiedlichen Funktionskomponenten zuzuordnen wären. Gleichwohl erweist sich diese faktoriell gewonnene Skala wiederholt als hinreichend reliabel. Diese Möglichkeit einer andersstrukturierten Itemkombination wird von Fröhlich und Kuhl (2003) explizit für wahrscheinlich gehalten.

Bemerkenswerterweise zeigt nur diese SPA-Skala und nicht die Skalen, die die Emotionskontrolle oder die Misserfolgsbewältigung betreffen, substanzielle und replizierbare Zusammenhänge zur späteren Leistung auf. Im (nur mäßig beliebten) Fach Mathematik ist Schulleistung offenbar mehr von energischer Selbstkontrolle („habe mich selbst im Griff") und weniger von den vielfältigen anderen selbstregulativen Funktionskomponenten abhängig.

Für Forschungszwecke ist die SPA-Skala ein bereichsspezifisch ergiebiger und ökonomischer Prädiktor. Bei der Individualdiagnose kann sich das *Explorationsgespräch* auf Fragen wie im Kasten 24 stützen und sie gesprächsweise ausfächern und vertiefen.

8.3 Handlungs- vs. Lageorientierung (HAKEMP)

Im Bereich der Selbst- und Handlungskontrolle ist Kuhl (1981, 1983) frühzeitig auf die Unterscheidung zwischen Handlungs- vs. Lageorientierung gestoßen. Wie in Abschnitt 8.1 bereits angesprochen, geht es hier um Zustände, die sich nach dem überraschenden Eintreten eines misslichen Ereignisses (z. B. eines unerwarteten Misserfolgs oder einer plötzlichen Beleidigung) einstellen können. Man kann durch die Gedanken an Ursachen und Folgen dieses Ereignisses so sehr gefangen sein, dass man sich für eine Weile zu keiner neuen Handlung aufraffen kann. Das betrifft auch Handlungen, die den jetzt eingetretenen Zustand verbessern könnten. Eine solche Befangenheit nennt Kuhl (1981) *Lageorientierung*. Man kann aber auch durch ein unerwünschtes Ereignis einen besonderen Impuls verspüren, umgehend etwas zur Änderung dieser misslichen Lage zu tun. Diesen Zustand nennt Kuhl (1981) *Handlungsorientierung*.

das theoretische Konstrukt   Auf diese unterschiedlichen Orientierungen war Kuhl (1978) schon bei der Analyse misserfolgsbezogener Geschichten des Heckhausen-TATs (s. Abschnitt 6.5.3) gestoßen. Dort erwiesen sich vor allem die lageorientierten Misserfolgsgeschichten als valide Indikatoren misserfolgsmotivierter Erlebnis- und Handlungsweisen. Die Bedeutung der Handlungs- vs. Lageorientierung wurde aber erst bei der genauen Analyse der *Erlernten Hilflosigkeit* (Seligman, 1975) klar. Personen, die zuvor Erlebnisse unkontrollierbarer Misserfolge hatten, zeigten nur dann Leistungseinbußen bei einer neuen Aufgabe, wenn sie dazu tendierten, nach Misserfolg in lageorientierte Zustände zu geraten (Kuhl, 1981). Lageorientierte Personen konnten sich nicht auf die neue Aufgabe konzentrieren, weil ihnen ständig Gedanken an die zurückliegende Leistung und die eigene (Un-)Fähigkeit durch den Kopf gingen. So etwas belastet das Arbeitsgedächtnis und bindet Kapazität, die man stattdessen für die Aufgabenbearbeitung brauchen würde.

128

Diesen Personen fehlten sogenannte *Handlungskontrollstrategien*. Das sind „interne Maßnahmen" wie die Selektion und Fokussierung der Aufmerksamkeit (Aufmerksamkeitskontrolle), die besonders tiefe Verarbeitung zielbezogener Information (Enkodierungskontrolle), die Fähigkeit, eigene Emotionen handlungsförderlich zu beeinflussen (Emotionskontrolle), Erwartungen und Anreize günstig zu manipulieren (Motivationskontrolle durch „Anreizaufschaukelung"), Verlockungen und Ablenkungen aus dem sichtbaren Umfeld zu entfernen („Umweltkontrolle") und anderes mehr (s. Kuhl, 1987).

Kontroll-strategien

Man kann handlungs- vs. lageorientierte Zustände experimentell erzeugen. Unabhängig davon kann man aber auch die personabhängige Tendenz messen, unter Alltagsbedingungen in lage- bzw. handlungsorientierte Zustände zu geraten. Hierzu hat Kuhl (Kuhl, 1981; 1983) einen Fragebogen (HAKEMP) entwickelt, der mit 36 alternativ formulierten Items diese Tendenzen erfasst. Obwohl in der Forschung häufig und mit gutem Erfolg eingesetzt (Kuhl & Beckmann, 1994), ist dieses Instrument bislang nicht publiziert worden. Es liegt aber neuerdings eine aktualisierte Fragebogenversion vor, die aus dem Internet geladen werden kann (HAKEMP 90 unter www.diffpsychol.uni-osnabrueck.de). Kasten 25 zeigt die drei Subskalen des HAKEMP samt Beispiel-Items.

Kasten 25:
Drei Subskalen des HAKEMP 90 von Kuhl (2003) mit Beispiel-Items und Konsistenzen (LO = lageorientiert; HO = handlungsorientiert).

Handlungs- vs. Lageorientierung nach Misserfolg (LOM)
(12 Items; Cronbachs α = .75 bis .80)   *Wenn meine Arbeit als völlig unzureichend bezeichnet wird, dann*   a) bin ich zuerst wie gelähmt. (LO)   b) lasse ich mich davon nicht lange beirren. (HO)
Entscheidungsbezogene („prospektive") Handlungs- vs. Lageorientierung (LOP)
(12 Items; Cronbachs α = .81 bis .82)   *Wenn ich weiß, dass bald etwas erledigt werden muss, dann*   a) muss ich mir oft einen Ruck geben, um den Anfang zu kriegen. (LO)   b) fällt es mir leicht, es schnell hinter mich zu bringen. (HO)
Handlungs- und Lageorientierung bei der Tätigkeitsausführung
(12 Items; Cronbachs α = .70 bis .74)   *Wenn ich für etwas mir Wichtiges arbeite, dann*   a) unterbreche ich gerne, um etwas anderes zu tun. (LO)   b) gehe ich so in der Arbeit auf, dass ich lange Zeit dabei bleibe. (HO)

Die Skala lässt sich ab dem Alter von 12 Jahren einsetzen. Inzwischen wurde die Skala *normiert* (Standardwerte). Die Normwerte finden sich bei Kuhl und Kazén (2003, S. 203). Der Autor empfiehlt, die Subskalen ungekürzt und getrennt auszuwerten, da sie Unterschiedliches vorhersagen. Am ehesten kann man noch die Kennwerte der ersten beiden Skalen aus Kasten 25 aufsummieren.

Die Subskala *Lageorientierung nach Misserfolg* (LOM) erfasst die Beeinträchtigung der kognitiven und selbstregulatorischen Funktionen, wenn negative Ereignisse (insbesondere Misserfolg) aufgetreten sind. Die Subskala *Entscheidungs- und planungsbezogene Handlungs- vs. Lageorientierung* (LOP) sagt stattdessen eher vorher, ob jemand die Aktivitäten auch tatsächlich ausführt, die er sich vorgenommen hat. Inhaltlich thematisieren die Items Probleme bei der Entscheidungsfindung, aber auch Probleme mit der Initiierung unangenehmer Tätigkeiten. Z. B. Item 26: „Wenn ich etwas Wichtiges, aber Unangenehmes zu erledigen habe, dann (a) lege ich meist sofort los vs. (b) kann es eine Weile dauern, bis ich mich dazu aufraffe." *Frage 7* des Diagnoseschemas in Abbildung 2 zielt genau auf solche und ähnliche Selbstregulationskompetenzen.

Der theoretische und empirische Status der dritten Subskala, nämlich *Handlungs- vs. Lageorientierung bei der Tätigkeitsausführung* erscheint weniger klar. Der handlungsorientierte Pol hat Ähnlichkeiten mit dem Konzept des Flow-Erlebens (Csikszentmihalyi, 1975; 1999). Kuhl (2003) rät davon ab, diese Subskala mit den anderen beiden zusammenzufassen. Sofern es darum geht, den Flow-spezifischen Anteil dieser Subskala möglichst rein zu erfassen, bietet sich an, stattdessen die FKS einzusetzen (s. Abschnitt 3.3.3).

Bewertung: Zieht man die verschiedenen aktuellen Quellen heran (Kuhl, 2003; Kuhl & Kazén, 2003), so ist der HAKEMP inzwischen hinreichend dokumentiert und standardisiert. Das Verfahren wurde ursprünglich in enger Beziehung zu Handlungskontrollprozessen entwickelt, die bei der *Erlernten Hilflosigkeit* eine Rolle spielen. Dort ist es auch mit Erfolg eingesetzt worden. Mittlerweile ist das ursprüngliche Konzept der Handlungskontrolle zu einem hoch komplexen und dynamischen Modell unseres Funktionierens ausgebaut worden (*PSI-* und *STAR-Theorie*, Kuhl, 2001). Für den HAKEMP-Einsatz in der diagnostischen Praxis dürfte aber bereits der ursprüngliche theoretische Hintergrund genügen. Er betrifft Handlungskontrollstrategien, die zum Gelingen von Handlung unter belastenden Bedingungen erforderlich sind (s. o.; Kuhl, 1983). Diese Strategien sind im Zustand der Lageorientierung beeinträchtigt.

Der HAKEMP identifiziert Personen, die anfällig für solche Beeinträchtigungen sind. Wichtig ist, dass die hier resultierenden Leistungseinbußen zu

Stande kommen können, obwohl die Motivation zur Leistungserbringung nach wie vor hoch ist. Wir haben es dann also nicht mit einem motivationalen, sondern mit einem volitionalen bzw. „funktionalen" Defizit zu tun. Eine solche Information ist diagnostisch per se wichtig, um Problemfälle z. B. im Lern- und Leistungsbereich genauer bestimmen zu können.

Noch besser wäre es, man hätte für Personen mit starken Tendenzen zur Lageorientierung erprobte Trainingsmaßnahmen, die unangemessene Lageorientierung verhindern. Soweit ich sehe, gibt es hier aber noch keine evaluierten Standardverfahren. Allerdings lassen sich aus der experimentellen Manipulation von Handlungs- vs. Lageorientierung Hinweise gewinnen, wie man hier Einfluss nehmen kann. Regulationseinbußen nach Misserfolg ließen sich bei Lageorientierten beispielsweise dadurch abschwächen oder ganz kompensieren, dass man diese Probanden die einzelnen Schritte bei der Aufgabenlösung laut verbalisieren ließ. Wahrscheinlich verhindert so etwas die Intrusion störender Gedanken.

Interventions-strategien

Weitere Interventionsanregungen ergeben sich aus der Beschreibung der verschiedenen Handlungskontrollstrategien (Kuhl, 1983). Auch aktuelle Arbeiten zu Verhaltensauswirkungen von *Zielimaginationen* liefern sehr konkrete Hinweise, wie man im diagnostizierten Bedarfsfall die tatsächliche Verhaltensumsetzung zielbezogener Vorsätze systematisch stärken kann (Langens, 2004; Öttingen et al., 2001; Taylor & Pham, 1999).

8.4 Verhaltensnahe Diagnostik einzelner Selbstregulationskomponenten: Der SRKT-K

In jüngerer Zeit gibt es vielfältige Versuche, Selbstregulationsprozesse zu erfassen (für einen Überblick s. Fröhlich & Kuhl, 2003, S. 254). Die Verfahren sind zum Teil hochgradig ausdifferenziert. Allein das Selbststeuerungsinventar (SSI) von Kuhl und Fuhrmann (1998) versucht, 32 verschiedene Komponenten der Selbststeuerung in einem Fragebogen mit 160 Items getrennt zu erfassen!

Ein nicht unerhebliches Problem solch ehrgeiziger Versuche ist die Tatsache, dass die hier wirksamen Prozesse nur z. T. bewusstseinsfähig sind, der Fragebogen aber Selbstbeurteilungen fordert. Weiterhin dürfte gerade die Selbsteinschätzung von Willensprozessen der *sozialen Wünschbarkeit* unterliegen. Wer sich selbst entlasten möchte, kann versuchen, seine erkanntermaßen unzureichende Motivation einer „nicht genug motivierenden Umwelt" vorzuwerfen. Wer es dagegen nicht schafft, sich selbst zur Verfolgung der eigenen erreichbaren Ziele aufzuraffen, der hat es schon schwerer, sich selbst *nicht* verantwortlich zu sehen.

Probleme von Volitions-fragebögen

Wegen dieser und weiterer Probleme von Selbstauskünften zu Selbststeuerungskompetenzen erscheint es lohnend, solche Kompetenzen unter standardisierten Bedingungen direkt auf der Verhaltensebene zu messen. Mit dem *Selbstregulations- und Konzentrationstest für Kinder (SRKT-K)* haben Kuhl und Kraska (1992) hierzu einen bemerkenswerten Versuch unternommen. In diesem Test bearbeitet die Testperson auf einem Computerbildschirm eine einfache Diskriminationsaufgabe. Die schon erreichten Punkte bzw. Spielgroschen werden fortlaufend angezeigt. Gelegentlich veranstalten in einer Ecke des Bildschirms ein „böses" und ein „gutes Äffchen" ein Wettklettern. Das sollte man aber nicht beachten, weil dadurch die eigene Leistung bei der Aufgabe sinkt. Das wird vorweg erklärt. In einer zweiten Testphase wird die Fokussierung auf die Aufgabe dadurch erschwert, dass das „böse Äffchen" jetzt etwas von den bereits verdienten Spielgroschen stiehlt, sofern es das Wettklettern gewinnt. Das „gute Äffchen" schenkt hingegen Punkte hinzu, wenn es gewinnt. Weiterhin wird durch verschiedene Maßnahmen (Platzierung des Wettkletterns auf dem Bildschirm; zusätzliche akustische Klettersignale) der Ablenkungsgrad qualitativ und quantitativ variiert.

Treten starke Leistungsverluste bereits beim bloßen Wettklettern, d. h. ohne Spielgroschenfolgen auf, so haben wir es mit einer Störbarkeit von Aufmerksamkeitsfunktionen zu tun. Die Testperson hat Schwierigkeiten, solche basalen Prozesse volitional zu kontrollieren (geringe *Ablenkungsresistenz*). Treten die Leistungsbeeinträchtigungen aber erst dann auf, wenn das Ergebnis des Wettkletterns mit einem Anreiz versehen ist (die Äffchen stehlen oder schenken Punkte), dann verweist die Leistungseinbuße auf eine geringe *Versuchungsresistenz*.

Aus den Leistungseinbußen unter den verschieden starken Distraktorbedingungen ermittelt das Verfahren Kennwerte a) zur Störbarkeit basaler Aufmerksamkeitsfunktionen und b) zur Versuchungsresistenz der Testperson. Aus besonderen Leistungs- und Temposchwankungen lassen sich weitere Indikatoren herleiten. Das Verfahren ist für Grundschüler *normiert*, ist aber mit einer geänderten Einkleidungsgeschichte auch für Erwachsene einsetzbar.

Bewertung: Das Verfahren ist zunächst unmittelbar valide für die Erfassung von Selbstregulationskompetenzen, die bei Aufgaben dieser Art eine Rolle spielen (Ablenkungs- sowie Versuchungsresistenz bei einer kontinuierlich auszuführenden Arbeit). Diese verfahrensnahe Validität mag trivial sein, ist aber nicht irrelevant. Schließlich ist die hier operationalisierte Ablenkungs- und Versuchungssituation nicht untypisch für den Alltag von Schülern. Die Trennung von Ablenkungs- und Versuchungsresistenz erscheint fruchtbar. So zeigen Kinder mit *hyperkinetischen Aufmerksamkeitsstörungen* (ADHD) *keine* Auffälligkeiten bei der Ablenkungs-, wohl aber bei der Versuchungsresistenz (Baumann & Kuhl, 2003). Noch offen ist die Frage, wie weit man

The marginal notes:
Funktionsmessung
Ablenkungs- und Versuchungsresistenz
Normierung

von Selbsregulationskompetenzen bei dieser Aufgabe auch auf ganz andere Situationen und Aufgaben schließen kann.

Zusammenhänge zu breiter konzipierten Fragebogenmaßen (z. B. dem HAKEMP, s. o.) oder zum Strategiewissen über Selbstregulation stützen die Vermutung, dass die hier verhaltensnah erfassten Selbststeuerungskomponenten auch für andere Aufgabensituationen valide sein könnten. Diese Vermutung ist plausibel, muss aber im Einzelnen noch geprüft werden.

Einschrän-
kungen

Für dieses originelle, aber etwas aufwändige Verfahren liegen erst wenig Validitätsbefunde vor. Möglicherweise stehen der Mess- und Auswertungsaufwand, aber auch der nicht geringe Anschaffungspreis des Verfahrens seiner breiteren Verwendung etwas im Wege. Der aktuelle Stand zum SRKT-K ist bei Baumann und Kuhl (2003) dargestellt.

8.5 Habituelles Vermeiden von Anstrengung als Selbstregulationsproblem

8.5.1 *Das theoretische Konzept*

Volitionsdefizite sind im Kern dadurch gekennzeichnet, dass jemand ein attraktives Ziel erreichen will und kann (zielbezogene Motivation liegt vor), aber gleichzeitig nicht in der Lage ist, sein Handeln auf Zielkurs zu halten, wenn sich bei der Zielverfolgung aversive Vollzugserlebnisse oder Realisationsschwierigkeiten einstellen. Auf Grund von Praxisbeobachtungen sind Rollett und Bartram (1977, 1998) auf das interessante Phänomen gestoßen, dass einige Personen nahezu reflexartig aktiv jede Anstrengung zu vermeiden suchen, sobald auf sie Anforderungen zukommen, die ihnen keinen Spaß machen. Diese Tendenz erscheint als eine Art motivationales Subsystem, bei dem es per se als Erfolg erlebt wird, sich einer anstrengenden Anforderung entzogen zu haben. Rollett und Bartram (1977, 1998) verleihen dieser habituellen Ausweichtendenz den Status eines Motivs und nennen es *Anstrengungsvermeidungsmotiv*.

Alltags-
beobachtungen
als Ausgangs-
punkt

Dabei unterscheiden sie zwischen der *intelligenten Anstrengungsvermeidung* und der *nicht problemlösenden Anstrengungsvermeidung*. Erstere meint eine sinnvolle, zeit- und kräftesparende Strategie, aversive oder übermäßige Anstrengungen zu vermeiden. Das soll vor *Überlastung* und gesundheitlichen Schäden schützen sowie das Wohlbefinden steigern.

Die *nicht problemlösende Anstrengungsvermeidung* gilt dagegen als behandlungsbedürftig. Bei dieser Form der Anstrengungsvermeidung handelt es sich um eine routinemäßig ausgelöste aktive Abwehr von Arbeitsansprü-

nicht problem-
lösende
Anstrengungs-
vermeidung

chen, die sich aus der Bewältigung des jetzigen Lebensalltags und/oder der Sicherung künftiger Lebenschancen zwangsläufig ergeben. An Schüler und Jugendliche werden solche Arbeitsansprüche in der Regel durch die Eltern und Lehrer bzw. Berufsausbilder herangetragen.

Als behandlungsbedürftig verfestigte Ausweichtendenz wird die Anstrengungsvermeidung dann angesehen, wenn die Person starr mit diesem Verhaltensmuster reagiert, selbst wenn die Anstrengungsvermeidungsaktivitäten deutlich mehr Aufwand erfordern als die Arbeit, die damit vermieden werden soll. Die Behandlungsbedürftigkeit wird insbesondere dort klar, wo aus der durchgängigen Anstrengungsvermeidungstendenz ein Widerspruch entsteht zwischen dem, was eine Person gerne erreichen möchte und dem, was sie dafür als zumutbare Mühe auf sich nehmen will (Rollett & Bartram, 1998, S. 11).

**Volitions-
oder
Motivations-
problem?** Die Testautoren vermuten, dass häufig erlebte negative Vollzugserlebnisse beim Lernen und bei Arbeitsverrichtungen („Antiflow") auf Dauer eine solche habituelle Vermeidungstendenz etablieren. Diese Tendenz wird aktuell angeregt, sobald sich Anstrengungsnotwendigkeiten und Unannehmlichkeiten erneut ankündigen. Eine unzureichende Kompetenz, sich selbst Anstrengung, Verzicht und Unannehmlichkeiten zumuten zu können, um die Zielzustände zu erreichen, die man gerne realisiert sehen möchte, scheint mir eher ein *Volitions-* als ein *Motivationsproblem* zu sein. Von daher werden die behandlungsbedürftige Anstrengungsvermeidung und der AVT auch im jetzigen Kapitel 8 statt in Kapitel 6 aufgeführt.

8.5.2 Der Anstrengungsvermeidungstest (AVT)

Der *Anstrengungsvermeidungstest* (AVT) erfasst „die Neigung von Schülern und Schülerinnen, Anstrengungen im schulischen und häuslichen Bereich aus dem Weg zu gehen" (Rollett & Bartram, 1998, S. 14). Dazu hatte **Ausreden
von Schülern** die Erstautorin systematisch Ausreden von Schülern gesammelt, die sie gebrauchen, wenn sie sich einer anstehenden Arbeitsanforderung entziehen wollen (z. B. die Hausaufgaben zu machen, der Mutter im Haushalt zu helfen). Auf dieser Grundlage entstanden zwei Skalen, nämlich die *Anstrengungsvermeidungsskala* (27 Items, Cronbachs $\alpha = .80$) und *die Pflichteiferskala* (14 Items, Cronbachs $\alpha = .69$). Kasten 26 gibt für die erste Skala drei Itembeispiele. (Die Skala „Pflichteifer" wird wegen andersartiger Theorieverankerung hier nicht besprochen.)

Normierung Der AVT ist für die Klassenstufen fünf bis neun *normiert* (Prozentrangnormen und Standardwerte). Es existiert inzwischen eine Erwachsenenversion für Forschungszwecke (Rollett & Engeser, 2001). Prozentränge über 75 gelten als *therapiebedürftig*.

Kasten 26:
Beispiel-Items aus dem Anstrengungsvermeidungstest
(AVT; vgl. Rollett & Bartram, 1998)

3) Ich arbeite nicht so gerne, wenn ich es tun *muss*.
5) Ich habe keine Lust mehr zu arbeiten, wenn ich an das Spielen denke.
7) Wenn man dafür nicht so viel arbeiten müsste, wäre ich gern ein guter Schüler.

Alternativantworten: „stimmt", „stimmt nicht"

Validität: Aus verschiedenen Untersuchungen wurden schwache bis mäßige Zusammenhänge berichtet, die für die Validität des AVT sprechen. Die Korrelationen zu *Schulnoten* liegen zwischen $.22 \leq r \leq .32$ ($p < .05$) und zum *Engagement im Unterricht* (Lehrerurteil) bei $r = -.34$. Ebenfalls negativ sind die Beziehungen zur *Lernfreude* ($-.35 \leq r < -.29$; $p < .01$) und zur *erfolgszuversichtlichen Leistungsmotivation* ($r = -.33$, $p < .05$). Positiv sind dagegen die Zusammenhänge zu *Psychotizismus* ($r = .42$, $p < .05$) und *unangepasster Extraversion* ($r = .39$, $p < .05$), zu selbst berichteten *Lernstörungen* ($r = .45$, $p < .01$) und zur prospektiven *Lageorientierung* im HAKEMP (s. Abschnitt 8.3) (vgl. Helmke & Rheinberg, 1996; Rollett & Bartram, 1998; Rollett & Engeser, 2001). — **Validitätsbefunde**

Typenanalysen im SCHOLASTIK-Datensatz von Weinert und Helmke (1997) (N = 992 Drittklässler) verweisen auf zwei unterschiedliche Typen von Anstrengungsvermeidern: (a) Schüler mit geringer Testintelligenz und schlechten Schulleistungen („resignierende Anstrengungsvermeider") und (b) durchschnittlich intelligente Schüler mit hohen Werten für Lageorientierung und Lernstörungen sowie niedrigen Werten für Lernfreude und Fähigkeitsselbstkonzept (Helmke & Rheinberg, 1996). Für beide AVT-Typen sind sicherlich verschiedene Interventionsmaßnahmen vorzusehen. — **zwei Typen von Anstrengungsvermeidern**

Bewertung: Der AVT ist ein normierter und hinreichend dokumentierter Fragebogen zur Erfassung der Tendenz, Anstrengungen routinemäßig auszuweichen, obwohl die Ergebnisse dieser Anstrengungen durchaus geschätzt würden. Das Verfahren ist originell und sehr praxisnah aus gesammelten Schülerausreden entstanden. Auch die konkreten und plausiblen Vorschläge, die das Testmanual für Intervention und Therapie liefert, zeigen professionelle Praxisnähe.

Für Forschungszwecke und konzeptuelle Einordnung wäre es allerdings wünschbar, diese facettenreiche Sammlung von Schülerausreden theoretisch noch schärfer zu fassen. Die Beschreibung der behandlungsbedürftigen Anstrengungsvermeidung lässt auf *volitionale* Probleme schließen. — **Einschränkungen**

Dafür spricht auch die Korrelation mit der Lageorientierung (s. o.). Gleichwohl wird das Konstrukt der Anstrengungsvermeidung im Kern als Motivsystem aufgefasst. Das würde eher auf *motivationale* Probleme schließen lassen. In dieser Sache wäre eine konzeptuelle Klärung wünschbar.

Interventions-maßnahmen

Dieser Punkt betrifft aber lediglich die theoretische Ebene. Der praktische Nutzen des AVT für die diagnostische Abklärung eines habituellen Selbstregulationsproblems bei Grundschülern ist dadurch nicht ernsthaft beeinträchtigt. Dies gilt umso mehr, als von den Testautoren recht konkrete Interventionsmaßnahmen und Behandlungsregeln bei hohen AVT-Werten vorgeschlagen werden (z. B. die „Lerntherapie", nur sparsame Verwendung von Lob, Arbeitsspezifikationen in schriftlichen Verträgen). Freilich müssten die Effekte solcher Interventionen für Anstrengungsvermeider durch Evaluationsstudien noch genau geprüft werden. Es werden aber immerhin plausible und praktikable Ansatzpunkte für Interventionen beschrieben.

8.6 Bewertung und Ausblick

Zur willensgestützten Selbstregulation unserer Lebensvollzüge gibt es zurzeit eine bemerkenswerte Forschungsaktivität (vgl. Boekaerts et al., 2000). In der Theoriebildung werden höchst komplexe und dynamische Systeme vorgeschlagen (z. B. Kuhl, 2001), die z. T. schon zu einigen Messverfahren geführt haben (für einen Überblick s. Stiensmeier-Pelster & Rheinberg, 2003). In diesem Band wurden diese Neuentwicklungen noch nicht aufgenommen, weil sie sich als junge Verfahren noch zu bewähren haben. Es ist also zu erwarten, dass sich auf dem Gebiet der Selbstregulation die Zahl der bewährten Verfahren in den nächsten Jahren vergrößern wird.

aktuelle Entwicklungen

Es bleibt allerdings das oben angesprochene Grundproblem der Erfassung von willensgestützter Selbstregulation. Die hier wirksamen Prozesse laufen überwiegend unterhalb der Ebene ab, die unserer Selbstwahrnehmung zugänglich ist. Das begrenzt den Nutzen von Selbstberichtskalen. Am aussagekräftigsten dürften Selbstauskünfte dann sein, wenn sie *Störungen* der Selbstregulationsprozesse betreffen. Solche Störungen werden uns gewahr, weswegen wir dazu auch Auskünfte geben können – sofern wir auskunftsbereit sind (s. Abschnitt 8.4).

Einschrän-kungen

Wegen dieser Probleme erscheinen Verfahren vielversprechend, die Komponenten der Selbstregulation aus der standardisierten Auswertung von Verhaltens- und Leistungsbesonderheiten erschließen. Wie der SRKT-K zeigt, ist das aber eine recht aufwändige und kostspielige Form der Diagnose.

9 Anwendungsaspekte der Motivationsdiagnostik

9.1 Das Diagnoseschema und die Verfahrensauswahl in diesem Band

9.1.1 Zur Funktion des Diagnoseschemas

Wäre das, was wir mit *Motivation* bezeichnen, eine homogene Variable unseres Lebensvollzugs, so hätte man diesen Band viel schlanker schreiben können. Nun hatte sich aber schnell herausgestellt, dass die Homogenitätsannahme nicht zutrifft. Entsprechend unüberschaubar ist das Angebot an diagnostischen Verfahren, die alle etwas von dem messen wollen, was auf die eine oder andere Weise mit der *aktivierenden Ausrichtung unserer Lebensvollzüge auf einen positiv bewerteten Zielzustand*, also mit Motivation, zu tun hat.

Das Diagnoseschema im zweiten Kapitel (Abbildung 2, S. 24) hat versucht, eine Systematik zu liefern, mit der sich die Verfahrensvielfalt entlang einer Frage-Antwort-Sequenz ordnen lässt. Implizit unterliegen dem Diagnoseschema durchaus Annahmen zum Motivationsgeschehen. Wenn zunächst nach unmittelbaren Vollzugsanreizen gefragt wird *(Frage 1)*, so steht dahinter die Annahme, dass ein stark positiver Tätigkeitsanreiz bereits ausreicht, um ein Verhalten zu motivieren. Und wenn die Frage nach der willentlichen Steuerung erst ganz zum Schluss gestellt wird *(Frage 7)*, so unterliegt dem die Annahme, dass solche Fragen erst bei hinreichender Motivation wichtig werden.

Gleichwohl darf nicht das Missverständnis aufkommen, als sei damit eine neue Theorievariante zum Motivationsprozess vorgelegt. Das Diagnoseschema ist lediglich Ergebnis des Versuchs, ein praktikables Ordnungssystem zu schaffen, das in seiner Abfolge ein gewisses Maß an Funktionsplausibilität besitzt und deshalb leichter zu behalten und anzuwenden ist.

kein neues Prozessmodell

9.1.2 Zur Verfahrensauswahl

Nachfolgend wurden dann für die verschiedenen Fragestufen diagnostische Instrumente ausgewählt und beschrieben. Auswahlkriterien waren, dass (1) eine *deutschsprachige Verfahrensversion* für jedermann zugänglich ist bzw. hier abdruckbar war, (2) eine *theoretische Verankerung* des Verfahrens erkennbar ist, (3) empirische *Validitätshinweise* vorliegen, (4) *Reliabilitäten* gesichert sind, die zumindest für den Vergleich zwischen Stichproben genügen und schließlich (5) *Vergleichskennwerte* greifbar sind bzw. hier abgedruckt werden konnten, die eine Einordnung vorliegender Messwerte erlauben. Aus Raumgründen konnten hier nicht alle Verfahren behandelt werden, die diesen Kriterien genügt hätten. Wer deshalb sein „Lieblingsverfahren" vermisst, sollte einfach prüfen, zu welcher Frage des Diagnoseschemas dieses Verfahren Informationen liefert und dann das Verfahren für seinen eigenen Gebrauch an dieser Stelle einordnen.

fünf Auswahlkriterien

Entscheidend ist, dass die individuelle Vorliebe für das eine oder andere Verfahren nicht den Blick dafür verstellt, dass mutmaßlich jedes Einzelverfahren immer nur einen Teil aller motivationsrelevanten Einflussgrößen abdeckt, und dass je nach Ausprägung anderer Einflussgrößen die eigene „Lieblingsvariable" im aktuellen Einzelfall gänzlich irrelevant werden kann. Von daher empfiehlt sich in *jedem* Fall, das Gesamtschema zur Motivationsdiagnose quasi als Hintergrundsystem im Auge zu behalten.

9.2 Motivationsdiagnostik im Einzelfall

9.2.1 Abklären von Problemfällen

Der Hinweis auf den Einsatz des vollständigen Diagnoseschemas gilt besonders für die Motivationsdiagnostik in problematischen Einzelfällen. Hier geht es in der Erziehungs- und Bildungsberatung oder in der sportpsychologischen Beratung einzelner Spitzensportler häufig darum, diejenigen Defizite möglichst präzise und vollständig zu spezifizieren, die für ein aktuelles Motivationsproblem verantwortlich sind. Erst bei hinreichender Abklärung der potenziell relevanten Bedingungsfaktoren ist eine aussichtsreiche Interventions- oder Therapieplanung möglich.

Gesprächsleitfaden

Aber was heißt hier *hinreichend*? In jedem Fall ist im anamnestischen Gespräch das Diagnoseschema für den anstehenden Problembereich (Besuch der Berufsschule; Erledigung der Mathematikhausarbeit; Absolvierung des Lauftrainings; Teilnahme an der Therapiesitzung etc.) *vollständig* zu durchlaufen. Man kann dieses Schema dabei als halbstandardisierten Leitfaden des Gesprächs benutzen. Zu Gesprächsende sollte man zu jeder der sieben Fragen vorläufige Antworten bzw. Notizen zu Unklarheiten haben. Wo angezeigt, werden analoge Gespräche mit Eltern, Lehrern, Trainern, Lebenspartnern etc. geführt.

Es empfiehlt sich, den Gesprächsleitfaden sprachlich auszudifferenzieren und eine Reihe von Formulierungsvarianten zu entwickeln. Mitunter bieten auch die dem Schema zugeordneten Fragebögen Verbalisierungsbeispiele (s. hierzu das Instrumentenverzeichnis im Anhang). Schließlich sind diese Fragebögen ja die Operationalisierungen der hier relevanten Konstrukte. Der routinemäßige Durchlauf durch das Diagnoseschema soll bei vertretbarem Aufwand verhindern, dass schon zu Beginn der Diagnose wichtige Problempunkte übersehen werden. Bei den Fragen, die sich im aktuellen Fall als noch unklar oder aber als potenzielle Problempunkte abzeichnen, werden dann die standardisierten Messverfahren eingesetzt.

Die Zusammenstellung einer universellen Messbatterie, die das Diagnoseschema abdeckt, kann in diesem Band nicht geleistet werden. Dazu sind die Einsatzbereiche der Motivationsdiagnostik viel zu breit und unterschiedlich. Bei der Trainingsmotivation eines Sportlers wird man andere Verfahren heranziehen als bei der Therapiemotivation eines Patienten oder bei der habituellen Klassenarbeitsvermeidung einer misserfolgsmotivierten Schülerin. Für eng umgrenzte Einsatzfelder sind solche routinemäßigen Standardbatterien vielleicht denkbar. Sie können aber nicht das halbstandardisierte Gespräch ersetzen, weil im Gespräch Problempunkte erkennbar werden können, die durch die Standardverfahren vielleicht nicht abgedeckt sind. **universelle Messbatterie?**

Eine Schwierigkeit der Motivationsdiagnostik ist bei aller Unterschiedlichkeit der Einsatzbereiche aber gleich. In Gesprächen wie in Fragebögen bewegen wir uns auf der Ebene *motivationaler Selbstbilder*, die überdies auch noch gegenüber einer anderen Person öffentlich gemacht werden. Mitunter können genau dies die Daten sein, die man braucht, um Verhalten vorherzusagen, das unter ähnlichen Bedingungen gezeigt wird. Das beträfe dann Handeln bei hoher Selbstreflektion und unter Fremdbeobachtung. **Selbstberichte**

Entstehen aber scheinbar unerklärliche Widersprüche zwischen dem, was die Person an Selbstauskunft liefert und dem, was sie dann tatsächlich tut, oder auch Widersprüche zwischen der Selbstauskunft und der Auskunft anderer Personen, so muss man Auswirkungen *impliziter Motive* in Betracht ziehen. Hier ist dann einerseits an den nicht ganz unproblematischen Einsatz projektiver Verfahren (TAT) oder ersatzweise an die Gitter-Technik zu denken (s. Kapitel 6).

Wo der Problemfall wichtig genug erscheint, sollte man aber nicht nur die Seite der Motivationsfaktoren ausdifferenzieren, die wir zu Diagnosezwecken heranziehen. Zudem kann man auch daran denken, die Kriteriumsseite, also das problematische Verhalten und Erleben genauer zu fassen. Zu diesem Zweck empfiehlt sich die signalgesteuerte Datenerhebung (ESM-Technik, s. Abschnitt 3.3.1). Mit dieser etwas aufwändigen aber ökologisch validen Technik können benötigte Daten exakt in den Alltagssituationen erhoben werden, die für das aktuelle Motivationsproblem entscheidend sind.

Abgesehen von der genauen Abklärung von Problemfällen und der Entscheidung über Interventions- bzw. Therapiemaßnahmen kann die Motivationsdiagnostik auch zur *Feststellung von Interventionseffekten* eingesetzt werden. Insbesondere wenn Motivationsdaten prozessbegleitend erhoben werden *(formative Evaluation)*, erhält man interventionsnahe Daten, die zeigen, ob sich die beabsichtigten Motivationseffekte abzeichnen oder ob die eingesetzten Maßnahmen modifiziert werden sollten.

9.2.2 Prognosen

Natürlich beschränkt sich die Motivationsdiagnostik im Einzelfall nicht auf die Informationsgewinnung zu Problemfällen. Zudem gibt es die Möglichkeit, motivationsbezogene Informationen zu Berufswahl- oder Karriereentscheidungen beizusteuern. Hier sind natürlich zunächst die klassischen (Berufs-)Interessentests zu nennen (s. Abschnitt 3.6.2).

Sieht man die Ergebnisse der Langzeitprognosen, die McClelland und Franz (1992) zu impliziten Motivmaßen (TAT) berichten, ist man versucht, auch solche TAT-basierten Motivdaten mit heranzuziehen. Dagegen spricht allerdings die problematische Messqualität des Instruments. Von daher ist abzuwägen, ob man im Beratungsfall lieber ganz auf bestimmte Informationen verzichten sollte, oder ob man sich unter methodischem Vorbehalt auch auf eine etwas unsichere Quelle stützen will.

Statt des TATs ließe sich zu Prognosezwecken auch das Multimotiv-Gitter (MMG) heranziehen (s. Abschnitt 6.6.3). Erfahrungen mit Langzeitprognosen liegen zu diesem noch recht jungen Verfahren natürlich noch nicht vor. Erste Ergebnisse von Abele et al. (1999) würden einen solchen Einsatz des MMG allerdings nahe legen. Aus Reliabilitätsgründen wäre für die Individualdiagnose die Langversion des Verfahrens einzusetzen.

Sowohl beim TAT als auch beim MMG ist es gleichermaßen wichtig zu wissen, welche Anreize die künftigen Arbeitssituationen typischerweise bieten werden. Erst dann ist es möglich, mit Motivmaßen etwas über Engagement, Erfolg und Zufriedenheit in einem künftigen Beruf auszusagen (Krug & Rheinberg, 1987).

Man muss sich allerdings klar darüber sein, dass sich mit einzelnen motivationsbezogenen Personmerkmalen langfristig nur *summative Kriterien* vorhersagen lassen (durchschnittliche Arbeitszeit pro Tag, Jahreseinkommen, erreichte Berufsposition etc.). Man kann für solche Indikatoren signifikante mäßige Zusammenhänge finden (McClelland & Franz, 1992). Will man aber genauere Prognosen erreichen, also das Engagement einer Person in einer spezifischen Situation vorhersagen, so reicht ein einzelner

Prädiktor natürlich nicht aus. Für den Fall solch „punktgenauer Prognosen" müssen wir für die interessierende Situation wieder alle Stationen unseres Diagnoseschemas durchlaufen. Schließlich könnte das eine erfasste Personmerkmal in dieser Situation irrelevant sein, weil sich hier das Engagement der Person über ganz andere Stationen des Diagnoseschemas erklärt.

9.3 Motivationsdiagnostik auf der Gruppenebene

Insbesondere in der Pädagogischen Psychologie (Schulklassen), aber auch in der Sportpsychologie (Mannschaften) oder der Organisationspsychologie (Arbeitsgruppen) interessieren häufig auch motivationsbezogene Daten auf der Gruppenebene. Sofern es sich um die Planung von Interventionen handelt, gelten analog die Aussagen, die oben zur Abklärung von Problemfällen unter Punkt 9.3.1 gemacht wurden. Motivationsdiagnostik wird hier insbesondere dann benötigt, wenn man Teilgruppen im Gesamtsystem aufspüren will, für die eine motivationsbezogene Intervention angezeigt ist.

Im *Forschungsbereich* wird Motivationsdiagnostik auf Gruppenebene aber auch kriteriumsseitig betrieben. Hier werden Motivationsmaße also häufig als *abhängige* Variablen erfasst. Nehmen wir die Lehr-Lernforschung als Beispiel, so will man hier wissen, wie sich eine bestimmte Unterrichtsweise, verschiedene Lehrinhalte und Lehrmethoden, bestimmte Medien, verschiedene Leistungsbewertungen etc. auf welche Merkmale der Lernmotivation von Schülern auswirken. Dabei kann man eine bestimmte Motivationsvariable per se für wünschbar halten. Beispiele wären die Entwicklung bestimmter Sachinteressen (Krapp, 2001) oder der Aufbau einer erfolgszuversichtlichen Leistungsmotivation (Rheinberg & Krug, 1999). In diesem Fall genügt es, die interessierende Kriteriumsvariable je für sich möglichst reliabel zu erfassen.

Motivation als Kriteriumsvariable

Sofern man aber den empirischen Nachweis führen will, dass die ausgewählte Motivationsvariable auf andere wünschbare Zielgrößen wirkt (z.B. auf Lernverhalten oder Lernleistung), rücken die erfassten Motivationsvariablen in die Prädiktorposition. In diesem Fall sollte man bei der Vorhersage wieder auf das Diagnoseschema der Abbildung 2 (s. S. 24) zurückgreifen. Ansonsten kann es nämlich riskant werden, die eine interessierende Motivationsvariable in ihrer Wirkung für sich allein zu betrachten.

Motivation als Prädiktor

Wenn es beispielsweise durch ein Motivtraining gelungen ist, die erfolgszuversichtliche Leistungsmotivation einer Lerngruppe zu fördern, aber das jetzt anstehende Unterrichtsprogramm wenig Chancen bietet, so etwas wie ein „Ergebnis" der Lernaktivität wahrzunehmen (s. *Frage 3*), so wird man kaum Effekte im Lernverhalten und in der Lernleistung der Schüler erwar-

Beispiel Motivationstraining

ten dürfen. Ist es in einem anderen Fall durch eine Intervention gelungen, das Interesse an einem Inhaltsgebiet zu steigern, wird man keineswegs bei allen Lernern Leistungssteigerungen erwarten können, sofern die jetzt anstehenden Unterrichtseinheiten ein mühsames und per se wenig freudvolles Einüben von Basiskompetenzen erfordern (*Frage 1* mit „Nein" beantwortet). Ob dann Leistungseffekte auftreten oder nicht, hängt von den Antworten auf die anderen Fragen des Diagnoseschemas ab.

10 Praktischer Einsatz des Diagnoseschemas

10.1 Ein Beispiel

Das vorherige Kapitel hatte sich auf allgemeine Anwendungsfragen beschränkt, weil das Anwendungsspektrum der Motivationsdiagnostik zu breit ist, als dass man es mit einigen prototypischen Beispielfällen zufriedenstellend abdecken könnte. Gleichwohl soll zumindest mit einem Beispielfall abschließend skizziert werden, wie man mit dem Diagnoseschema konkret arbeiten kann. In diesem Beispiel ist die Motivationsdiagnostik eingebettet in eine breiter angelegte Diagnosestrategie. Eine solche Einbettung ist bei problematischen Einzelfällen häufig die angemessene Vorgehensweise.

Kasten 27:
Abfall schulischer Lernmotivation bei einem Achtklässler

Eine Mutter hat sich an eine Erziehungsberatungsstelle gewandt, weil ihr Sohn Markus seit etwa einem Jahr schulische Lernanforderungen verweigert. Nach Auskunft der Lehrer findet Mitarbeit im Unterricht nicht mehr statt. Hausaufgaben werden nicht oder allenfalls ansatzweise erledigt. Im letzten Monat hat Markus damit begonnen, vormittags in die Stadt statt in die Schule zu gehen. Dort trifft er sich mit älteren Jugendlichen.

Bis zum Ende der siebten Klassenstufe war Markus ein eher unauffälliger Gymnasiast mit durchschnittlichen bis guten Leistungen. Soweit für die Mutter noch rekonstruierbar, hatten die jetzigen Schwierigkeiten nach zwei mangelhaften Klassenarbeiten in Mathematik begonnen. Dieses Fach hatte Markus bis dahin eigentlich gern.

Die Mutter wendet sich an die Erziehungsberatungsstelle, weil Gespräche, die ihr Mann mit Markus führt, meist in affektstarken Auseinandersetzungen enden. Ihre eigenen Gespräche mit Markus verlaufen zwar affektfrei, aber sie bewirken bei ihm offenkundig keine Änderung. Inzwischen versucht Markus, solche Gespräche mit ihr zu meiden und gibt zu sich und seiner Situation kaum noch Auskunft.

Die Mutter ist über die weitere Entwicklung von Markus besorgt. Sie möchte wissen, „was denn mit Markus los sei" und erhofft sich Rat dazu, „was man denn tun könne".

schulische Lernverweigerung eines Gymnasiasten

10.2 Das diagnostische Vorgehen

Mit Blick auf Beratung und Planung eventueller Interventionsmaßnahmen soll innerhalb einer umfassenden Diagnostik auch die motivationale Seite der eingetretenen Situation abgeklärt werden. Aus ökonomischen Gründen soll dieser Teil der Diagnostik zunächst auf zwei Sitzungen mit Markus beschränkt werden. Je nach spezifischem Klärungsbedarf können in späteren Sitzungen noch einmal ca. 30 Minuten auf die Motivationsdiagnose verwandt werden.

Für die gesamte Diagnostik sind weitere Sitzungen mit Markus sowie Gespräche mit Eltern und zwei Lehrern (Klassenlehrerin und dem Mathematiklehrer) vorgesehen. Den beiden motivationsdiagnostischen Sitzungen geht ein erster diagnostischer Kontakt voraus, in dem für Transparenz des Vorgehens gesorgt sowie erstes Vertrauen aufgebaut wird (vgl. Petermann & Petermann, 2000, S. 82–92).

Die nachfolgende Darstellung beschränkt sich auf die beiden motivationsdiagnostischen Sitzungen mit Markus. In der ersten Sitzung wird ein motivationsbezogenes Explorationsgespräch geführt. Es orientiert sich am Diagnoseschema der Abbildung 2 (s. S. 24). Die zweite Sitzung ist für den Einsatz diagnostischer Verfahren vorgesehen. Das konkrete Vorgehen ist auf den skizzierten Beispielfall bezogen und wird in anderen Fällen anders sein.

10.3 Das Diagnoseschema im Explorationsgespräch

Fragen 1 und 6 – Positive und negative Tätigkeitsanreize. Dass schulische Lernaktivitäten Markus großen Spaß machen (*Frage 1*), kann zurzeit nahezu sicher ausgeschlossen werden. Gleichwohl eignet sich die Frage nach der Anreizqualität von Lernaktivitäten gut als Einstieg in das motivationsbezogene Explorationsgespräch. In einem späteren Analysestadium würde mit *Frage 6* ja ohnehin nach aversiven Anreizqualitäten zu fragen sein. Als strukturierende Einstiegshilfe wird die *Persönliche Hitliste* (Kasten 1) gesprächsbegleitend eingesetzt. Eingeschätzt werden schulbezogene Aktivitäten (Schulbesuch generell, Mitarbeit im Unterricht, Hausaufgabenerledigung etc.). Im Anschluss wird erfragt, ob es hierin je nach Fach Unterschiede gibt.

Mit diesem ersten Schritt soll geklärt werden, ob schulische Lernaktivitäten (a) *absolut* gesehen als hoch aversiv erlebt werden (Hitlisten-Werte von 1 bis 2) oder aber (b) nur im Vergleich mit viel attraktiveren Konkurrenzaktivitäten (Treffen mit älteren Peers, Musik hören, Fernsehen etc.) *relativ* unattraktiv sind (Hitlisten-Werte von 3 bis 4). Es könnte sogar sein, dass

144

(c) die Lernaktivitäten selbst nicht aversiv sind, sondern nur ihre Begleit-umstände und Konsequenzen (Hitlisten-Werte um 5 und etwas größer). Mit Blick auf die Interventionsplanung ist weiterhin (d) festzustellen, ob es – je nach Fach – Teiltätigkeiten gibt, die als ganz besonders aversiv erlebt wer-den und solche, die noch am ehesten Spaß machen. Hieraus lassen sich An-satzpunkte für spätere Interventionen gewinnen.

Da von der Mutter Mathematik als besonderes Problemfach genannt wurde, ist dies durch gezielte Nachfrage genauer abzuklären. Zudem wird für die zweite Sitzung die PMI-Subskala *Generelle Tätigkeitsanreize – Mathema-tik* (Kasten 2) vorgesehen, mit der über T-Normen eine Quantifizierung der fachspezifischen Aversion möglich wird.

Frage 2 – Erwartungen und Kontrollmöglichkeiten von Eltern und Leh-rern. Hier ist im Gespräch zu explorieren, ob es Markus (a) hinreichend klar ist, welches Verhalten seine Eltern bzw. Lehrer von ihm genau erwar-ten und (b) wie wichtig es ihm ist, diese Erwartungen zu erfüllen. Sollten sich hierbei Aspekte ergeben, die einen Vergleich mit entsprechenden Ein-schätzungen anderer Schüler erforderlich machen, so kann in einer späteren Sitzung die FZL-Subskala *Fremdbewertungsanreize* (Kasten 6) eingesetzt werden.

Fremd-bewertungs-anreize

Mit Blick auf spätere Interventionen ist abzuklären, ob sich die Anreize der Fremdbewertung allein daraus ergeben, dass Eltern und Lehrer Begehrlich-keiten kontrollieren (Geld, Freiheitsgrade etc.), oder ob zudem auch an-schlussthematische Anreize vorliegen (z. B. Mutter oder Lehrerin X nicht zu enttäuschen). Im letzten Fall bietet es sich an, Motivationsinterventionen auch über diese Personen laufen zu lassen (vgl. Lund et al., 2001; Rhein-berg & Krug, 1999).

Frage 3 – Wahrgenommene Ergebnisse schulischer Lernaktivität. Im jetzi-gen Beispielfall soll Frage 3 zeigen, ob Markus Ergebnisse eigener Lern-aktivität wahrnimmt bzw. wahrnehmen kann. Bei dieser Frage wird Markus zunächst an Klassenarbeiten oder die Zeugniszensuren denken. Diagnos-tisch noch wichtiger ist die Frage nach Ergebnissen, die der Lernaktivität *kurzfristig* folgen. Beispiel: „Als Folge vierzigminütiger Lernaktivität kann ich jetzt zwanzig englische Vokabeln."

Ergebniswahr-nehmung

Hierzu ist abzuklären, ob sich Markus für einzelne Lernaufgaben überhaupt Ziele setzt bzw. setzen kann. Weiterhin ist zu prüfen, ob aus seiner Sicht Kriterien erkennbar sind, mit denen er feststellen kann, was er mit seiner Lernaktivität jeweils erreicht hat. Wenn Markus schulische Lernaktivitäten per se keinen sonderlichen Spaß machen und wenn zugleich fremdkontrol-lierte Anreize (Eltern, Lehrer) an Einfluss verloren haben sollten, dann ist ein *vollständiges Motivationsdefizit* zu diagnostizieren, sofern Markus nicht sieht, dass eigene Lernaktivitäten zu klar erkennbaren Ergebnissen führen. Stellt sich für Markus schulisches Lernen als gleichförmig-ergebnisloser Geschehensablauf dar, so ist nach Möglichkeiten zu suchen, systematisch Zielsetzungsgelegenheiten sowie lernabhängige Ergebnisrückmeldungen einzuführen. Dieser Punkt ist dann im nachfolgenden Gespräch mit den Eltern und Lehrern zu erkunden.

Frage 4 – Anreize schulischer Lernergebnisse. Hier ist abzuklären, welche Folgen schulischen Erfolges und Misserfolges für Markus nicht mehr sichtbar und/oder gleichgültig geworden sind *(Anreizdefizit)*. Diese Frage zielt auf mögliche Ursachen des aufgetretenen Motivationsverlustes. Neben der Gewinnung zutreffender Ursachenerklärung ist es in der Praxis aber auch

Ergebnisanreize wichtig, Ansatzpunkte für die anschließenden Interventionen zu finden. Von daher ist bei *Frage 4* insbesondere zu explorieren, welche potenziellen Folgen schulischen Erfolges für Markus noch Anreizwert besitzen könnten.

Bei solchen direkten anreizbezogenen Fragen muss man allerdings im Auge behalten, dass die wirksamen Anreizstrukturen dem Betroffenen selbst nicht immer hinreichend klar sind. Im jetzigen Fall kommt hinzu, dass sich Markus auch gegenüber dem Psychologen unter Rechtfertigungsdruck sehen kann. Er könnte deshalb unzutreffende Anreizschilderungen liefern, die seine Lernabstinenz rational erscheinen lassen. Eine dritte Gesprächsschwierigkeit kann sich aus dominanten Misserfolgsbefürchtungen ergeben. Sie können schulische Lernsituationen durchgängig unangenehm bis bedrohlich machen, ohne dass Markus dies vor sich und anderen zugeben will.

Von daher ist in Fällen wie diesem in der zweiten Sitzung eine standardisierte Erfassung misserfolgsmeidender Motivationstendenzen angezeigt. Unter ökonomischen Gesichtspunkten ist hier die Kombination von *AMS-*

Motivmessung *Kurzskala* (Kasten 13) und der Kurzform des *LM-Gitters* (Abschnitt 6.6.2) vorzusehen. Spielen zeitökonomische Gesichtspunkte keine Rolle, so lässt sich bei älteren Schülern auch der TAT einsetzen (Abschnitt 6.5). Dies sollte allerdings nur gut geschulten Auswertern vorbehalten bleiben. Da die Messung von basalen Motivationstendenzen schwierig ist (s. Kapitel 6), soll in der zweiten Sitzung mit dem *Labyrinthspiel* (Abbildung 5) zusätzlich ein verhaltensnaher Indikator für die Zielsetzungsstrategie eingesetzt werden. Zusammen mit schulnahen Zielsetzungen (Kasten 19) lässt sich damit abschätzen, wie realistisch Markus seine Ansprüche an die eigene Leistung formuliert – sofern er sich für die Schule überhaupt noch Ziele setzt.

Für nachfolgende Interventionsmaßnahmen kann sich aus *Frage 4* die Aufgabe ergeben, mit Markus in späteren Sitzungen einen Zukunftsentwurf zu formulieren, wie er bei Intervention zur Anstrengungsvermeidung eingesetzt wird (*20-Jahres-Frage*; Rollett & Bartram, 1998, S. 30; vgl. Abschnitt 8.5.2). Hiermit lassen sich zusammen mit Markus die positiven

146

Anreize seines angestrebten Erwachsenenstatus ermitteln, um Markus dann feststellen zu lassen, auf welchen Wegen so etwas realistischerweise zu erreichen ist.

Die 20-Jahres-Frage ist insbesondere dann angezeigt, wenn Markus hohe Werte für *Anstrengungsvermeidung* aufweisen sollte (s. Abschnitt 8.5.2). Sollten dagegen misserfolgsmeidende Motivationstendenzen im Vordergrund stehen, so sollten gewichtige Spätfolgen jetzigen Lernens nicht zu sehr betont werden. Dann müsste der Interventionsschwerpunkt mehr auf realistischen Zielsetzungen, motivationsförderlichen Ursachenerklärungen und Selbstbewertungen unter individueller Bezugsnorm liegen (vgl. Rheinberg & Krug, 1999).

Anstrengungs-vermeidung

Frage 5 – Selbstwirksamkeit beim schulischen Lernen. Hier ist im Gespräch abzuklären, ob Markus noch glaubt, die schulischen Lernanforderungen schaffen zu können, wenn er sich hinreichend anstrengt. Um unreflektierte oder schnelle selbstberuhigende Antworten zu verhindern, empfiehlt es sich, solche Fragen konkret auf den aktuellen Unterrichtsstoff und die dazu jetzt anstehenden Klassenarbeiten zu formulieren. Hierbei kann man gesprächsunterstützend Material wie in Kasten 19 *(Erfolgswahrscheinlichkeiten bei Klassenarbeiten)* einsetzen.

Selbst-wirksamkeit

Für die zweite Sitzung wird dann standardmäßig der Fragebogen zum *Selbstkonzept der Begabung SKB* eingesetzt (s. Kasten 21). Sollten sich im Explorationsgespräch Hinweise auf ein erlebtes Wirksamkeitsdefizit ergeben, so sind sie in einer späteren Sitzung durch zusätzliche Skalen genauer zu bestimmen (s. Kapitel 7).

Selbstkonzept

Für die Interventionsplanung ist wichtig festzustellen, ob ein eventuelles Wirksamkeitsdefizit noch fach- oder bereits schulbezogen ist oder schon soweit generalisiert ist, dass sich ein allgemeines Wirksamkeitsdefizit (s. Kasten 20) entwickelt hat.

Frage 6 wurde bereits zu Anfang der Exploration bei den Tätigkeitsanreizen behandelt.

Frage 7 – Eigene Selbstregulationskompetenz. Hier ist abzuklären, in welchem Ausmaß auch Selbstregulationsdefizite an der aktuellen Problemlage beteiligt sind. Hierzu sollten im jetzigen Fall neben dem Handlungsfeld schulischen Lernens auch zwei andere Handlungsfelder (z. B. Sport, anspruchsvolle Freizeitunternehmungen, Aufgaben im Haushalt) angesprochen werden. Damit lassen sich erste Hinweise gewinnen, ob eventuelle Selbstregulationsprobleme bei aversiven und schwierigen Anforderungen auf die Schule begrenzt sind oder als generalisiertes Problem zu verstehen sind.

Selbst-steuerungs-probleme

Da Mathematik von der Mutter als besonderes Problemfach genannt war, empfiehlt sich für die zweite Sitzung die mathematikspezifische Kurzskala *Selbststeuerungsprobleme und geringe Ausdauer* (s. Kasten 24). Sollten sich aus dieser Skala oder auch schon aus dem Explorationsgespräch Hinweise auf Volitionsdefizite ergeben, so sind sie durch weitere Verfahren (z. B. *HAKEMP* oder *AVT*) in einer nachfolgenden Sitzung genauer abzuklären (s. Kapitel 8).

10.4 Die Testsitzung

Bei den hier *obligatorisch* vorgesehenen Instrumenten wurden vorzugsweise Kurzfragebögen ausgewählt. Diese Verfahrensauswahl ist nicht als Standardvorgehen zu verstehen, sondern ist spezifisch auf den Fall Markus bezogen. Es handelt sich um folgende Instrumente.

Kasten 28:
Instrumente, die im Fall Markus für die zweite Sitzung vorgesehen sind

---

– *PMI* – Generelle Tätigkeitsanreize – Mathematik (5 Min.)
– *AMS* – Kurzskala zu erfolgszuversichtlichen vs. misserfolgsmeidenden Motivationstendenzen (5 Min.)
– *LM-Gitter* – Kurzfassung zum Leistungsmotiv (15 Min.)
– *Labyrinthspiel* zur Zielsetzungsstrategie (10 Min.)
– *SKB* – Selbstkonzept der Begabung (5 Min.)
– *PMI* – Selbststeuerungsprobleme und geringe Ausdauer (5 Min.)

Insgesamt ergeben sich 45 Minuten für die Testanwendung. Dabei werden 10 Minuten auf das Labyrinthspiel verwandt, das die Fragebögenbearbeitung unterbricht und üblicherweise als attraktiv erlebt wird. Da die Fragebögen variieren, ist ohnehin für ein gewisses Maß an Abwechslung gesorgt. Zusammen mit Erklärungen zu Ziel und Durchführung der Testsitzung dauert die zweite Sitzung etwa 60 Minuten. Je nach Explorationsverlauf und Resultaten der Testsitzung werden für Markus *fakultativ* noch weitere Instrumente für eine spätere Anschlusssitzung ins Auge gefasst (s. Kasten 29).

Ziele von Interventionsmaßnahmen

Am Ende der Diagnose muss geklärt sein, worauf sich eventuelle Interventionsmaßnahmen richten müssen:
– Behebung eines *vollständigen Motivationsdefizits* (besonders bei fehlender Ergebniswahrnehmung).
– Behebung eines *Anreizdefizits* (tätigkeits- und/oder ergebnisbezogen).

148

Fakultativ vorgesehene Instrumente im Fall Markus

- *PMI* zu Fremdbewertungsanreizen (5 Min.)
- *WIRKALL* zur allgemeinen Selbstwirksamkeit (5 Min.)
- *FKK* zu Kompetenz- und Kontrollüberzeugungen (15 Min.)
- *AVT* zu Anstrengungsvermeidungstendenzen (15 Min.)
- *HAKEMP* zu Selbstregulationsproblemen (15 Min.)

- Behebung eines *Wirksamkeitsdefizits* (generalisiert oder schul- bzw. fachbezogen).
- Behebung eines *Volitionsdefizits* (generalisiert oder schulbezogen).

Weiterhin muss wegen der Unterschiedlichkeit angezeigter Interventions-maßnahmen klar sein, ob Markus ein stark ausgeprägtes *Misserfolgsmotiv* aufweist und/oder als ausgeprägter *Anstrengungsvermeider* gelten kann. Um zusätzliche Ansatzpunkte für Interventionsmaßnahmen zu haben, sollte man bei Diagnoseabschluss zudem wissen, an welche *positiven* tätigkeits- und/oder ergebnisbezogenen Anreize man bei Markus anknüpfen könnte.

Zusammen mit den fakultativ einzusetzenden Instrumenten erfordert der motivationsbezogene Teil der Gesamtdiagnose bei Markus ca. 150 Mi-nuten.

10.5 Bewertung und Ausblick

Die Akzentuierung der Fragen des Diagnoseschemas wird je nach Fall anders ausfallen können. Dies gilt umso mehr, wenn wir die Motivations-diagnostik in gänzlich anderen Bereichen betreiben, also etwa im Bereich des Sports, der Berufstätigkeit oder der Teilnahme an Therapiesitzungen.

Trotz der außerordentlichen Verschiedenartigkeit im Konkreten, bleibt die Struktur des Diagnoseschemas im Wesentlichen erhalten. Es gibt einerseits vor, welche Fragen man zum Abschluss der Motivationsdiagnose beantwor-ten können sollte. Andererseits liefert es einen Leitfaden für das Explora-tionsgespräch, aus dem sich dann die Auswahl der nachfolgend einzuset-zenden Standardverfahren ergibt. Zusammen mit weiteren Quellen (Eltern, andere Bezugspersonen, biografische Daten etc.) bilden die Ergebnisse von Explorationsgespräch und Standardverfahren die Grundlage für die ab-schließende Diagnose und für die Planung von Interventionsmaßnahmen.

Literatur

Abele, A. E., Andrä, M. & Schute, T. (1999). Wer hat nach dem Hochschulexamen schnell eine Stelle? Erste Ergebnisse der Erlangener Längsschnittstudie (BELA-E). *Zeitschrift für Arbeits- und Organisationspsychologie, 43,* 95–101.

Abele-Brehm, A. & Brehm, W. (1986). Zur Konzeptualisierung und Messung von Befindlichkeit. *Diagnostica, 32,* 209–228.

Ach, N. (1910). *Über den Willensakt und das Temperament.* Leipzig: Quelle & Meyer.

Aellig, S. (2003). *Über den Sinn des Unsinns. Flow-Erleben und Wohlbefinden als Anreize für eine autotelische Tätigkeit. Eine Untersuchung mit der Experience Sampling Method (ESM) am Beispiel des Felskletterns.* Dissertation, Universität Zürich.

Amabile, T. M., Hill, K. G., Hennessey, B. A. & Tighe, E. M. (1991). *The Work Preference Inventory: Assessing intrinsic and extrinsic motivational orientations. Unveröffentlichtes Manuskript.* Waltham, MA: Brandeis University, Dept. of Psychology.

Amelang, M. & Zielinski, W. (1994). *Psychologische Diagnostik und Intervention.* Berlin: Springer.

Ames, C. & Archer, J. (1988). Achievement goals in the classroom: Students' learning strategies and motivation processes. *Journal of Educational Psychology, 80,* 260–267.

Apter, M. J. (1982). *The experience of motivation. The theory of psychological reversals.* London: Academic Press.

Apter, M. J. (1989). *Reversal theory. Motivation, emotion and personality.* London: Routledge.

Atkinson, J. W. (1957). Motivational determinants of risk-taking behavior. *Psychological Review, 64,* 359–372.

Balke, S. & Stiensmeier-Pelster, J. (1995). Die Erfassung der motivationalen Orientierung – eine deutsche Form der Motivational Orientation Scales (MOS-D). *Diagnostica, 41,* 80–94.

Bandura, A. (1977). Self-efficacy: Toward a unifying theory of behavior change. *Psychological Review, 84,* 191–215.

Bandura, A. (1986). *Social foundations of thought and action: A social cognitive theory.* Englewood Cliffs, NJ: Prentice-Hall.

Bandura, A. (1997). *Self-efficacy: The exercise of control.* New York: Freeman.

Baumann, N. & Kuhl, J. (2003). Der Selbstregulations- und Konzentrationstest für Kinder (SRKT-K) und Erwachsene und der Selbstregulations-Strategietest für Kinder (SRST-K). In J. Stiensmeier-Pelster & F. Rheinberg (Hrsg.), *Diagnostik von Motivation und Selbstkonzept* (S. 183–200). Göttingen: Hogrefe.

Bischoff, J. (2003). *Lernmotivation, Flow-Erleben und Leistung in universitären Fremdsprachkursen. Diplomarbeit.* Potsdam: Institut für Psychologie der Universität Potsdam.

Boekaerts, M., Pintrich, P. R. & Zeidner, M. (2000). *Handbook of selfregulation.* San Diego: Academic Press.

Bong, M. & Skaalvik, E. M. (2003). Academic self-concept and self-efficacy: How different are they really? *Educational Psychology Review, 15,* 1–40.

Bowi, U. (1990). *Der Einfluss von Motiven auf Zielsetzung und Zielrealisation.* Dissertation. Psychologisches Institut der Ruprecht-Karl-Universität Heidelberg.

Brandstätter, H. (1977). Wohlbefinden und Unbehagen. Entwurf eines Verfahrens zur Erfassung situationsabhängiger Stimmungen. In W. H. Tack (Hrsg.), *Bericht über den 30. Kongress der DGfPs in Regensburg 1976.* Göttingen: Hogrefe.

Brickenkamp, R. (1990). *Die Generelle Interessen-Skala (GIS).* Göttingen: Hogrefe.

Brunstein, J. C. (2003). Implizite Motive und motivationale Selbstbilder: Zwei Prädiktoren mit unterschiedlicher Gültigkeit. In J. Stiensmeier-Pelster & F. Rheinberg (Hrsg.), *Diagnostik von Motivation und Selbstkonzept* (S. 59–88). Göttingen: Hogrefe.

Brunstein, J. C. & Schmitt, C. H. (in press). Assessing individual differences in achievement motivation with the Implicit Association Test. *Journal of Research in Personality*

Brunstein, J. C., Schultheiss, O. C. & Grässmann, R. (1998). Personal goals and emotional well-being: The moderating role of motive dispositions. *Journal of Personality and Social Psychology, 75,* 494–508.

Butler, R. (1987). Task-involving and ego-involving properties of different feedback conditions on motivational perceptions, interest, and performance. *Journal of Educational Psychology, 79,* 474–482.

Cameron, J., Banko, K. M. & Pierce, W. D. (2001). Pervasive negative effects of rewards on intrinsic motivation: The myth continues. *The Behavior Analyst, 24,* 1–44.

Christie, R. & Geis, F. (1970). *Studies in machiavellianism.* New York: Academic Press.

Christophersen, K. A. & Rand, P. (1982). Factor structure of the Achievement Motives Scale (AMS): Two factors – two samples. *Scandinavian Journal of Educational Research, 26,* 13–28.

Cook, M. & Gerkovich, M. M. (1993). The development of a Paratelic Dominance Scale. In J. H. Kerr, S. Murgatroyd & M. J. Apter (Eds.), *Advances in reversal theory* (pp. 177–188). Amsterdam: Swets & Zeitlinger.

Cranach, M. v., Kalbermatten, U., Indermühle, K. & Gugler, B. (1980). *Zielgerichtetes Handeln.* Stuttgart: Huber.

Csikszentmihalyi, M. (1975). *Beyond boredom and anxiety.* San Francisco: Jossey-Bass.

Csikszentmihalyi, M. (1999). *Das Flow-Erlebnis. Jenseits von Angst und Langeweile: Im Tun aufgehen.* (8. Aufl.). Stuttgart: Klett-Cotta.

Csikszentmihalyi, M. & Csikszentmihalyi, I. S. (1991). *Die aussergewöhnliche Erfahrung im Alltag. Die Psychologie des Flow-Erlebens.* Stuttgart: Klett-Cotta.

Csikszentmihalyi, M. & Larson, R. (1987). Validity and reliability of the Experience Sampling Method. *Journal of Nervous and Mental Disease, 175,* 529–536.

Csikszentmihalyi, M., Larson, R. & Precett, S. (1977). The ecology of adolescence acivity and experience. *Journal of Youth and Adolescence, 6,* 281–294.

Csikszentmihalyi, M. & LeFevre, J. (1989). Optimal experience in work and leisure. *Journal of Personality and Social Psychology, 56,* 815–822.

Dahme, G., Jungnickel, D. & Rathje, H. (1993). Güteeigenschaften der Achievement Motives Scale (AMS) von Gjesme und Nygard (1970) in der deutschen Übersetzung von Göttert und Kuhl – Vergleich der Kennwerte norwegischer und deutscher Stichproben. *Diagnostica, 39,* 257–270.

Danßmann, Sylvia (2003). *Motivationale Analyse beim Langstreckenlauf von Frauen: Ein Mutter-Tochter-Vergleich.* Staatsexamensarbeit. Institut für Psychologie. Universität Potsdam.

Deci, E. L. (1971). Effects of externally mediated rewards on intrinsic motivation. *Journal of Personality and Social Psychology, 18,* 105–115.

Deci, E. L. (1975). *Intrinsic motivation.* New York: Plenum.

Deci, E. L., Koestner, R. & Ryan, R. M. (1999). A meta-analytic review of experiments examining the effects of extrinsic rewards on intrinsic motivation. *Psychological Bulletin, 125,* 627–668.

Deci, E. L. & Ryan, R. M. (1985). *Intrinsic motivation and self-determination in human behavior.* New York: Plenum.

Deci, E. L. & Ryan, R. M. (2000). The „what" and „why" of goal pursuits: Human needs and the self-determination of behavior. *Psychological Inquiry, 11,* 227–268.

Deusinger, I. M. (1986). *Die Frankfurter Selbstkonzeptskalen (FSKN). Handanweisung.* Göttingen: Hogrefe.

Dickhäuser, O. & Rheinberg, F. (2003). Bezugsnormorientierung: Erfassung, Probleme, Perspektiven. In J. Stiensmeier-Pelster & F. Rheinberg (Hrsg.), *Diagnostik von Motivation und Selbstkonzept* (S. 41–56). Göttingen: Hogrefe.

Dweck, C. S. (1999). *Self-theories.* Philadelphia: Psychology press.

Dweck, C. S. & Leggett, F. L. (1988). A social-cognitive approach to motivation and personality. *Psychological Review, 95,* 256–273.

Eichstaedt, J. & Scheffer, D. (2004). *Measuring implicit motives on the basis of recognition latencies.* (submitted). Hamburg: Universität der Bundeswehr.

Eisenberger, R. & Cameron, J. (1998). Reward, intrinsic interest, and creativity: New findings. *American Psychologist, 53,* 676–679.

Elbe, A.-M., Wenhold, F. & Müller, D. (2003). *Zur Reliabilität und Validität des AMS-Sport. Ein Instrument zur Bestimmung der sportspezifischen Leistungsmotivation.* (Manuskript in Begutachtung). Potsdam: Institut für Sportwissenschaft, Universität Potsdam.

Elliot, A. J. (1997). Integrating the „classic" and „contemporary" approaches to achievement motivation. In M. L. Maehr & P. Pintrich (Eds.), *Advances in motivation and achievement. Vol. 10* (pp. 143–180). Greenwich: JAI Press.

Elliot, A. J. & Church, M. A. (1997). A hierarchical model of approach and avoidance achievement motivation. *Journal of Personality and Social Psychology, 72,* 218–232.

Emmons, R. A. (1989). The personal striving approach to personality. In L. A. Pervin (Ed.), *Goal concepts in personality and social psychology* (pp. 87–126). Hillsdale, N.J.: Erlbaum.

Engeser, S. (2004). *Motivation, Lernaufwand und Lernleistung in der Statistikausbildung Psychologie.* Dissertation (in Vorb.). Potsdam: Institut für Psychologie.

Engeser, S., Wendland, M. & Rheinberg, F. (2003). Nonconscious activation of behavioral goals – a methodological refined replication. Unpublished Manuscript, University of Potsdam, Germany.

Engler, U. & Meyer, W.-U. (1985). *Ein Fragebogen zur Erfassung des Begabungskonzeptes und von Furcht zur sozialen Bewertung.* (DFG Forschungsbericht). Bielefeld: Abteilung für Psychologie der Universität Bielefeld.

Fend, H. (1997). Schulleistung und Fähigkeitsselbstbild – Universelle Beziehungen oder kontextspezifische Zusammenhänge? In F. E. Weinert & A. Helmke (Hrsg.), *Entwicklung im Grundschulalter* (S. 361–371). Weinheim: Beltz.

Fliegel, S., Groeger, W., Künzel, R., Schulte, D. & Sorgatz, H. (1993). *Verhaltenstherapeutische Standardmethoden* (3. Aufl.). Weinheim: PVU.

Fries, S. (2002). *Wollen und Können: Ein Training zur gleichzeitigen Förderung des Leistungsmotivs und des induktiven Denkens.* Münster: Waxmann.

153

Fröhlich, S. M. & Kuhl, J. (2003). Das Selbststeuerungsinventar: Dekomponierung volitionaler Funktionen. In J. Stiensmeier-Pelster & F. Rheinberg (Hrsg.), *Diagnostik von Motivation und Selbstkonzept* (S. 221–257). Göttingen: Hogrefe.

Gjesme, T. (1978). Future time orientation as function of achievement motives, ability, delay of gratification, and sex. *Journal of Psychology, 101,* 173–188.

Gjesme, T. & Nygard, R. (1970). *Achievement-related motives: Theoretical considerations and construction of a measuring instrument.* Unpublished manuscript: University of Oslo.

Goschke, T. (1996). Wille und Kognition: Zur funktionalen Architektur intentionaler Handlungssteuerung. In J. Kuhl & H. Heckhausen (Hrsg.), *Motivation, Volition und Handlung* (S. 583–664). Göttingen: Hogrefe.

Göttert, R. & Kuhl, J. (1980). *LM-Fragebogen: Deutsche Übersetzung der AMS-Scale von Gjesme und Nygard.* Unveröffentlichtes Manuskript. Bochum: Psychologisches Institut der Ruhr-Universität.

Gray, J. A. (1987). *The psychology of fear and stress* (2 ed.). New York: Mc Graw-Hill.

Greve, W., Anderson, A. & Krampen, G. (2001). Self-efficacy and externality in adolescence: Theoretical conceptions and measurement in New Zealand and German secondary school students. *Identity: An international Journal of Theory and Research, 1,* 321–344.

Groeben, N. (1986). *Handeln, Tun, Verhalten.* Tübingen: Francke.

Hacker, W. (1986). *Arbeitspsychologie.* Bern: Huber.

Hansford, B. C. & Hattie, J. A. (1982). The relationship between self and achievement/performance measures. *Review of Educational Research, 52,* 123–142.

Harackiewicz, J. M., Barron, K. E., Tauer, J. M., Carter, S. M. & Elliot, A. J. (2000). Short-term and long-term consequences of achievement goals: Predicting interest and performance over time. *Journal of Educational Psychology, 92,* 313–330.

Harter, S. (1981). A new selfreport-scale of intrinsic versus extrinsic orientation in the classroom. Motivational and informational components. *Developmental Psychology, 17,* 300–312.

Hayamizu, T. & Weiner, B. (1991). A test of Dweck's model of achievement goals as related to perceptions of ability. *Journal of Experimental Education, 59,* 226–234.

Heckhausen, H. (1960). Die Problematik des Projektionsbegriffs und die Grundlagen und Grundannahmen des thematischen Auffassungstestes. *Psychologische Beiträge, 5,* 53–80.

Heckhausen, H. (1963). *Hoffnung und Furcht in der Leistungsmotivation.* Meisenheim: Hain.

Heckhausen, H. (1972). Die Interaktion der Sozialisationsvariablen in der Genese des Leistungsmotivs. In C. F. Graumann (Hrsg.), *Handbuch der Psychologie Vol. 7/2* (S. 955–1019). Göttingen: Hogrefe.

Heckhausen, H. (1977). Kognitionspsychologische Aufspaltung eines summarischen Konstrukts. *Psychologische Rundschau, 28,* 175–189.

Heckhausen, H. (1987). Perspektiven einer Psychologie des Wollens. In H. Heckhausen, P. M. Gollwitzer & F. E. Weinert (Hrsg.), *Jenseits des Rubikon* (S. 121–142). Berlin: Springer.

Heckhausen, H. (1989). *Motivation und Handeln* (2. Aufl.). Berlin: Springer.

Heckhausen, H., Gollwitzer, P. M. & Weinert, F. E. (Hrsg.). (1987). *Jenseits des Rubikon: Der Wille in den Humanwissenschaften.* Berlin: Springer.

Heckhausen, H. & Rheinberg, F. (1980). Lernmotivation im Unterricht, erneut betrachtet. *Unterrichtswissenschaft, 8,* 7–47.

Heider, F. (1958). *The psychology of interpersonal relations*. New York: Wiley.

Helmke, A. & Rheinberg, F. (1996). Anstrengungsvermeidung – Morphologie eines Konstruktes. In C. Spiel, U. Kastner-Koller & P. Deichmann (Hrsg.), *Motivation und Lernen aus der Perspektive lebenslanger Entwicklung* (S. 207–224). Münster: Waxmann.

Henning, H. & Six, B. (1977). Konstruktion einer Machiavellismus-Skala. *Zeitschrift für Sozialpsychologie, 8,* 185–198.

Hermans, H., Petermann, F. & Zielinski, W. (1978). *Leistungsmotivationstest (L-M-T)*. Amsterdam: Swets & Zeitlinger.

Hofer, M. (1986). *Sozialpsychologie erzieherischen Handelns*. Göttingen: Hogrefe.

Hoppe, F. (1930). Untersuchungen zur Handlungs- und Affektpsychologie, IX. Erfolg und Mißerfolg. *Psychologische Forschung, 14,* 1–63.

Hormuth, S. E. (1986). The sampling of experience in situ. *Journal of Personality, 54,* 262–293.

Humpert, W. & Dann, H.-D. (2001). *Konstanzer Trainingsmodell (KMT) kompakt*. Bern: Huber.

Irle, M. & Allehoff, W. H. (1983). *Berufs-Interessen-Test II (BIT II)*. Göttingen: Hogrefe.

Iser, I. & Pfauser, S. (1995). *Motivationsanalyse bei Berufs- und Freizeittätigkeiten*. Diplomarbeit. Psychologisches Institut der Universität Heidelberg.

Jackson, S. A. (1995). Factors influencing the occurrence of flow in elite athletes. *Journal of Applied Sport Psychology, 7,* 135–163.

Jackson, S. A. & Eklund, R. C. (2002). Assessing flow in physical activity: The Flow State Scale 2 and Dispositional Flow Scale 2. *Journal of Sport and Exercise Psychology, 24,* 133–150.

Jäger, R. S. & Petermann, F. (Hrsg.). (1992). *Psychologische Diagnostik* (2. Aufl.). Weinheim: PVU.

Jerusalem, M. (1984). *Selbstbezogene Kognitionen in schulischen Bezugsgruppen. Eine Längsschnittstudie*. Berlin: Institut für Psychologie, FU Berlin.

Jerusalem, M. (1990). *Persönliche Ressourcen, Vulnerabilität und Streßfolgen*. Göttingen: Hogrefe.

Jerusalem, M. & Schwarzer, R. (1981). Selbstwirksamkeit. In R. Schwarzer (Hrsg.), *Skalen zur Befindlichkeit und Persönlichkeit. Forschungsbericht 5, 1980* (S. 15–18). Berlin: Freie Universität, Institut für Psychologie.

Jerusalem, M. & Schwarzer, R. (2003). Allgemeine Selbstwirksamkeitserwartung (WIRKALL_r). In R. Schwarzer & M. Jerusalem (Hrsg.), *Skalen zur Erfassung von Lehrer- und Schülermerkmalen*. FU Berlin: www.fu-berlin.de/gesund/skalen/Allgemeine_Selbstwirksamkeit/allgemeine_selbstwirksamkeit.htm.

Jopt, U. (1978). *Selbstkonzept und Ursachenerklärung in der Schule*. Bochum: Kamp.

Klapprott, J. (1975). Kurzbericht über eine Machiavellismus-Skala. *Diagnostica, 21,* 134–147.

Köller, O. (2000). *Leistungsgruppierung, soziale Vergleiche und selbstbezogene Fähigkeitskognitionen in der Schule*. Habilitationsschrift. Potsdam: Institut für Psychologie, Universität Potsdam.

Köller, O. & Baumert, J. (1998). Ein deutsches Instrument zur Erfassung von Zielorientierungen bei Schülerinnen und Schülern. *Diagnostica, 44,* 173–181.

Kornadt, H. J. & Zumkley, H. (1982). Thematische Apperzeptionsverfahren. In K.-J. Groffmann & L. Michel (Hrsg.), *Enzyklopädie der Psychologie. Band 3: Persönlichkeitsdiagnostik* (S. 259–372). Göttingen: Hogrefe.

Krampen, G. (1981). *IPC-Fragebogen zu Kontrollüberzeugungen*. Göttingen: Hogrefe.

Krampen, G. (1987). *Handlungstheoretische Persönlichkeitspsychologie*. Göttingen: Hogrefe.

Krampen, G. (1991). *Fragebogen zu Kompetenz- und Kontrollüberzeugungen (FKK)*. Göttingen: Hogrefe.

Krapp, A. (1992). Das Interessenkonstrukt. Bestimmungsmerkmale der Interessenhandlung und des individuellen Interesses aus der Sicht einer Person-Gegenstands-Konzeption. In A. Krapp & M. Prenzel (Hrsg.), *Interesse, Lernen, Leistung* (S. 297–330). Münster: Aschendorff.

Krapp, A. (2001). Interesse. In D. H. Rost (Hrsg.), *Handwörterbuch Pädagogische Psychologie* (2. Aufl., S. 286–293). Weinheim: PVU.

Krapp, A. & Prenzel, M. (Hrsg.). (1992). *Interesse, Lernen, Leistung*. Münster: Aschendorff.

Krohne, H. W., Egloff, B., Kohlmann, C. W. & Tausch, A. (1996). Untersuchungen mit einer deutschen Version der „Positive and Negative Affect Schedule" (PANAS). *Diagnostica, 42*, 139–156.

Krug, S. & Rheinberg, F. (1987). Motivation von Führungskräften. In Kieser, Reber & Wunderer (Hrsg.), *Handwörterbuch der Führung* (S. 1510–1518). Stuttgart: C. E. Poeschel Verlag.

Kuhl, J. (1978). Situations-, reaktions- und personbezogene Konsistenz des Leistungsmotivs bei der Messung mittels des Heckhausen-TAT. *Archiv für Psychologie, 130*, 37–52.

Kuhl, J. (1981). Motivational and functional helplessness: The moderating effect of state versus action orientation. *Journal of Personality and Social Psychology, 40*, 155–170.

Kuhl, J. (1983). *Motivation, Konflikt und Handlungskontrolle*. Berlin: Springer.

Kuhl, J. (1987). Motivation und Handlungskontrolle: Ohne guten Willen geht es nicht. In H. Heckhausen, P. M. Gollwitzer & F. E. Weinert (Hrsg.), *Jenseits des Rubikon: Der Wille in den Humanwissenschaften* (S. 101–120). Berlin: Springer.

Kuhl, J. (1996). Wille und Freiheitserleben. Formen der Selbststeuerung. In J. Kuhl & H. Heckhausen (Hrsg.), *Motivation, Volition und Handlung. Enzyklopädie der Psychologie C/IV/4* (S. 665–768). Göttingen: Hogrefe.

Kuhl, J. (1998). Wille und Persönlichkeit: Funktionsanalyse der Selbststeuerung. *Psychologische Rundschau, 49*, 61–77.

Kuhl, J. (2001). *Motivation und Persönlichkeit*. Göttingen: Hogrefe.

Kuhl, J. (2003). HAKEMP 90. *www.diffpsychol.uni-osnabrueck.de* [Announcement posted on the World Wide Web].

Kuhl, J. & Beckmann, J. (Hrsg.). (1994). *Volition and personality: Action vs. state orientation*. Göttingen: Hogrefe.

Kuhl, J. & Fuhrmann, A. (1998). Decomposing self-regulation and self-control: The volitional component inventory. In J. Heckhausen & C. S. Dweck (Hrsg.), *Motivation and self-regulation across the life span* (pp. 15–45). Cambridge: Cambridge University Press.

Kuhl, J. & Kazén, M. (2003). Handlungs- und Lageorientierung: wie lernt man, seine Gefühle zu steuern? In J. Stiensmeier-Pelster & F. Rheinberg (Hrsg.), *Diagnostik von Motivation und Selbstkonzept* (S. 201–219). Göttingen: Hogrefe.

Kuhl, J. & Kraska, K. (1992). *Selbstregulations- und Konzentrationstest für Kinder (SRKT-K)*. Göttingen: Hogrefe.

Landschcidt, K. (1995). *Strafbare Handlungen von Jugendlichen*. Regensburg: Rodcrcr.

Langens, T. (2004). Positive Zielimagination: Gefahren und Alternativen. In J. Wegge & K.-H. Schmidt (Hrsg.), *Förderung von Arbeitsmotivation und Gesundheit*. Göttingen: Hogrefe.

Langens, T. A. & Schüler, J. (2003). Die Messung des Leistungsmotivs mittels des Thematischen Auffassungstests. In J. Stiensmeier-Pelster & F. Rheinberg (Hrsg.), *Diagnostik von Motivation und Selbstkonzept* (S. 89–104). Göttingen: Hogrefe.

Lazarus, R. S. & Folkman, S. (1984). *Stress, appraisal and coping*. New York: Springer.

Lehrke, M. & Hoffmann, L. (1987). *Schülerinteressen am naturwissenschaftlichen Unterricht*. Köln: Aulis.

Levenson, H. (1974). Activism and powerful others. *Journal of Personality Assessment, 38,* 377–383.

Lewin, K. (1926). Untersuchungen zur Handlungs- und Affekt-Psychologie. II: Vorsatz, Wille und Bedürfnis. *Psychologische Forschung, 7,* 330–385.

Lewin, K. (1936). *Principles of topological psychology*. New York: McGraw-Hill.

Lewin, K., Dembo, T., Festinger, L. & Sears, P. S. (1944). Level of aspiration. In J. M. V. Hunt (Ed.), *Personality and the behavior disorders, Volume 1* (pp. 333–378). New York: Ronald.

Lindworsky, J. (1923). *Der Wille: Seine Erscheinung und seine Beherrschung* (3. Aufl.). Leipzig: Johann Ambrosius Barth.

Lund, B., Rheinberg, F. & Gladasch, U. (2001). Ein Elterntraining zum motivationsförderlichen Erziehungsverhalten in Leistungskontexten. *Zeitschrift für Pädagogische Psychologie, 15,* 130–142.

Lundy, A. (1988). Instrumental set and Thematic Apperception Test validity. *Journal of Personality Assessment, 52,* 309–320.

Margraf, J. (Hrsg.). (2000). *Lehrbuch der Verhaltenstherapie* (2. Aufl.). Berlin: Springer.

Mayring, P. (2003). *Qualitative Inhaltsanalyse* (8. Aufl.). Weinheim: Beltz.

McClelland, D. C. (1975). *Power: The inner experience*. New York: Irvington.

McClelland, D. C. (1985). *Human motivation*. Glenview, Ill.: Scott, Foresman & Co.

McClelland, D. C. (1999). *Human motivation* (6 ed.). Cambridge: University Press.

McClelland, D. C., Atkinson, J. W., Clark, R. A. & Lowell, E. L. (1953). *The achievement motive*. New York: Appleton-Century-Crofts.

McClelland, D. C. & Franz, C. E. (1992). Motivational and other sources of work accomplishments in mid-life: A longitudinal study. *Journal of Research in Personality, 60,* 679–707.

McClelland, D. C., Koestner, R. & Weinberger, J. (1989). How do self-attributed and implicit motives differ? *Psychological Review, 96,* 690–702.

Mehrabian, A. (1968). Male and female scales of the tendency to achieve. *Educational and Psychological Measurement, 28,* 493–502.

Meyer, W.-U. (1972). *Überlegungen zur Konstruktion eines Fragebogens zur Erfassung von Selbstkonzepten der Begabung*. Bochum: Unveröff. Manuskript. Ruhr-Universität Bochum.

Meyer, W.-U. (1984). *Das Konzept von der eigenen Begabung*. Stuttgart: Huber.

Mikula, G., Uray, H. & Schwinger, T. (1976). Die Entwicklung einer deutschen Fassung der Mehrabian Achievement Risk Preference Scale. *Diagnostica, 22,* 87–97.

Moneta, G. B. & Csikszentmihalyi, M. (1996). The effect of perceived challenges and skills on the quality of subjective experience. *Journal of Personality, 64,* 274–310.

Muraven, M. & Baumeister, R. F. (2000). Self-regulation and depletion of limited resources: Does self-control resemble a muscle? *Psychological Bulletin, 126,* 247–259.

Murgatroyd, S., Rushton, C., Apter, M. J. & Ray, C. (1978). The development of a Telic Dominance Scale. *Journal of Personality Assessment, 42,* 519–527.

Murray, H. A. (1938). *Explorations in personality.* New York: Oxford University Press.

Murray, H. A. (1941). *Thematic Apperception Test.* Cambridge, Mass.: Harvard University Press.

Nicholls, J. G. (1984). Achievement motivation: Conceptions of ability, subjective experience, task choice, and performance. *Psychological Review, 91,* 328–346.

Nicholls, J. G., Patashnik, M. & Nolen, S. B. (1985). Adolescents' theories of education. *Journal of Educational Psychology, 77,* 683–692.

Novak, T. P. & Hoffman, D. L. (1997). *Measuring the flow experience among web users.* Paper presented at Interval Research Corporation, July, 31, 1997: http://www2000.ogsn. vanderbilt.edu/.

Öttingen, G., Pak, H. & Schnetter, K. (2001). Self-regulation of goal setting: turning free fantasies about the future in binding goal. *Journal of Personality and Social Psychology, 80,* 736–753.

Ovsiankina, M. (1928). Die Wiederaufnahme unterbrochener Handlungen. *Psychologische Forschung, 11,* 302–379.

Pervin, L. A. (Hrsg.). (1989). *Goal concepts in personality and social psychology.* Hillsdale, NJ: Erlbaum.

Petermann, F. & Petermann, U. (2000). *Aggressionsdiagnostik.* Göttingen: Hogrefe.

Petermann, F. & Zielinski, W. (1979). Der L-M-T – ein Verfahren zur Erfassung der Leistungsmotivation. *Diagnostica, 25,* 351–364.

Pfister, R. (2002). *Flow im Alltag.* Bern: Lang.

Pöhlmann, K. & Brunstein, J. C. (1997). Ein Fragebogen zur Messung von Lebenszielen. *Diagnostica, 43,* 63–79.

Prenzel, M. (1988). *Die Wirkungsweise von Interesse.* Opladen: Westdeutscher Verlag.

Pritchard, R. D., Kleinbeck, U. & Schmidt, K.-H. (1993). *Das Management-System PPM.* München: C. U. Beck-Verlag.

Remy, K. (2000). *Entwicklung eines Fragebogens zum Flow-Erleben.* Diplomarbeit. Bielefeld: Fakultät für Psychologie und Sportwissenschaft der Universität Bielefeld.

Rheinberg, F. (1993). *Anreize engagiert betriebener Freizeitaktivitäten. Ein Systematisierungsversuch.* Im Manuskript. Potsdam: Institut für Psychologie, Universität Potsdam.

Rheinberg, F. (1980). *Leistungsbewertung und Lernmotivation.* Göttingen: Hogrefe.

Rheinberg, F. (1989). *Zweck und Tätigkeit.* Göttingen: Hogrefe.

Rheinberg, F. (1999). *Immer im Flow? Motivationsanalysen zu riskantem Motorradfahren.* Vortrag auf dem Presseseminar des Deutschen Verkehrssicherheitrates e. V. in Kassel (www.psych.uni-potsdam.de/people/rheinberg/personal/lectures-d.html).

Rheinberg, F. (2001). Bezugsnorm-Orientierung. In D. H. Rost (Hrsg.), *Handwörterbuch Pädagogische Psychologie* (2. Aufl., S. 55–62). Weinheim: PVU.

Rheinberg, F. (2002a). Freude am Kompetenzerwerb, Flow-Erleben und motivpassende Ziele. In M. v. Salisch (Hrsg.), *Emotionale Kompetenz entwickeln* (S. 179–206). Stuttgart: Kohlhammer.

Rheinberg, F. (2002b). *Motivation* (4. Aufl.). Stuttgart: Kohlhammer.

Rheinberg, F., Iser, I. & Pfauser, S. (1997). Freude am Tun und/oder zweckorientiertes Schaffen? Zur transsituativen Konsistenz und konvergenten Validität der AF-Skala. *Diagnostica, 43,* 174–191.

Rheinberg, F. & Krug, S. (1978a). Bezugsgruppenwechsel: Übernahme eines Stigmas oder neuer Vergleichsmaßstab zur Selbsteinschätzung? Replik auf Casparis. *Zeitschrift für Entwicklungspsychologie und Pädagogische Psychologie, 10,* 269–273.

Rheinberg, F. & Krug, S. (1978b). Innere und äußere Differenzierung, Motivation und Bezugsnorm-Orientierung. In K. J. Klauer & H. J. Kornadt (Hrsg.), *Jahrbuch für empirische Erziehungswissenschaft 1978* (S. 165–195). Düsseldorf: Schwann.

Rheinberg, F. & Krug, S. (1999). *Motivationsförderung im Schulalltag* (2. Aufl.). Göttingen: Hogrefe.

Rheinberg, F. & Manig, Y. (2003). Was macht Spaß am Graffiti-Sprayen? Eine induktive Anreizanalyse. *Report Psychologie, 4,* 222–234.

Rheinberg, F. & Peter, R. (1982). Selbstkonzept, Ängstlichkeit und Schulunlust von Schülern: Eine Längsschnittstudie zum Einfluß des Klassenlehrers. In F. Rheinberg (Hrsg.), *Jahrbuch für Empirische Erziehungswissenschaft 1982* (S. 143–160). Düsseldorf: Schwann.

Rheinberg, F. & Vollmeyer, R. (2003a). Flow-Erleben bei der Arbeit und in der Freizeit (im Druck). In J. Wegge & K.-H. Schmidt (Hrsg.), *Förderung von Arbeitsmotivation und Gesundheit in Organisationen.* Göttingen: Hogrefe.

Rheinberg, F. & Vollmeyer, R. (2003b). Flow-Erleben in einem Computerspiel unter experimentell variierten Bedingungen. *Zeitschrift für Psychologie, 4,* 161–170.

Rheinberg, F., Vollmeyer, R. & Burns, B. D. (2001). FAM: Ein Fragebogen zur Erfassung aktueller Motivation in Lern- und Leistungssituationen. *Diagnostica, 2,* 57–66.

Rheinberg, F., Vollmeyer, R. & Engeser, S. (2003). Die Erfassung des Flow-Erlebens. In J. Stiensmeier-Pelster & F. Rheinberg (Hrsg.), *Diagnostik von Motivation und Selbstkonzept* (S. 261–279). Göttingen: Hogrefe.

Rheinberg, F., Vollmeyer, R. & Lehnik, A. (2000). Selbstkonzept der Begabung, Erfolgserwartung und Lernleistung. In F. Försterling & J. Stiensmeier-Pelster (Hrsg.), *Motivation, Attribution und Selbstkonzept* (S. 77–97). Göttingen: Hogrefe.

Rheinberg, F. & Wendland, M. (2001). *Arbeitsbericht (Zwischenstand November 2001) zum DFG-Projekt „Veränderung der Lernmotivation in Mathematik und Physik: eine Komponentenanalyse und der Einfluss elterlicher sowie schulischer Kontextfaktoren".* Potsdam: Institut für Psychologie, Universität Potsdam.

Rheinberg, F. & Wendland, M. (2002). Veränderung der Lernmotivation in Mathematik. Eine Komponentenanalyse. *Zeitschrift für Pädagogik, 45 (Beiheft),* 308–320.

Rheinberg, F. & Wendland, M. (2003). *Abschlussbericht zum DFG-Projekt „Veränderung der Lernmotivation in Mathematik und Physik: eine Komponentenanalyse und der Einfluss elterlicher sowie schulischer Kontextfaktoren".* Potsdam: Institut für Psychologie, Universität Potsdam.

Roberts, G. C. & Balague, G. (1991). *The development and validation of the perception of success questionnaire.* Paper presented at the FEPSAC Congress: Cologne, Germany.

Roedel, T. D., Schraw, G. & Plake, B. (1994). Validation of a measure of learning and performance goal orientations. *Educational and Psychological Measurement, 54,* 1013–1021.

Rollett, B. (2003). Pädagogisch-psychologische vs. klinisch-psychologische Diagnosewelten. *Zeitschrift für Pädagogische Psychologie, 17,* 83–92.

Rollett, B. & Bartram, M. (1977). *Anstrengungsvermeidungstest (AVT).* Braunschweig: Westermann.

Rollett, B. & Bartram, M. (1998). *Anstrengungsvermeidungstest (AVT)* (3. Aufl.). Göttingen: Hogrefe.

Rollett, W. & Engeser, S. (2001). *Effort avoidance motivation in achievement situations.* Paper presented at the 9th European Conference for Research on Learning and Instruction (EARLI): Fribourg/Switzerland.

Rost, D. H. (2001). Pädagogische Verhaltensmodifikation. In D. H. Rost (Hrsg.), *Handwörterbuch Pädagogische Diagnostik* (2. Aufl., S. 512–520). Weinheim: PVU.

Rost, D. H. & Lamfuss, S. (1992). Entwicklung und Erprobung einer ökonomischen Skala zur Erfassung des Selbstkonzepts schulischer Leistungen und Fähigkeiten (SKSLF). *Zeitschrift für Pädagogische Psychologie, 6,* 239–250.

Rost, D. H., Grunow, P. & Oechsle, D. (1975). *Pädagogische Verhaltensmodifikation.* Weinheim: Beltz.

Rost, D. H., Sparfeldt, J. R. & Schilling, S. R. (2004). Differenzielles Schulisches Selbstkonzept-Gitter. Göttingen: Hogrefe.

Rotter, J. B. (1966). Generalized expectancies for internal vs. external control of reinforcement. *Psychological Monographs, 80,* No. 609.

Rotter, J. B. (1984). *The development and application of social learning theory.* New York, NY: Praeger.

Schallberger, U. (2000). *Qualität des Erlebens in Arbeit und Freizeit: Eine Zwischenbilanz.* Berichte aus der Abteilung Angewandte Psychologie, Nr. 31. Zürich: Psychologisches Institut der Universität Zürich.

Schallberger, U. & Pfister, R. (2001). Flow-Erleben in Arbeit und Freizeit. Eine Untersuchung zum Paradox der Arbeit mit der Experience Sampling Method. *Zeitschrift für Arbeits- und Organisationspsychologie, 45,* 176–187.

Schiefele, H., Haußer, K. & Schneider, G. (1979). „Interesse" als Ziel und Weg der Erziehung. Überlegungen zu einem vernachlässigten pädagogischen Konzept. *Zeitschrift für Pädagogik, 25,* 1–20.

Schiefele, U. (1996). *Motivation und Lernen mit Texten.* Göttingen: Hogrefe.

Schiefele, U., Krapp, A., Wild, K. P. & Winteler, A. (1993). Der „Fragebogen zum Studieninteresse" (FSI). *Diagnostica, 39,* 335–351.

Schiefele, U. & Wild, K. P. (Hrsg.). (2000). *Interesse und Lernmotivation.* Münster: Waxmann.

Schimmack, U. (1997). Das Berliner-Alltagssprachliche-Stimmungs-Inventar (BASTI): Ein Vorschlag zur kontextvaliden Erfassung von Stimmungen. *Diagnostica, 43,* 150–173.

Schmalt, H.-D. (1976). *Das LM-Gitter.* Göttingen: Hogrefe.

Schmalt, H.-D. (1979). Machtmotivation. *Psychologische Rundschau, 30,* 269–285.

Schmalt, H.-D. (1999). Assessing the achievement motive using the Grid technique. *Journal of Research in Personality, 33,* 109–130.

Schmalt, H.-D. (2003). Leistungsmotivation im Unterricht: Über den Einsatz des LM-Gitters in der Schule. In J. Stiensmeier-Pelster & F. Rheinberg (Hrsg.), *Diagnostik von Motivation und Selbstkonzept* (S. 105–127). Göttingen: Hogrefe.

Schmalt, H.-D. (2004). Motives, goals, and motivation: Extending construct validity of the Achievement-Motive Grid (AMG) (submitted). *Educational and Psychological Measurement.*

Schmalt, H.-D. & Sokolowski, K. (2000). Zum gegenwärtigen Stand der Motivdiagnostik. *Diagnostica, 46,* 115–123.

Schmalt, H.-D., Sokolowski, K. & Langens, T. (2000). *Das Multi-Motiv-Gitter (MMG).* Lisse: Swets.

Schmalt, H.-D., Sokolowski, K. & Langens, T. (2001). *Multi-Motiv-Gitter MMG – Computer-Version (Version 21.00).* Moedling: Schuhfried.

Schneider, K. (1973). *Motivation unter Erfolgsrisiko.* Göttingen: Hogrefe.

Schneider, K. & Schmalt, H.-D. (2000). *Motivation* (3. Aufl.). Stuttgart: Kohlhammer.

Schneider, K., Wegge, J. & Konradt, U. (1993). Motivation und Leistung. In J. Beckmann, H. Strang & E. Hahn (Hrsg.), *Aufmerksamkeit und Energetisierung. Facetten von Konzentration und Leistung* (S. 101–131). Göttingen: Hogrefe.

Schöne, C., Dickhäuser, O., Spinath, B. & Stiensmeier-Pelster, J. (2002). *Skalen zur Erfassung des schulischen Selbstkonzepts (SESSKO)*. Göttingen: Hogrefe.

Schöne, C., Dickhäuser, O., Spinath, B. & Stiensmeier-Pelster, J. (2003). Das Fähigkeitskonzept und seine Erfassung. In J. Stiensmeier-Pelster & F. Rheinberg (Hrsg.), *Diagnostik von Motivation und Selbstkonzept* (S. 3–14). Göttingen: Hogrefe.

Schuler, H. & Prochaska, M. (2001). *Leistungsmotivationsinventar (LMI)*. Göttingen: Hogrefe.

Schultheiss, O. C. (2002). An information processing account of implicit motive arousal. In P. Pintrich & M. L. Maehr (Eds.), *Advances in motivation and achievement, Vol. 12* (pp. 1–41). Amsterdam: JAI.

Schultheiss, O. C. & Brunstein, J. C. (2001). Assessment of implicit motives with a research version of the TAT: Picture profiles, gender difference and relations to other personality measures. *Journal of Personality Assessment, 77,* 71–86.

Schultheiss, O. C. & Rohde, W. (2002). Implicit power motivation predicts men's testosterone changes and implicit learning in a contest situation. *Hormones and Behavior, 41,* 195–202.

Schwarzer, R. (1987). *Stress, Angst und Hilflosigkeit*. Stuttgart: Kohlhammer.

Schwarzer, R. (2000). *Stress, Angst und Handlungsregulation* (4. Aufl.). Stuttgart: Kohlhammer.

Seligman, M. E. P. (1975). *Helplessness: On depression, development and death*. San Francisco: Freeman.

Shavelson, R. J., Hubner, J. & Stanton, G. (1976). Self-concept: Validation of construct interpretations. *Review of educational research, 63,* 407–435.

Skinner, B. F. (1971). *Erziehung als Verhaltensformung*. München: Kindler.

Skinner, E. A. (1996). A guide to constructs of control. *Journal of Personality and Social Psychology, 71,* 549–570.

Smith, C. P. (1992). *Motivation and personality: Handbook of thematic content analysis*. New York: Cambridge University Press.

Sokolowski, K. (1992). Entwicklung eines Verfahrens zur Messung des Anschlussmotivs. *Diagnostica, 38,* 1–17.

Sokolowski, K. (1993). *Emotion und Volition*. Göttingen: Hogrefe.

Sokolowski, K. & Kehr, H. (1999). Zum differentiellen Einfluß von Motiven auf Führungstrainings (M60). *Zeitschrift für Differentielle und Diagnostische Psychologie, 20,* 192–202.

Sokolowski, K., Schmalt, H.-D., Langens, T. & Puca, R. M. (2000). Assessing achievement, affiliation, and power motives all at once: The Multi-Motive-Grid (MMG). *Journal of Personality Assessment, 74,* 126–145.

Spangler, W. D. (1992). Validity of questionnaire and TAT measures of need for achievement: Two meta-analyses. *Psychological Research, 112,* 140–154.

Sparfeld, J. R., Schilling, D. H., Rost, D. H. & Müller, C. (2003) Bezugsnormorientierte Selbstkonzepte? Zur Eignung des SESSKO. *Zeitschrift für Differentielle und Diagnostische Psychologie, 24,* 325–335.

Spinath, B. & Schöne, C. (2003). Ziele als Bedingungen von Motivation am Beispiel der Skalen zur Erfassung der Lern- und Leistungsmotivation (SELLMO). In J. Stiensmeier-Pelster & F. Rheinberg (Hrsg.), *Diagnostik von Motivation und Selbstkonzept* (S. 29–40). Göttingen: Hogrefe.

Spinath, B., Stiensmeier-Pelster, J., Schöne, C. & Dickhäuser, O. (2002). *Skalen zur Erfassung der Lern- und Leistungsmotivation (SELLMO)*. Göttingen: Hogrefe.

161

Stiensmeier-Pelster, J. (1988). *Erlernte Hilflosigkeit, Handlungskontrolle und Leistung*. Berlin: Springer.

Stiensmeier-Pelster, J., Balke, S. & Schlangen, B. (1996). Lern- vs. Leistungszielorientierung als Bedingungen des Lernfortschritts. *Zeitschrift für Entwicklungspsychologie und Pädagogische Psychologie, 28*, 169–187.

Stiensmeier-Pelster, J. & Rheinberg, F. (Hrsg.). (2003). *Diagnostik von Motivation und Selbstkonzept* (Vol. 2). Göttingen: Hogrefe.

Stöger, H. (2002). *Soziale Performanzziele im schulischen Leistungskontext*. Berlin: Logos.

Stumpf, H., Angleitner, A., Wieck, T., Jackson, D. N. & Beloch-Till, H. (1985). *Deutsche Personality Research Form (PRF)*. Göttingen: Hogrefe.

Taylor, S. E. & Pham, L. B. (1999). The effect of mental simulation on goal-directed performance. *Imagination, Cognition, and Personality, 18*, 253–268.

Todt, E. (1967). *Differentieller Interessen-Test (DIT)*. Bern: Huber.

Todt, E. (1978). *Das Interesse – Empirische Untersuchungen zu einem Motivationskonzept*. Bern: Huber.

Triemer, A. (2001). *Ambulantes psychophysiologisches 24-Stunden-Monitoring zur Erfassung von arbeitsbezogenen Stimmungen und Emotionen*. Dissertation. Dresden: TU Dresden.

Triemer, A. & Rau, R. (2001). Stimmungskurven im Arbeitsalltag – eine Feldstudie. *Zeitschrift für Differentielle und Diagnostische Psychologie, 22*, 42–55.

Ullrich, R. & Ullrich de Muynck, R. (1980). *Diagnose und Therapie sozialer Störungen*. München: Pfeffer.

Utman, C. H. (1997). Performance effects of motivational state: A Meta-Analysis. *Personality and Social Psychology Review, 1*, 170–182.

Vallerand, R. J., Pelletier, L. G., Brière, N. M., Senécal, C. B. & Vallières, E. F. (1992). The Academic Motivation Scale: A measure of intrinsic, extrinsic, and amotivation in education. *Educational and Psychological Measurement, 52*, 1003–1017.

Vollmeyer, R. & Rheinberg, F. (2003). Aktuelle Motivation und Motivation im Lernverlauf. In J. Stiensmeier-Pelster & F. Rheinberg (Hrsg.), *Diagnostik von Motivation und Selbstkonzept* (S. 281–295). Göttingen: Hogrefe.

Wagner, J. W. (1977). *Fragebogen zum Selbstkonzept für 4.–6. Klassen. Landauer Bildungs-Beratungssystem*. Weinheim: Beltz.

Waschke, S. (2000). *Motivationsattribution zu TAT-Geschichten – Erprobung einer neuen Auswertungsvariante*. Diplomarbeit. Potsdam: Institut für Psychologie der Universität Potsdam.

Watson, D., Clark, L. A. & Tellegen, A. (1988). Development and validation of brief measures of positive and negative affect: The PANAS scales. *Journal of Personality and Social Psychology, 54*, 1063–1070.

Wegge, J., Quäck, A. & Kleinbeck, U. (1995). Zur Faszination von Video- und Computerspielen bei Studenten. Welche Motive befriedigt die „bunte Welt am Draht"? In K. Bräuer (Hrsg.), *Psychische Potentiale für eine interdisziplinäre Lehrerausbildung: Motivation – Kognition – Entwicklung* (S. 38–50). Essen: Die Blaue Eule.

Weinert, F. E. & Helmke, A. (Hrsg.). (1997). *Entwicklung im Grundschulalter*. Weinheim: Beltz.

Wendland, M., Berger, A. & Rheinberg, F. (2003). Flow-Erleben und Leistung in einem Onlinespiel. In J. Golz, F. Faul & R. Mausfeld (Hrsg.), *Experimentelle Psychologie. Abstracts der 45. Tagung experimentell arbeitender Psychologen* (S. 228). Lengerich: Pabst.

Wild, K. P. (2001). Die Optimierung von Videoanalysen durch zeitsynchrone Befragungsdaten aus dem Experience Sampling. In S. v. Aufschnaiter & M. Welzel (Hrsg.), *Nutzung von Videodaten zur Untersuchung von Lehr-Lernprozessen* (S. 61–74). Münster: Waxmann.

Wild, K. P. & Krapp, A. (1996). Die Qualität subjektiven Erlebens in schulischen und betrieblichen Lernumwelten: Untersuchungen mit der Erlebens-Stichproben-Methode. *Unterrichtswissenschaft, 24,* 195–216.

Wild, K. P., Krapp, A., Schiefele, U., Lewalter, D. & Schreyer, I. (1995). *Dokumentation und Analyse der Fragebogenverfahren und Tests. Bericht aus dem DFG-Projekt „Bedingungen und Auswirkungen berufsspezifischer Lernmotivation" Nr. 2.* Neubiberg: Universität der Bundeswehr München.

Winter, D. G. (1982). Motivation and performance in presidential candidates. In A. J. Stewart (Ed.), *Motivation and society* (pp. 244–273). San Francisco: Jossey Bass.

Winter, D. G. (1991). *Manual for scoring motive imagery in running text* (3rd ed.). Michigan: Unpublished manuscript, University of Michigan, Department of Psychology.

Winter, D. G. (1993). Power, affiliation, and war: Three tests of a motivational model. *Journal of Personality and Social Psychology, 65,* 532–545.

Woodworth, R. S. (1918). *Dynamic psychology.* New York: Columbia University Press.

Wundt, W. (1896). *Grundriß der Psychologie.* Leipzig: Wilhelm Engelmann.

Zeigarnik, B. (1927). Über das Behalten von erledigten und unerledigten Handlungen. *Psychologische Forschung, 9,* 1–85.

Zuckerman, M. (1979). *Sensation seeking: Beyond the optimal level of arousal.* Hillsdale, N.J.: Erlbaum.

Zuckerman, M. (1994). *Behavioral expression and biosocial bases of sensation seeking.* Cambridge: University of Cambridge Press.

Zumkley, H. (1987). Zur Gültigkeit des Aggressions-Motiv-Gitters. *Psychologische Beiträge, 29,* 558–596.

Anhang: Vergleichskennwerte

Dieser Tabellenanhang enthält Vergleichskennwerte, die an anderer Stelle nicht abgedruckt sind. Ist keine Quelle angegeben, so wurden die Kennwerte von den Mitarbeitern des Autors für diesen Band ermittelt (S. Engeser, T. Thonke, N. Tramp und M. Wendland).

Tabelle 2:
T-Werte für Rohwertbereiche der PMI-Subskala „Generelle Tätigkeitsanreize –
Mathematik" (GT)

Rohwertbereich	T-Werte	Rohwertbereich	T-Werte
10–12	27	31–33	50
13–15	30	34–36	54
16–18	33	37–39	57
19–21	37	40–42	61
22–24	40	43–45	65
25–27	43	46–48	70
28–30	46	49–50	76
$N = 1281$			

Tabelle 3:
Vergleichskennwerte zum PANAVA-System
(Quelle: Schallberger, persönliche Mitteilung, Mai 2003)

	PA (4 Items)	NA (4 Items)	VA (2 Items)
Mittelwerte	18.00	11.20	11.00
Mittlere *SD* innerhalb einer Person	4.20	4.16	1.94
SD der mittleren Befindenswerte verschiedener Personen	2.24	2.68	1.22
$N = 529$; 25.000 Messpunkte			

Die Mittelwerte beziehen sich auf die transformierten Werte von 1–7 (s. S. 39). Sie gelten für die *Summenwerte* einer jeweiligen Skala (vier bzw. zwei Items pro Skala).

Tabelle 4:

T-Normen für die Flow-Kurzskala FKS (Flow-Gesamwert und Besorgnis)

Flow-Gesamtwert					
Rohwert	T	Rohwert	T	Rohwert	T
10	21	31	37	52	52
11	23	32	38	53	52
12	24	33	38	54	53
13	24	34	39	55	54
14	25	35	40	56	55
15	25	36	40	57	56
16	26	37	41	58	57
17	26	38	42	59	58
18	27	39	43	60	59
19	27	40	43	61	60
20	28	41	44	62	62
21	29	42	45	63	63
22	30	43	45	64	64
23	31	44	46	65	65
24	31	45	47	66	67
25	32	46	47	67	68
26	33	47	48	68	69
27	34	48	49	69	70
28	35	49	49	70	74
29	36	50	50		
30	36	51	51		
$N = 2937$					

Besorgnis-Werte					
Rohwert	T	Rohwert	T	Rohwert	T
3	37	10	53	17	63
4	42	11	55	18	64
5	44	12	56	19	66
6	46	13	57	20	67
7	48	14	59	21	70
8	50	15	60		
9	52	16	61		
$N = 1577$					

Tabelle 5:

T-Normen für den Fragebogen zum Studieninteresse (FSI) von Schiefele et al. (1993)
(Quelle: J. Abel, persönliche Mitteilung, Mai 2003)

Rohwert	T	Rohwert	T	Rohwert	T
0	12	19	34	38	56
1	13	20	35	39	57
2	14	21	36	40	58
3	16	22	37	41	59
4	17	23	39	42	60
5	18	24	40	43	62
6	19	25	41	44	63
7	20	26	42	45	64
8	21	27	43	46	65
9	22	28	44	47	66
10	24	29	45	48	67
11	25	30	47	49	68
12	26	31	48	50	70
13	27	32	49	51	71
14	28	33	50	52	72
15	29	34	51	53	73
16	30	35	52	54	74
17	32	36	53		
18	33	37	55		
$N = 2858$					

Tabelle 6:

Vergleichskennwerte für die AMS-Kurzskala
(Summenwerte über je fünf HE- bzw. FM-Items)

Stichproben	HE-Skala (5–20)		FM-Skala (5–20)	
	M	(SD)	M	(SD)
Studierende ($N = 266$)	14.94	(2.42)	10.32	(2.88)
Internetspieler ($N = 369$) (online-Version)	16.50	(2.60)	10.45	(3.35)
Ausdauersportlerinnen (Mütter) ($N = 64$)	14.38	(2.75)	9.70	(3.21)
Ausdauersportlerinnen (Töchter) ($N = 64$)	14.51	(3.06)	11.02	(3.60)
$N = 763$				

(Quellen: Danßmann, 2003; Engeser, 2004; Engeser, Wendland & Rheinberg, 2003)

Tabelle 7:

Mittelwerte und Standardabweichungen des revidierten SKB für verschiedene Stichproben
(Quelle: DFG-Bericht Engler & Meyer, 1985)

Kenn-werte	Schüler		Studenten		Berufstätige	
	männlich	weiblich	männlich	weiblich	männlich	weiblich
M	30.90	30.39	30.64	28.93	30.31	28.13
SD	3.54	2.06	3.64	3.53	4.63	3.57
N = 351						

Tabelle 8:

T-Werte für Rohwertbereiche der PMI-Subskala „Selbststeuerungsproleme und
geringe Ausdauer" (SPA) ($N = 1.281$ Sekundarschüler)

Rohwertbereich	T-Werte	Rohwertbereich	T-Werte
6–8	32	18–20	56
9–11	39	21–23	60
12–14	45	24–26	66
15–17	50	27–29	72
		30	80
N = 1281			

Testverzeichnis

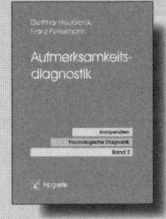